청소년을 위한 우리 철학 이야기

1판 1쇄 | 2016년 1월 5일

지은이 | 정진명
고　문 | 김학민
펴낸이 | 양기원
펴낸곳 | 학민사

등록번호 | 제10-142호
등록일자 | 1978년 3월 22일

주소 | 서울시 마포구 독막로 10 성지빌딩 715호(04071)
전화 | 02-3143-3326~7
팩스 | 02-3143-3328

홈페이지 | http://www.hakminsa.co.kr
이메일 | hakminsa@hakminsa.co.kr

ISBN 978-89-7193-232-2 (43150), Printed in Korea

이 도서의 국립중앙도서관 출판시도서목록(CIP)은 e-CIP홈페이지(http://www.no.go.kr/ecip)와
국가자료공동목록시스템(http://nl.go.kr/kolisnet)에서 이용하실 수 있습니다.
(CIP제어번호 : CIP2015033274)

청소년을 위한
"우리 철학
이야기"

글
정 진 명

학민사
Hakmin Publishers

책머리에

진리를 탐구하는 철학이야 동양과 서양이 다를 바 없겠지만, 동양철학은 생활 속에 뿌리깊이 잠겨들어 오늘날까지도 우리 사회의 한편에서 큰 영향을 미친다. 그렇지만 제도권에서는 이런 생활철학에 대해 알려주는 것이 거의 없다. 그러다보니 궤변이나 미신으로 치부되어, 그것의 장점마저도 버려지고 마는 것이 현실이다.

세상은, 객관실체가 아니다. 그것을 보는 사람의 눈에 따라서 그렇게 보이는 것이 세상이다. 그러므로 어떤 눈으로 세상을 보느냐가 그 세상의 모습을 결정한다. 오늘날 우리가 청소년들에게 가르쳐주는 세상을 보는 눈은 지나치게 서양의 이론으로 쏠렸다. 그러므로 언젠가는 그 불균형을 바로잡아야 한다고 믿는다.

이 책은 이런 소박한 의도로 쓴 것이다. 옛날 우리 조상들이 세상을 어떻게 보았고, 어떻게 행동의 기준을 만들었으며, 그에 따라 어떻게 살았나 하는 동양사회의 틀을 정리했다. 즉 동양의 눈으로 동양을 보려고 한 것이다. 한 발 더 나아가, 우리는 동양의 한 부분이기에 같은 동양에서도 우리만의 독특한 철학을 이루었다. 여기서는 우리의 철학이 이루어놓은 것까지 아울렀다. 따라서 넓게는 동양철학의 내용이지만, 한국인의 눈에 비친 동양철학이라고 하는 것이 더 옳겠다. 이 책의 제목을 『우리 철학 이야기』라고 한 것은, 내용이 단순히 동양철학을 잡다하게 소개하는 선에 그치지 않고, 그 핵심을 우리 식으로 소화했기 때문이다.

청소년기에 익힌 세상 보는 눈은 거의 평생을 간다. 서양철학과 동양철학은 세상을 보는 '서로 다른 눈'이다. 당연히 서양철학이 못 보는 부분이 있고, 동양철학이 못 보는 부분이 있어서, 이 둘은 서로를 보완할 수 있다. 사람에게 눈이 둘인 것은 두 눈으로 세상을 보라는 얘기이다. 외눈박이로 살아가지 않으려면 동양과 서양 그 어느 한쪽도 소홀히 할 수 없다.

이번에도 학민사에 신세를 지게 되었다. 학민사에게는 늘 고마운 마음이다. 활과 침 같이 돈 되지 않을 것들도 알뜰히 거두어준 김학민 고문님과 양기원 대표님께 감사드린다.

2015년 가을

청주 용박골에서 정 진 명

CONTENTS

청소년을 위한 **우리 철학 이야기**

책 머리에 ____ 4

들머리 ____ 9

Chapter 1

사람이란 무엇인가 ____ 15

01. 사람의 말뜻 ____ 16

02. 짐승의 3가지 특징 ____ 20

03. 사람의 3가지 특징 ____ 24

04. 참사랑의 특징 ____ 39

Chapter 2

'나'란 무엇인가 ____ 51

01. '나'의 말뜻 ____ 52

02. '나'는 관계와 기억 ____ 54

03. '나'는 기억의 덩어리 ____ 64

04. 기억은 이미지 ____ 75

05. 태어나기 전의 나 ____ 82

06. 나 이전의 나 ____ 89

Chapter 3

생각이란 무엇인가 ____ 101

01. 생각의 말뜻 ____ 102

02. 생각과 망상 ____ 104

03. 말씀과 교육 ____ 109

04. 논쟁의 시대 ____ 119

05. 사람은 만물의 영장 ____ 131

Chapter 4

종교란 무엇인가 ____ 133

01. 종교의 말뜻 ____ 134

02. 교회의 추억 ____ 136

03. 참과 거짓 ____ 148

04. 종교와 형식 ____ 151

Chapter 5

철학이란 무엇인가 ____ 161

01. 철학의 말뜻 ____ 162

02. 소피스트 ____ 164

03. 제자백가 ____ 169

04. 말씀과 빛 ____ 175

Chapter 6

몸이란 무엇인가 ____ 197

01. 몸의 말뜻 ____ 198

02. 동양에서 보는 몸 ____ 199

03. 동서 의학의 차이 ____ 207

04. 몸을 보는 눈, 음양 오행 ____ 215

05. 경락 ____ 224

06. 사람은 소우주 ____ 232

Chapter 7

운명이란 무엇인가 ____ 235

01. 운명의 말뜻 ____ 236

02. 오늘 이 시각 ____ 237

03. 60간지 ____ 241

04. 시간과 질서 ____ 251

05. 시간과 공간 ____ 264

Chapter 8

삶이란 무엇인가 ____ 279

Chapter 9

행복이란 무엇인가 ____ 287

Chapter 10

어떻게 살 것인가 ____ 296

01. 부분과 전체 ____ 297

02. 영화 포레스트 검프 ____ 312

들머리

저는 충북예술고에서 국어를 가르치는 평범한 교사입니다. 2014 겨울방학이 되어 방구석에 콕 박혀 방콕(?)을 하는데, 한 20년 서울 강남에서 유명한 논술학원 강사를 하다가, 한 2년 전에 충북 제천으로 낙향하여 놀 듯하더니, 아예 학원을 하나 차린 대학 후배로부터 전화가 왔습니다. 자기 학원에 한의대를 가려는 학생이 넷 있는데, 이들에게 동양의학에 대해서 간단히 소개를 해달라는 것입니다. 어떤 이론이나 지식보다는 그 분야로 가려는 뜻이 있는 학생들이니 동양철학과 관련하여 동양의학이 이러저러하다는 정도의 간단한 소개를 해달라는 것입니다.

아마도 제가 침뜸에 관한 책을 몇 권 냈기 때문에 앞서 가는 사람들의 이야기를 듣게 하면 아이들이 마음을 굳히는 데 도움이 되지 않을까 싶어서 그런 마음을 낸 듯했습니다. 학생을 생각하는 스승의 마음이 하도 갸륵해서 깊이 생각도 않고 그러마, 하고 대답했습니다. 그리고 2015년 1월 초에 제천으로 갔습니다. 제천시청 옆에 자리 잡아서 찾기도 쉽더군요.

학원 이름이 '콩나물'이었습니다. 콩나물 콩을 골라서 물을 주면 콩나물로 자랍니다. 그 이미지를 취한 것으로 입시학원으로는 참 잘 붙인 이름이라는 생각을 하면서 문을 열고 들어갔습니다. 대학 때 저를 하늘같이 따르던 후배 박미서 선생이 나를 반기더군요. '하늘같이'라고 표현했는데, 이건 거짓말이 아닙니다. 흐흐흐. 제가 늦깎이로 대학에 들어가서 4학년 때 30살이었는데, 박 선생은 그때 고등학교를 갓 졸업하고 대학에 막 입학한 신출내기 19살이었거든요. 19살 신입생 1학년 애송이의 눈에 30살 먹은 4학년 선배가 어떻게 보였을지 짐작이 가죠? 하하하. 더구나 대학 3학년 때 문예지로 정식 등단한 시인을 바라보는 문학 동아리 신입생에게 그 4학년 선배는 교수님보다 더 높은 산으로 보이기 마련입니다. '하늘같다'는 건 그런 뜻입니다.

그런 저런 사연으로 부담 없이 좋다고 허락했는데, 갑자기 변수가 생겼습니다. 원래 한의대에 가려는 4명을 위한 강의였는데, 학원 밖 어디에선가 강사가 온다는 얘기를 듣고 다른 아이들이 호기심을 부쩍 일으켜 자기네도 들으면 안 되냐고 묻더랍니다. 저 또한 굳이 안 될 것도 없다 싶어서 그러라고 했습니다.

강의실 문을 열고 들어가서 보니 12명의 초롱초롱한 눈망울들이 저를 신기한 듯 바라봅니다. 거기서 전문분야인 동양의학만을 논할 수는 없었습니다. 교실 문을 열면서 강의 내용이 갑자기 바뀐 것입니다. 말이 좋아서 바뀐 것이지, 어떻게 보면 초점이 흐려진 겁니다. 그래서 동양철학 전반에 대해서 1시간 강의하고, 나머지 1시간은 동양의학에 대해서 들려주었습니다. 듣는 사람들이 이 분야에는 문외한이다 보니 거기서 말한 수준은 철학이나 의학이라고 이름 붙이기에는 좀 어설픈 내용입니다. 동양에서는 서양과 달리 세상을 어떻게 보고 사람의 몸을 어떻게 보는가 하는 것 정도를 간단히 소개한 것이었습니다.

그렇게 일정이 끝나고, 오랜만에 만난 대학 후배와 저녁을 먹고 헤어져 집으로 돌아왔습니다. 돌아와서 잠자리에 누웠는데, 마음이 몹시 불편한 겁니다. 내 마음이 왜 이렇게 불편할까? 엎치락뒤치락 하면서 생각을 해보니 두 가지였습니다. 후배의 말대로 간단한 대화 정도라고 생각하고 간 까닭에 준비가 덜 되었다는 것과, 그날 초롱초롱 빛나는 많은 학생들을 만족시키지 못했다는 아쉬움이었습니다. 그래서 다음날 아침에 후배에게 전화를 걸었습니다. 4차례 정도 동양철학 강의를 할 테니, 아이들에게 말하여 강의시간을 만들어달라는 것이었습니다. 그리고 2015년 1월 한 달 동안 계획된 대로 하루 3시간씩 4차례 동양철학 전반에 대한 강의를 했습니다.

그렇지만 제가 강의한 동양철학의 내용은, 이제 10대 후반의 학생들로서는 지금까지 살아오면서 구경한 적이 거의 없는 내용, 말하자면 '듣보잡'이었습니다. 학교에서는 그런 내용을 가르치지 않거든요. 학교는 살아가기 위한 지식을 나열해주는 곳이지 삶의 진리를 얘기해주는 곳이 아니라는 말입니다. 그러니 학생들이 어려워하는 것은 당연한 일입니다. 그렇다고 진리를 얘기하는데, 어려운 얘기를 적당히 피해갈 수도 없습니다. 어려운 기색이 역력한 학생들을 보면서 제가 또 당황했습니다. 이게 과연 학생들에게 합당하기나 한 얘기인가?

그렇지만 '삶이란 무엇인가? 진리란 무엇인가?' 이런 문제들이 사람으로 태어난 누구에겐들 관련이 없겠습니까? 이것을 모르기 때문에 학창시절에 방황하는 것이 아니던가요? 결국은 학생들이 힘들어하는 건 두 가지라는 생각에 이르렀습니다. 짧은 시간에 많은 것을 설명하려는 저의 욕심과, 학생들 스스로 생각할 시간이 모자랐다는 것입니다. 그래서 그 후로 '이를 어쩌나?' 하고 생각하다가, 철학은 생각을 하는 자에게만 필요한 것이라는 생각이 들어, 결국은 스스로 선택하도록 글로 풀어야 한다는 결론에 이르렀습니다. 글로 쓰인 것이니, 관심이 있는 사람은 읽을 것이고, 관심이 없는 사람은 읽지 않겠지요? 이 글은 그래서 나온 것입니다.

이 글의 원래 목표는 동양철학 전반을 소개하는 것이었습니다. 그렇지만 글로 강의를 진행하다 보니, 동양 사회의 틀을 짠 방법과 개념을 넘어서 삶의 근본 문제까지 건드리지 않을 수 없게 되었고, 저절로 한국 사상의 정수를 소개하기에 이르렀습니다. 이 글의 앞부분에서 다룬 중요한 내용은 다석 유영모의 생각에 기댄 바가 많습니다. 우리 철학은 동양철학에 바탕을 두었지만, 거기서 한 발 더 나아가 우리만의 독특한 시각과 깊이를 갖추었습니다. 그래서 제목을 동양철학이 아니라 『우리 철학 이야기』라고 했습니다.

제천의 '콩나물학원'은, 말 그대로 입시학원이지만 박 선생이 하는 일을 보고 현직에 몸담은 저로서는 많이 부끄러웠습니다. 공교육 기관인 학교는 이미 아이들이 무언가를 배우는 곳이 아니라 대학 진학을 위한 곳으로 전락했고, 학교성적의 서열이 미래를 결정하는 한국사회의 구조에서 성적을 위해 사설학원을 다니는 아이들 눈에 맞추어 그들의 미래를 눈높이로 걱정해주는 박 선생의 교육철학이 바로 공교육기관인 학교에서 아이들에게 해주어야 할 그 무엇이었기 때문입니다.

절박한 성적 고민을 아이들은 박 선생에게서 풀어보려고 오지만, 찾아와서 하는 것은 공부만이 아닌 인생 전부를 상담하며 배우고 있었습니다. 입시를 앞둔 아이들은 물론이고 졸업한 후에도 찾아와서 인생 상담을 하는 학생들을 보면서 여기야말로 교육의 해방구가 아닌가 하는 생각을 하면서 이런 사람에게는 교육부에서 상을 주어야 한다는 생각이 들었습니다. 현직교사인 나를 부끄럽게 하는 학원교사인 박 선생이 아니었다면 이 강의는 애초에 있지도 않았을 것입니다.

몇 가지 약속을 정합니다. 본문의 내용을 빠르게 이해하려면 자꾸 곁가지로 빠지지 말아야 합니다. 그런데 강의를 하다보면 곁가지로 빠져나가는 일이 잦습니다. 그래서 본줄기로부터 벗어나거나, 중요하지만 지금 당장은 어려운 내용들은 우선 걸러내려고 합니다. 다음의 방법을 쓰겠습니다.

먼저 본문 중에서 이삭이라고 표시한 부분이 있습니다. 이삭은 내용 중에서 꼭 필요하지는 않지만 상식으로 알아두면 좋은 것들입니다. 그러니 그냥 건너뛰어도 상관없는 곳입니다. 그리고 징검돌이라고 표시한 부분은 경험을 소개한 부분입니다. 사다리라고 표시한 부분은 어려운 부분입니다. 이 단계에서는 이해하기 어려운 내용을 설명한 부분이니 일단 뛰어넘고서 나중에 공부를 더 해야 할 곳입니다. 그러니 박스처리한 부분이 나타나면 처음엔 그냥 건너뛰어 읽고 나중에 시간나면 천천히 읽어보시기 바랍니다.

한 가지 더 말씀 드립니다. 이 글의 내용은 제가 생각해낸 것이 아닙니다. 어디서 보고 주워들은 내용을 제 머릿속에서 재구성한 것입니다. 보고 주워들었다는 것들은 대부분 책을 말합니다. 그 책들에 대해서는 일일이 소개할 수가 없어서 사이트를 하나 알려드리겠습니다. 제가 읽은 책들을 지방의 한 신문에 소개하는 중입니다. 인터넷 검색 사이트에 '시인의 책꽂이'라고 치면 그 연재물이 뜹니다.[1] 그리고 그 연재물의 원문은 저의 다음 카페에 있습니다. '머털도사의 즐거운 교실, 시문관'이라는 곳입니다.[2] 그곳에 '시인의 책꽂이'라는 메뉴가 있습니다. 아쉬운 대로 이렇게 알려드리고, 강의를 시작하겠습니다.

[1]   http://www.ccdn.co.kr/news/articleView.html?idxno=343289
[2]   http://cafe.daum.net/dosanym

Chapter 1

사람

사람이란 무엇인가

사람이란 무엇인가? 이 글로에
세대로, 세탁하려면 집중이란
무엇인가 먼저 물어야 하고
전화를은 조쪽의 특징을 세 가지로
정리했습니다 여기 비롯고
지키치고 이 세 가지를 지키 안에서
아기 사람이 한사람이라는 것입니다
인류문명은 노력을 향해 걸어온
고난히 길입니다

01

'사람'의
말뜻

'사람'이란 우리말의 뜻은 무엇일까요? '사람'은 가만히 들여다보면 〈살+암〉의 구조임을 알 수 있습니다. 〈암〉은 국어시간에 배운 명사화접미사겠지요? 그러면 〈살〉과 관련 있는 말들은 무엇이 있을까요? 우선 언뜻 생각나는 것은 〈살다(生)〉입니다. 〈살암〉은 '사는 존재'라는 뜻인데, 그렇다면 사람의 특징을 나타내는 〈살〉 계통의 말은 어떤 게 있을까요? 두 가지 정도가 있을 듯합니다.

먼저 〈살〉입니다. 이 살은 '맨살, 살갗' 할 때의 그 〈살〉입니다. 무슨 소리냐? 사람의 특징인 털이 없다는 것입니다. 다른 짐승은 몸을 가릴 털이나 딱딱한 비늘 같은 것이 있습니다. 그런데 오직 사람만이 맨살이어서, 옷을 입어야 합니다. 날카로운 이빨이나 발톱 같은 것이 없이 태어난 사람이 도구를 써서 지구를 지배하는 존재가 된 것처럼, 모든 짐승 중에서 몸을 다른 것으로 덮어야 하는 이상한 알몸뚱이로 태어난 겁니다. 그러니까 〈사람〉이란 털이나 비늘 같은 것이 없이 맨살로 태어난 짐승이라는 뜻입니다.

실제로 동양사회의 생활철학에 해당하는 음양오행론에서는 지구 상의 짐승을 모두 특징에 따라 5가지로 나누는데, 그 중에 사람은 나 충(裸蟲)으로 분류합니다. 나충이란 갑옷(甲)이나 털(毛), 또는 비늘(鱗) 따위가 없는 짐승을 말합니다.[1] 굼벵이 지렁이 같은 것들이 그렇죠.

사냥이 허가되면서 가끔 산기슭의 밭에서 일을 하다가 사냥꾼의 총알 세례를 받아서 병원에 실려 가는 시골 노인들의 이야기가 잊을 만하면 뉴스에 나옵니다. 사냥꾼의 눈에는 움직이는 모든 것이 사냥 감으로 보이기 마련입니다. 움직이는 것을 사냥감으로 보려고 애쓰는 사냥꾼 앞에서 무언가 바스락댄다면 그것은 틀림없이 멧돼지나 노루 같은 사냥감으로 보일 것입니다. 게다가 밭에서 일하는 사람들의 옷 은 보통 어두운 빛깔이거든요. 그래서 멧돼지나 고라니로 착각하고 방아쇠를 당기는 겁니다.

돌도끼나 돌창을 들고 사냥에 나선 석기인들이 사냥감을 찾아 헤 매는데, 저쪽에 무언가 나타났습니다. 조심조심 다가가면서 그 사냥 감이 잡아야 할 것인지 잡아서는 안 될 것인지를 구별해야 합니다. 잡 아서는 안 될 것이란 무엇일까요? 자신과 꼭 닮은 존재들이겠지요. 무 엇으로 구별을 할까요? 다른 것들과 달리 자신과 꼭 닮은 놈들은 털이 없는 겁니다. 살만 있는 놈들이죠. 그래서 털이 없는 놈들, 살만 있는 놈들이라는 뜻으로, 〈살〉이라고 불렀을 것이고, 이것이 사람으로 자 리 잡았을 것입니다.

---

[1] 한규성, 『역학원리강화』, 동방문화, 1993.

나머지 한 가지는 무엇일까요? 앞의 설명이 몸의 특징을 중심으로 한 형이하의 설명이라면, 이번에는 정신을 중심으로 한 형이상의 설명이 되겠습니다. 사람이 다른 짐승과 다른 특징의 하나는 바로 말을 한다는 것입니다. 사람의 지능이 고도로 발달하게 된 이유도 바로 이 의사소통의 방법을 개발하여 앎을 계속 불려온 탓이죠. 그런 기능으로 본다면 〈사람〉이란, 〈사뢰다〉의 명사형일 것입니다. 〈사뢰다〉의 옛 표기는 〈삷다〉입니다. 비읍이 순경음(ㅸ)으로 변했다가 〈ㅗ〉로 변하고, 그래서 〈사뢰다〉가 된 것입니다. 말한다는 뜻의 〈삷〉에 명사화 접미사 〈암〉이 붙어서 〈사람〉이 된 것이죠.

이상을 살펴보면 우리말의 〈사람〉이란 두 가지 뜻을 지닙니다. '털이 없는 존재'와 '말하는 존재'. 털이 없다는 것은 겉으로 드러난 특색이고, 말한다는 것은 생각한다는 특징입니다. 그런데 이거 무슨 근거는 있는 건가요? 순전히 저의 개똥철학입니다. 하하하. 그렇지만 그럴듯하지 않은가요? 이 논리를 반박하려면 우리말의 어원에 대한 굉장한 지식이 있어야 할 겁니다. 제 주장이 개똥철학이지만, 그 개똥 철학을 '개똥'으로 만들려면 굉장한 '철학'이 동원돼야 할 것입니다.

그렇지만 만만치 않을 걸요? 제가 이런 주장을 하는 데는, 다른 사람들이 얘기를 해준 적이 없어서, 목마른 놈이 샘 판다고 제 스스로 우리 말 어원 공부를 하여 찾아낸 결과인 까닭입니다. 이 몸이 이래뵈도 한국어 어원사전을 처음으로 기획하여 탈고했지만, '팔리지 않을 것 같다'는 출판사의 말을 듣고 출판을 포기한 적이 있는 사람입니다. 으하하하. '사람'에 대한 제 해석이 좀 그럴듯하지 않은가요? 이 그럴듯함이 철학으로 가는 길입니다. 그럴듯함을 그렇다고 못을 박거나, 그렇지 않다고 뒤집는 과정에서 철학이 탄생합니다.

02

짐승의
세 가지 특징

사람이란 무엇인가? 이렇게 묻고 나면 정말 막막합니다. 사람의 겉모양이나 몸뚱이를 얘기하자는 건지, 아니면 생각이나 철학을 얘기하자는 건지, 아니면 역사를 얘기하자는 건지, 패션을 얘기하자는 건지, 어느 하나 분명하지 않습니다. 애매모호합니다. 이렇게 질문이 애매모호할 때는 질문하는 방식을 바꿔보는 게 가장 좋습니다. 어떻게 바꾸면 좋을까요?

이 질문이 어려운 까닭은 우리 자신에 대한 질문이기 때문에 그렇습니다. 우리는 평상시에 아무 생각 없이 살아갑니다. 아침이면 일어나서 엄마가 해주는 밥을 먹고 책가방을 싸고 학교로 가죠. 왜 그러냐고 묻는 사람이 없습니다. 당연히 '사람'이라면 해야 할 일들이고, 과정이고, 그것을 하지 않으면 이상하기 때문입니다. 우리가 평상시에 아무 생각 없이 하는 그것이 바로 사람의 일이고 특징입니다. 그렇다면 정말 사람이란 무엇인가를 물으려면 사람이 아닌 다른 것들이 무엇인가를 물어야 합니다. 사람이 아닌 것들의 특징이 분명해지면 그와 동시에 사람인 것들의 특징도 또렷해지겠지요?

그래서 이렇게 바꿔서 묻는 겁니다. 짐승이란 무엇인가? 질문을 이렇게 바꿔놓으면 이제 우리가 대답해야 할 내용이 분명해집니다. 그렇다면 어떤 것이 짐승의 특징일까요? 인류의 스승들은 이에 대해 세 가지로 요약했습니다.[2]

먹고(貪)

싸우고(瞋)

새끼치고(痴)

어떻게 아냐고요? 제가 어젯밤에 전화를 해봤습니다. 부처, 예수, 공자, 마호메트, 최제우는 물론 소태산 같은 분들에게 말이지요. 하하하. 그랬더니 이렇게 알려주더군요. 여러분도 한 번 전화해보세요. 제가 전화번호를 알려줄 테니……. 그렇지만 전화를 잘 안 받을 걸요? 그 분들이 워낙 유명한 분들이라서 전화 받을 틈이 없어요. 저도 전화를 하니깐 처음엔 잘 안 받더군요. 그러다가 책을 한 1,500권정도 읽으니까 그제야 전화를 받더군요. 으하하하. 그래서 요즘은 궁금증이 생기면 책 읽을 생각하기보다는 대뜸 전화부터 합니다. 그리곤 묻지요. 예수님, 저, 요새 남북통일이 안 되는데, 어떻게 해야 하나요? 부처님, 요새 학생들이 자살을 많이 하는데, 어떡해요? 공자님, 요새 사람들이 공자님 욕을 많이 해요. 그러면 전화를 받으신 부처님과 예수님, 공자

2)   박영호, 『다석 사상으로 본 불교 반야심경』, 다석사상전집 5, 두레, 2001.

님이 바쁘다고 하면서도 한 마디씩 해줍니다. 짐승의 특징이 세 가지라는 것도 이렇게 해서 얻은 답입니다. 하하하.

진도를 더 나가기 전에 가만히 생각해보세요. 부처나 예수가 한 이 말이 과연 맞는지, 아니면 틀린지, 내 생각과는 다른지. 아니면, 뭐 성인이라고 하는 사람들도 별거 아니네, 이따위 결론을 못 내는 사람이 어디 있어? 이렇게 불만을 터뜨리는 사람이 가장 공부를 잘 할 사람입니다.

짐승은 이 세 가지 짓을 하다가 한 삶을 마감합니다. 우선 몸뚱이가 있기 때문에 목숨을 부지하자면 먹어야 합니다. 짐승에게 그것 이외에 다른 목적이 없습니다. 그래서 먹는 일만 해결되면 마냥 행복합니다. 바랄 것이 없죠. 그런데 이 세상의 먹이는 늘 모자랍니다. 그러다보니 좀 더 먹으려고 싸움박질 합니다. 싸움박질에 능한 동물이 그 세계를 지배합니다. 이런 현상은 먹이사슬의 위로 올라갈수록 더욱 심합니다. 초식동물은 풀을 뜯어먹고 살기 때문에 이런 싸움박질이 심하지 않습니다. 돌아보면 풀이야 어느 곳에나 다 있으니까요. 그러나 초식동물을 잡아먹고 살아야 하는 육식동물들은 좀 다릅니다. 오로지 싸움박질을 잘한 놈이 우두머리가 되고 자신의 떼거리를 거느립니다. 먹을 것이 생기면 힘센 수컷이 먼저 먹고 다음으로 어른이 먹으며 그 다음으로 새끼가 먹습니다. 먹이가 모자라면 힘없는 새끼부터 죽어나가는 것이 자연의 세계입니다.

또, 짐승은 자신의 생명이 영원하기를 바랍니다. 그래서 생각해낸 것이 새끼치기입니다. 자신과 꼭 닮은 존재를 무한히 퍼뜨리는 것입니다. 개체인 자신은 죽지만, 자신을 꼭 닮은 자손들이 대를 이어 불어납니다. 그럼으로써 영원한 생명을 이어갑니다. 이런 꿈이 짐승의 몸속에 숨어 있습니다. 그래서 잡아먹히기 쉬운 먹이사슬의 맨 밑에 위치한 짐승들은 생존확률을 높이려고 새끼를 아주 많이 낳는 것입니다. 먹이사슬의 위로 갈수록 새끼를 적게 낳는 것은, 신의 위대한 속셈이라고 할 수 있습니다. 이런 균형과 비율을 통해 자연계는 한 치 오차없는 톱니바퀴처럼 맞물려 돌아갑니다. 지구의 생태계에서 이 균형과 조화를 처음으로 깬 존재가 바로 사람입니다.

03

사람의
세 가지 특징

자, 우리는 사람에 대해 알아보려고 짐승이란 무엇인가를 물었습니다. 그래서 세 가지 답을 얻었습니다. 그렇다면 사람은 어떨까요? 이 세 가지 짐승의 특징과 '다른 짓'을 하면서 살까요? 아니면 짐승과 '똑같은 짓'을 하면서 살까요? 이것도 고민할 것 없이 부처님이나 예수님한테 물으면 됩니다. 부처나 예수님 같은 성현들의 답은 한결같습니다. 똑같다! 어떻게 똑같을까요?

사람도 엄마의 아기집에서 빠져나올 때 몸뚱이 하나로 달랑 태어납니다. 그러니 그 몸뚱이를 유지하려고 '먹고, 자고, 싸는' 행위를 되풀이합니다. 정말 갓난아기들은 하루 종일 먹고 자고 싸는 것으로 제 몸 키우는 일을 부지런히 하죠. 그러면서 엉금엉금 기고, 아장아장 걷고, 뛰는 사람으로 자랍니다. 사람이 혼자서 걷는 데는 3년이 걸립니다. 다른 짐승들이 불과 1~2년이면 어미로부터 독립하는 것과는 상당히 다릅니다.

그렇지만 혼자서 걷기만 할 뿐, 사람 구실을 하는 데까지는 최소한 15년에서 20년이 걸립니다. 옛날에야 13년 정도만 자라면 농사짓거나 수렵 채집하는 능력을 다 배워서 혼자 살아갈 수도 있었겠지요. 아마도 서양에서 10대를 가리키는 말인 틴에이저(teenager)가 13인 서틴(thirteen)부터 있는 것은 그런 뜻일 겁니다. 독립을 실천하는 기간이겠죠. 그렇지만 문명이 발달하면서 이 성장기간은 점차 늘어나서 요즘 대한민국은 30살 넘어서까지 부모한테 빌붙어서 삽니다. 나인틴(ninteen)까지 있는 10대가 30살까지 늘어난 셈이지요. 스물아홉은 투엔티 나인(twentynine)이 아니라 투엔티 나인틴(twentyninteen)입니다. 웃어야 하나요? 울어야 하나요? 우는 것보다는 웃는 게 낫겠죠? 하하하.

이삭　지금이야 안 그렇지만, 옛날에는 부모님이 죽으면 3년상을 치렀습니다. 무덤 옆에 허름한 움막을 짓고 끼니마다 밥을 해서 무덤에 올렸습니다. 이것을 '시묘살이'라고 하죠. 굳이 3년을 하는 이유는, 사람이 태어나서 홀로 걸을 수 있는 기간 동안 부모님이 키워주셨으니, 최소한 그 정도는 해야 부모님의 은혜를 갚는 게 아니냐, 하는 생각 때문입니다. 요즘은 대개 49재로 마치고, 이것도 귀찮아서 1주일로 하는 집도 많습니다. 49재는, 불교에서 사람의 영혼이 다음 생으로 넘어가기 위해서 이승을 떠도는 기간이라고 합니다. 영혼이 이승을 떠나는 마지막 날 잘 가라고 재를 올리는 것입니다.

사람이 먹고 사는 방식이나 양상은 문명이 발달하면서 짐승세계와 많이 달라졌습니다. 그렇지만 먹고 살아야 하는 조건은 변함이 없습니다. 몸뚱이를 유지시키기 위한 방법이 자연계에서는 상상할 수 없는 희한한 방식으로 변했을 뿐, 먹고 살아야 하는 본질은 변하지 않은 것입니다. 자연계에서도 먹이사슬의 위쪽으로 갈수록 먹고 살기가 힘들어집니다. 부족한 먹이를 놓고 다퉈야 하는 상황이죠. 사람은 처음부터 먹이가 부족했던 자연 상태의 상황으로 보아 먹이사슬의 위쪽에 속했던 듯합니다. 지금의 사람은 잡식성이지만, 초식동물에서 점차 영역을 잡식으로 확대시킨 듯합니다.

진화론에서는 어떻게 얘기하는지 모르겠으나, 초식동물이 눈을 양쪽으로 두어서 경계에 유리한 머리구조를 지닌 반면에, 육식동물이 눈을 앞쪽으로 두어 공격에 유리한 구조를 지녔습니다. 이런 특징을 살펴보면, 사람의 눈은 앞으로 달려 있어서 초식동물보다는 육식동물에 더 가까운 특성을 지닌다고 하겠습니다. 그렇지만 육식을 계속하는 사람보다 채식을 주로 하는 사람들이 더 건강하고 오래 사는 것을 보면 사람은 초식동물에서 출발해서 잡식성으로 먹이의 영역을 확장한 듯합니다. '살'로 태어난 사람이 살아남기 위해 존재방식까지 바꾸면서 변화에 적응한 결과가 오늘날 지구의 지배자로 떠오른 듯합니다.

이렇게 몸뚱이를 유지하기 위해 사람이 부리는 욕심을 옛 성현들은 탐(貪)이라고 했습니다. 탐욕, 탐심, 탐냄이라는 뜻입니다. 사람의 탐욕은 끝이 없습니다. 마치 바닷물과 같아서 마시면 마실수록 목은 더 마릅니다. 짐승은 배가 부르면 더 먹을 수 없습니다. 기껏해야 다람쥐가 겨울에 먹을 도토리를 굴에 숨겨두는 것이나, 늑대가 남은 고기를 땅에 잠시 묻어두는 정도입니다. 먹이에 대한 탐욕이 한계가 있죠. 그렇지만 사람은 꾀로 저장방법을 찾아내고 무한정 거둬들이려고 합니다. 냉장고와 냉동고의 발명은 인류의 탐욕사에 길이 남을 명작입니다. 먹을 것이라면 자연계에서는 상상도 못할 만큼 오래 보관할 수 있는 방법이니 말입니다.

탐욕은 남의 죽음도 돌보지 않고 자신의 배만 불립니다. 담장 너머에서는 가뭄과 굶주림으로 사람이 죽어나가는데 담장 이쪽에서는 고기가 썩어갑니다. 이런 것을 보면 짐승의 특징이 사람에게 와서 오히려 더욱 악화된 상태로 굳어진 셈입니다. 그리고 몸에서 시작된 탐욕이 다른 모든 사물로 확대됩니다. 특히 돈이 생기면서 욕망이 무한 증식하는 또 다른 방법을 갖추었습니다. 나중에는 그 숫자가 무엇을 뜻하는지도 모르고 집착을 하는 지경에 이르렀습니다.

먹이가 부족하면 싸움박질이 일어납니다. 당연한 일이죠. 10명에게 10인분이 주어지면 10명이 사이좋게 나눠먹지 않습니다. 더 먹으려는 놈이 있기 마련이고, 더 먹는 것은 힘으로 결정됩니다. 그러면 굶는 놈이 생기죠. 만약 10명에게 9인분이 주어지면 이런 싸움은 더욱 심해집니다. 약간 부족한 듯이 나눠먹으면 살 수 있는데 좀처럼 그러지를 않습니다. 1놈이 2인분을 먹고 나머지 2놈이 굶어죽죠. 이것이 먹이를 놓고 벌이는 싸움의 진상입니다.

짐승세계는 말할 것도 없고 사람세상이라고 해서 다르지 않습니다. 지난날 인류의 역사에서 벌어진 참혹한 전쟁은 모두 이런 양상이 사람사회에서 일어난 경우입니다. 풍족한 남의 것을 빼앗아서 굶주린 자기 백성의 배를 채우려는 야욕이 한 바탕 일어나면 그것이 곧 전쟁이 되는 것이죠.

먹이가 부족할 때 나타나는 사람사회의 대응은 짐승세계의 그것과 다르지 않습니다. 북극해 주변에 사는 옛 이누이트(에스키모)들은 척박한 환경 때문에 빚어지는 식량난을 해결하는 그들만의 원칙이 있습니다. 눈보라가 너무 심해서 사냥을 할 수 없거나 실제로 물고기, 물개나 곰 같은 먹이들이 줄어들어서 모두다 굶어죽을 상황이 오면 제일 먼저 늙은이를 내다 버립니다. 눈보라가 몰아치는 벌판 한 가운데다 며칠 치 식량만 남겨두고 돌아오는 것이죠. 그러면 자연히 북극곰의 먹이가 됩니다. 그럼으로써 후손들을 먹여 살리는 존재로 다시 태어난다는 믿음이 있어서, 그런 죽음을 자연스럽고 당연한 운명으로 받아들입니다.

그런데도 먹이가 부족하면 자식을 내다버립니다. 어려운 순간이 지나면 자식은 다시 낳을 수가 있기 때문이죠. 언뜻 보면 굉장히 몰인정한 방식이라는 생각이 드는데, 냉정하게 생각하면 이것은 종족을 유지하기 위한 분명한 기준이 있는 판단입니다. 요즘 사람들 같으면 인정이 많아서 같이 죽고 말자는 결론을 내고 방안에 연탄불을 피우겠지만, 사람이 원래의 자연상태로 돌아가서 거대하고 에누리 없는 냉혹한 자연의 질서 앞에 놓인다면 이런 결정을 할 수밖에 없을 것임은 분명합니다.

이삭 이런 질서를 들여다보다 보면 뜻밖의 궁금증이 해결되곤 합니다. 고려 때 고려장이라는 풍속이 있어서 어릴 적 얘깃거리로 들은 적이 있을 것입니다. 가난을 못 이겨 늙은 부모를 산 채로 산 속에 버린다는 얘기 말입니다. 고려장을 폐지하여 부모에 대한 효도를 강조하는 이야기로 탈바꿈했습니다만, 제가 보기엔 이 고려장이 아득한 옛날 먹이가 부족했던 시절의 이야기가 사람들의 입으로 전해오다가 설화로 채록된 것이 아닌가, 짐작해봅니다. 실제로 효도를 강조한 설화나 민담 중에는 부모를 살리기 위해서 자식을 내다버리는 이야기도 많이 나옵니다. 자식은 다시 낳을 수 있으나 부모님은 다시 볼 수 없어서, 어쩔 수 없는 상황이 오면 자식을 내다버리는 게 도리에 맞는다는 얘기죠. 그런 이야기를 읽으면서 부모님께 효도해야 한다는 식의 결론에 이르곤 합니다. 그렇지만 이것은 사람이 만든 관념일 뿐입니다. 원래는 그 반대였던 것이 사람의 사회와 문명으로 들어오면서 뒤집힌 것이죠.

그러고 보면 짐승의 두 번째 특징인 싸움은 몸뚱이를 보존하려는 또 다른 방법인 셈입니다. 앞의 먹으려는 욕심인 탐냄과 다름이 없습니다. 그것의 연장이 싸움인 셈입니다. 이것을 불교에서는 진(瞋)이라고 표현했습니다. 瞋은 '눈 부릅뜰 진'자입니다. 앞에 目이 붙어서 그 모양을 나타냅니다. 표현이 재미있죠? 왜 눈을 부릅뜰까요? 화가 난 것입니다. 싸우기 위해서는 제일 먼저 하는 일이 눈에 힘을 주는 일입니다. 눈을 부릅떠야만 먹이의 움직임이 잘 들어옵니다. 사냥감을 눈앞에 둔 짐승들의 눈을 잘 보면 이해하기 쉬울 것입니다. 보통 불교 쪽의 책을 보면 성냄이라고 풀이하는데, 맞기는 맞습니다만, 그래도 성내는 이유가 싸우려는 것이기 때문에 짐승의 속성을 참고하면 성냄보다는 싸움이 더 정확한 표현이라고 봅니다. 싸움박질을 한다는 점에서는 사람도 짐승과 다를 바가 없습니다. 물론 방법은 짐승세계의 민낯과는 조금 다르겠죠. 그러나 그 뿌리를 들여다보면 사람세상의 싸움박질이 짐승세계의 그것과 다를 것이 없습니다. 몸을 유지하려고 먹이를 구하려다가 같은 목적을 지닌 존재들과 한정된 먹이를 두고 다투는 것이니까요. 어찌 보면 더욱 잔혹하기도 합니다. 굳이 다투지 않아도 될 상황에서도 다투려 듭니다.

사람의 첫 번째 특징으로 탐내는 마음, 즉 탐욕을 말했습니다. 그렇다면 지금 말하는 두 번째 특징인 싸움박질은 어떤 마음을 말할까요? 명예에 대한 탐욕입니다. 모임의 우두머리가 됨으로써 사람들의 존경을 받으려는 마음이죠. 언뜻 생각하기에 명예에 대한 탐욕은, 생존을 위한 탐욕보다 좀 덜할 것 같은 생각이 듭니다. 명예는 생존에 딸린 부산물이라는 생각이 들 법도 합니다. 그런데 좀 자세히 살펴보면 우두머리가 되고자 하는 탐욕은 먹이에 대한 탐욕보다 훨씬 더 강합니다. 왜냐하면 우두머리가 된다는 것은 남을 살리고 죽이는 권력을 쥐는 것이기 때문입니다.

권력의 맨 꼭대기에는 왕이 있습니다. 왕을 중심으로 벌어지는 세상의 권력투쟁 이야기 속을 들여다보면 그 잔혹함이나 양상이 동물의 세계를 훨씬 넘어섭니다. 그래서 누구나 권력을 쥐려 하고, 그 힘의 단맛을 조금이라도 누리려고 권력자의 주변으로 불나방처럼 모여드는 것입니다. 단순히 자연 상태의 생존은 먹는 것이 아주 중요한 조건이지만, 사람사회에서 권력이란 먹는 것과는 상관없는 죽음으로 내몰릴 경우가 다반사입니다. 그러니 명예에 대한 집착은 먹이가 아닌, 눈치 없어 죽는 어이없는 불상사를 막으려는 처세술입니다. 그리고 이 명예욕은 또한 물질에 대한 탐욕과 맞물려 있습니다. 높은 자리로 올라갈수록 물질을 얻기도 쉬워지는 법이거든요.

우두머리 되기는 짐승세계를 들여다보면 아주 잘 이해할 수 있습니다. 동물원의 원숭이 떼를 살펴봅시다. 어떤 원숭이 종류는 유전자가 사람과 99% 같습니다. 말만 안 할 뿐이지, 사람과 똑같다는 얘기입니다. 그래서 사람을 '털 없는 원숭이'라고 한 학자도 있습니다. 우리 안에 원숭이 한 무리가 있다면 반드시 서열싸움이 일어납니다. 가장 힘 센 놈이 모든 것을 소유합니다. 심지어 암컷까지도 말이죠. 그리고 먹이가 들어오면 우선 자신부터 먹고 남은 것을 남에게 줍니다. 이때 우두머리 되기란, 단순히 남들이 우러러보는 존경의 의미가 아니라 먹이를 차지하는 가장 확실한 길이 되는 것입니다.

사람사회에서는 문명을 통해서 자신이 짐승과 다르다는 점을 끊임없이 강조하고 가르쳐왔기 때문에 짐승들과 달리 체면치레가 많습니다. 그래서 짐승세계와는 많이 다른 것 같죠. 그렇지만 양상은 달라도 본질은 같습니다. 끝없이 소유하려는 탐욕이 벼슬까지 노림으로써 소유를 완성하는 것입니다. 다만 원숭이 같은 짐승들처럼 직접 드러나는 것이 아니라 뒤따르는 사람들을 자신의 수하에 두고 전리품을 약간 나눠줌으로써 자신의 명예를 좀 더 빛내려는 교활한 방식을 갖추었다는 것이 다른 점입니다.

어른들 정치하는 것을 자세히 살펴보세요. 정치는 우두머리를 정하는 놀이입니다. 그 우두머리 밑에서 자신의 생존과 이익을 찾으려는 수많은 하수인들의 욕망이 물거품처럼 떴다 사라지는 제도죠. 그 과정에서 정적을 무너뜨리는 것은 물론이고, 심지어는 죽이는 경우도 생기죠. 이것이야말로 짐승세계에서는 보기 힘든, 짐승보다 한 단계 더 악랄해진 수법입니다. 짐승보다 낫다고 하여 모든 것이 사람의 것은 아닙니다. 사람이라서 짐승보다 더 흉악한 것도 많습니다.

그리고 우두머리가 되고자 하는 욕망은 뒤에 나올 새끼치기인 성욕과도 연결됩니다. 짐승세계에서는 우두머리가 무리의 암컷을 독차지합니다. 사자가 그렇습니다. 사자는 수컷 한 마리가 많은 암컷을 거느리고 사는데, 떠돌던 다른 수컷이 도전하면 싸움이 일어납니다. 원래의 수컷이 이기면 별 탈 없지만, 떠돌이 수컷이 이기면 비극이 일어납니다. 즉 그 전의 수컷이 씨를 뿌려 낳은 새끼들을 모조리 물어죽입니다. 그리고 새로 새끼를 낳죠. 자신의 유전자를 받지 않은 새끼들은 의미가 없는 생명체인 것입니다. 그리고는 암컷들이 잡아오는 먹이들을 제일 먼저 먹으며 하릴 없이 낮잠만 잡니다. 참 부러운 동물입니다. 이를 부러워한 사람들이 임금을 만든 것입니다. 하하하.

그러면 사람들은 왜 이렇게 정치놀음에 열광할까요? 그 정치놀음의 한 구석에 자신의 생존이 달렸기 때문입니다. 남들의 존경을 받는 듯한 곳에 자신을 놓고 그 존경의 대열에 합류함으로써 자신이 무언가 이 사회를 위해서 일을 하고 있다는 착각으로 제 삶의 위안을 삼으려는 것입니다. 정치가 다른 분야, 특히 종교와 다른 점을 생각하면 그 의미가 더욱 또렷해집니다. 정치인들의 최종 목적은 무엇일까요? 자신이 사회의 우두머리가 되는 것입니다. 우두머리로서 나름대로 사회를 위해 한 몫 했다는 칭찬입니다. 그들의 목적은 봉사가 아니라 칭찬입니다. 그것 외에 다른 것이 있다면 그것은 본질이기보다는 부산물입니다.

반면에 존경받는 종교 지도자들은 자신을 낮추고 남을 앞세웁니다. 자신이 한 일을 자랑 삼지 않습니다. 만약 어떤 일을 해놓고 자랑한다면 남들이 알아주기를 바라는 마음이고, 그런 마음이 있어서 행동하는 종교지도자가 있다면 그는 가짜입니다. 아무것도 바라지 않는 선행이야말로 깨달은 자의 공통된 행동원리입니다. 그것을 불교에서는 무념공덕이라고 합니다. 페스탈로치가 아이들 다칠까봐 놀이터의 유리조각을 주워 주머니를 수북이 채웠다가 도둑으로 오인 받았다는데, 그런 것을 말합니다.

아무런 사심이 없는 선행! 정치인들 중에 그런 사람이 있다는 얘기는 제가 듣지 못했습니다. 만약에 그런 정치인이 있다면 그는 꼭 정치권에서만 기억되지 않을 것입니다. 반드시 종교나 진리의 차원에서 얘기될 것입니다. 인도의 성자라고 하는 마하트마 간디가 그런 경우죠. 인도 독립을 위해 영국과 싸우고, 파키스탄과 인도가 분리되지 않도록 애쓰는 과정에서 정치인들과 똑같은 행위를 했어도 그를 정치인으로 기억하는 사람은 없습니다.

이렇게 생각하면 반대로 정치인들의 검은 속내를 알아볼 수 있습니다. 겉으로는 대중의 눈에 맞추어 마치 간 쓸개라도 다 빼줄듯이 처신하지만, 그 속마음에는 자신의 명예욕을 채우기 위한 것이 전부임을 알 수 있습니다. 그 명예욕이란 물질에 대한 탐욕을 더욱 수월하게 하기 위한 수단이면서, 남 앞에 자신을 앞세워 잘난 체하고자 하는 엉뚱한 마음일 뿐입니다. 현대사회가 정치하는 사람보다 봉사하는 사람을 더욱 존경하는 태도를 취하는 것은 바로 이런 속성을 대중도 이해하기 때문입니다. 문명은 이런 방식으로 오랜 세월 동안 짐승으로 태어난 '사람'을 진정한 사람으로 거듭나라고 가르쳐왔고, 그것이 어느 정도 사람들에게 먹혀들어서 오늘날의 사회를 유지하는 도덕과 윤리로 굳어졌습니다.

먹고 사는 문제를 해결하고 어느 모임의 우두머리가 되어 존경까지 받는 사람에게 이제 남은 욕심은 무엇일까요? 이 상태를 영원히 유지하는 것일 겁니다. 그런데 사람은 언젠가는 죽습니다. 먹을 것과 명예를 다 갖춘 사람에게 이보다 더 큰 불행이 어디 있을까요? 평생 악착같이 이룬 모든 것이 한 순간에 끝나는 것입니다. 어떻게, 좋은 방법이 없을까요? 이에 대한 해결책으로 생명체가 생각해낸 방법이 바로 새끼치기입니다.

새끼라는 것은 자신을 꼭 닮은 존재입니다. 자신의 분신이죠. 자신을 꼭 닮은 누군가가 자신의 생명이 끝난 뒤에도 자신의 특징대로 산다고 생각해보십시오. 가슴 설레는 일 아닙니까? 이렇게 해서 생긴 것이 성(Sex)입니다. 섹스는 생명체가 지닌 본성이고 본능입니다. 그것이 식물이든 동물이든 상관하지 않습니다. 모든 생명체에 깃든 것이고, 그 방법이 생물의 종 별로 정말 독특하고 대단합니다. 약한 놈은 씨를 무한정 뿌려서 그 중에서 몇 놈이 살아남는 방식을 택하고, 센 놈은 군이 그렇게 하지 않아도 되는 까닭에 개체수를 줄이고 강한 생존력을 선택합니다.

거북이는 한꺼번에 수 백 마리 알을 까고, 사자는 한 번에 두세 마리 정도만 낳습니다. 사자가 거북이처럼 많이 낳았다가는 먹이가 바닥나서 곧 굶어죽게 됩니다. 이런 사실을 사자는 자신의 유전자 정보 속에서 환히 꿰고 있는 것입니다. 그 정보가 사자의 몸속을 타고 천년 만년 내려갑니다. 그렇게 해서 지구상에는 먹이사슬이라는 정교한 질서체계가 형성되었습니다.

새끼라는 것은 자신의 분신이고 미래이기 때문에 어느 생명체든 새끼에 대한 집착은 정말 대단합니다. 어느 짐승이든 새끼를 공격하려고 하는 대상에 대해서는 천적의 관계도 거스를 만큼 무모한 방어를 합니다. 자기가 잡아먹히는 위험을 기꺼이 감내하면서 새끼를 살리려는 몸부림을 치죠. 자식 이기는 부모 없다는 사람사회의 말도 바로 이런 특징을 드러내는 말입니다. 이상하게도 사람들은 수많은 관계 중에서도 부모자식 관계만큼은 희생(!)이라는 말이 연상될 정도로 자식에 대해 너그럽습니다. 그게 옛날부터 도덕관념으로 가르쳐서 될 일이 아닙니다. 도덕관념보다도 더 뿌리 깊은 비밀이 바로 영생을 꿈꾸는 생명체의 자기복제 원리에 있는 것이고, 그 비밀의 열쇠가 바로 성입니다.

새끼에 대한 희생은 모든 동물에게 마찬가지이지만, 오히려 하등동물로 갈수록 처절합니다. 예컨대 우렁이의 경우에는 자신의 몸속에 새끼를 낳습니다. 그러면 그 새끼들은 제 어미의 살을 파먹으면서 자라죠. 새끼 우렁이 스스로 살 때쯤이면 어미는 이미 죽습니다. 이렇듯이 성은 자신의 희생을 전제로 합니다. 그래서 종의 차원을 떠나서 성행위는 거룩하기까지 합니다. 사마귀 같은 경우에도 수컷은 암컷과 교미를 한 후에 암컷에게 잡아먹힙니다. 그 이유에 대해서는 여러 가지 그럴듯한 설명이 있습니다만, 성행위가 자신의 생명을 다른 개체에게 연장하려는 영원을 향한 몸부림인 것은 분명합니다.

뛰어난 지식 때문에 이러한 원리를 잘 모르는 것이 오히려 사람입니다. 오늘날 사람은 성행위를 오락 정도로 생각합니다. 즐거움을 추구하는 여러 가지 방편 중의 하나라고 생각하죠. 그런데 성행위는 자신의 기운을 가장 많이 갉아먹습니다. 섹스를 지나치게 많이 하면 생명이 단축됩니다. 옛날 임금 중에서 정치에 흥을 느끼지 못하여 계집을 가까이 하는 것으로 한 세월 보낸 임금들은 모두 단명했습니다. 섹스라는 것이 진을 빼는 일이기 때문에 그렇습니다.

이삭 재미있는 이야기 하나 할까요? 암컷 돼지가 발정기가 되면 종자가 좋은 돼지를 얻으려고 양돈업자들이 씨 좋은 수돼지를 골라서 접붙입니다. 그러니까 씨돼지는 먹고 자고 먹고 자고하며 빈둥거리다가, 접붙일 암돼지가 오면 교미를 하는 것입니다. 그것이 씨돼지의 일과입니다. 하루에 몇 번씩 그렇게 하죠. 그러면 그 튼튼하고 씨 좋은 돼지는 얼마나 오래 갈까요? 몇 해만 그 짓을 하고 나면 침을 질질 흘리며 죽습니다. 생명의 진기가 바닥나서 살 수가 없는 것입니다. 굳이 인간사회의 사례를 역사에서 들추지 않아도 좋은 씨를 받으려는 축산업계의 상황을 살짝 들여다만 봐도 섹스가 생명체에 어떤 영향을 미치는가를 알 수 있습니다. 섹스는 자신의 종자를 가장 좋은 상대에게 심어서 영원히 후손에게 퍼뜨리려는 수작입니다. 그래서 각 시대마다 가장 바람직한 이성을 사람들이 떼 지어 쫓아다니고, 그것이 아름다움의 기준이 되죠. 그것을 방송으로 중계해서 아름다움의 기준으로 공공연하게 만든 것은 극히 최근의 일입니다. 어느 시대에나 그 시대에 맞는 아름다움의 기준이 있었습니다. 조선시대만 해도 농사가 가장 중요했기 때문에 살이 통통히 올라서 힘세고 일을 잘 할 듯한 몸매를 갖춘 여자를 아름답다고 여겼습니다. 그래서 얼굴이 보름달처럼 둥근 형태를 좋아했죠. 구한말의 왕실 사진을 보면 여자들의 둥근 턱 선을 여실히 볼 수 있습니다. 옛날의 미인도도 마찬가지입니다. 대체로 머리가 크고 하반신이 작은 북부지역의 사람이 관상의 기준이 되었죠. 그런데 요즘은 머리가 작고 하반신이 긴 남방 형이 미인의 기준으로 작용합니다. 텔레비전에 나오는 미녀들은 모두 이런 모습입니다. 오늘날의 미녀들은 애 잘 낳는 여자들이 아닙니다. 섹스를 애 낳는 용도가 아니라 즐거움의 용도로 바꾼, 인류의 역사로 볼 때 극히 최근에 일어난 기준입니다.

이 영생에 대한 집착을 불교에서는 어리석음(痴)라고 표현했습니다. 痴는 '어리석을 치' 자입니다. 疒 속에 知가 들어있는데, 知는 안다는 뜻입니다. 알기는 아는데 '병에 찌든 앎'이라는 뜻입니다. 자식에 대한 집착, 영생에 대한 집착이 바로 그렇다는 것입니다. 끝없이 윤회하는 것이 인간의 불행이라고 보고 그 윤회를 끊는 것이 깨달음이라고 말하는 것이고, 그 깨달음을 아는 것이 올바른 앎이라고 강조합니다. 앎을 ₣으로부터 벗겨내는 것이 참 앎이라고 보는 것입니다. 고통스런 윤회의 수레바퀴로부터 벗어나는 것이 깨달음이고 그에 대한 앎이 참 앎이라고 불교에서는 말합니다.

04

참사람의 특징

여기까지 힘겹게 따라온 사람들은, 자신의 존재에 대해 심한 회의감이 들었을 것입니다. 나라는 것이 결국 추악한 동물에 지나지 않는다는 말인가? 지금 내가 살고 있는 이 모습이 바로 짐승의 그것과 하나도 다르지 않다는 말인가? 나는 지금껏 사람답게 살아왔다고 생각했는데, 그것도 환상이었단 말인가? 뭐 이런 생각들이죠.

이런 비관론에 대해 저는 위로해줄 마음이 별로 없습니다. 여러분은 똑똑해서 지금까지 제가 한 말을 모두 제대로 알아들었고, 그래서 사람이 숭고하네, 어쩌네, 하면서 교육 받아온 그런 관념의 뒤에 서린, 자신의 몰골을 제대로 보았을 것이기 때문입니다. 그렇습니다. 사람이란 정말 별 거 아닙니다. 부처의 말마따나 살갗이라는 봉지에 피고름을 담아놓은 고깃덩어리에 불과합니다. 그런 존재입니다. 도덕과 문명의 훈련으로 3강5륜을 논하며 살아왔지만, 기실 내면을 잘 살펴보면 짐승과 다를 것이 하나도 없습니다. 그런데 묘한 것은, 사람이 원래 그런 짐승임을 또렷이 아는 것에서 비로소 사람이란 무엇인가 하는 질문에 대한 답이 나오고 또한 희망이 생긴다는 것입니다. 그렇다면 여기서 다시 물어 봅니다.

사람이란 무엇인가?

이렇게 하면 이제 우리는 대답을 할 수 있는 한 가지 기준을 찾을 수 있습니다. 즉 사람이란, 앞서 말한 짐승의 세 가지 속성을 버린 존재라는 것입니다. 그것이 참사람이라는 뜻입니다. '참'이란 말은 종교에서 참(!) 많이 쓰는 말입니다. 거짓과 짝을 이루기 때문이죠. 그냥 '사람'이라고 하면 거기에는 참과 거짓이 뒤섞여 있습니다. 우리는 그것을 구별하지 않고 살아갑니다. 그러면 거짓인 것도 참인 것으로 뒤섞여서 나중에는 어느 것이 참이고 거짓인지 구별할 수 없게 됩니다.

오늘날 사람들의 삶이 그렇게 되었습니다. 학교에서 가르쳐주는 것이 참인 것 같은데, 그것이 참이라는 생각은 들지 않습니다. 그럴 듯하면서도 무언가 허전합니다. 그 허전함에 대해서 왜 허전한가 하는 것을 꼬치꼬치 따져보는 것이 철학이고, 바로 이 강의의 내용입니다. 그러니 이런 쪽으로 관심이 없던 사람은 지겹고 지루합니다. 그렇지만 언젠가는 맞닥뜨릴 문제이고, 또 여러분들이 회피하려고 해서 그렇지 일상생활 속에서도 알게 모르게 마주치는 문제들입니다.

그러면 이제부터 '참'이 붙은 사람이란 무엇인가를 하나씩 살펴보겠습니다. 그냥 사람의 특징이 〈먹고, 싸우고, 새끼치고〉 사는 것이듯이 참사람은 이 세 가지를 버린 사람입니다. 어떻게 버릴까요. 먼저 탐욕을 버립니다. 탐욕은 흔히 말하는 욕심입니다. 그 뿌리는 몸을 먹이는 것입니다. 몸뚱이가 필요로 하는 것을 말합니다. 몸뚱이가 달라고 하는 것을 거부할 줄 하는 존재가 사람입니다. 사람이 어떻게 먹는 일을 거부할까요? 안 될 것 같지요? 왜? 죽을 테니까! 그래도 살려고 태어난 존재인데, 굳이 먹지 않아서 굶어죽을 이유가 있는가요? 뭐, 이런 의문들이 마구 일어날 것입니다.

그런데 몸뚱이가 해달라는 대로 다 해줄 수 없는 것이 문제이고, 그럴 필요도 없다는 것이 이 문제의 핵심입니다. 먹는 것에서 촉발된 사람의 욕심은 끝이 없습니다. 바닷물을 마시면 목이 더 마른 것과 같은 이치입니다. 몸뚱이는 자신의 편안함을 추구하는 데 만족을 모릅니다. 몸뚱이의 이런 조건을 먼저 두들겨 부수는 일이 참사람이 되는 첫 번째 단계입니다. 그래서 옛날의 성현들은 모두 이런 길을 갔습니다. 예수도 광야에서 40일 동안 기도하며 음식을 먹지 않았고, 부처도 왕궁을 나와서 몸을 학대하는 일부터 자신의 수행을 시작했습니다. 요컨대 자신의 몸을 이기는 일이 깨달음의 첫 번째 길입니다.

가장 쉽게 하는 방법이 단식입니다. [3] 단식을 하면 몸뚱이가 난리납니다. 몸뚱이만의 문제가 아니라 생명체의 문제이기 때문에 그렇습니다. 생명체가 자신의 몸을 보존하려고 갖은 발악을 다 합니다. 그 발악은 몸뚱이의 주인인 정신에게 협박하는 단계에서 절정에 이릅니다. 몸이 죽으면 그것으로 끝이 아니냐고 묻습니다. 그래서 대부분 그

---

3)   장두석, 『민족생활의학』, 정신세계사, 1994.

두려움을 이기지 못하고 몸의 협박에 굴복하고 맙니다. 그렇지만 죽어도 좋다고 몸에게 말을 해보십시오. 그리고 죽을 각오를 해보십시오. 그러면 몸이 항복합니다.

보통 몸이 항복하는 데 걸리는 기간은 7일 정도입니다. 사람마다 다르기는 하지만 대체로 단식이 7일째 접어들면 그렇게 극심하던 식욕도 잦아듭니다. 그러다가 어느 단계에 이르면 먹고 싶은 생각이 전혀 들지 않습니다. 더불어 마음도 고요해지고 정신이 여름날 찬바람을 쐰 것처럼 시원해집니다. 주렁주렁 매달린 5장6부의 욕망으로부터 해방되어 몸이 깃털처럼 가벼워집니다.

이삭 이렇게 된 이유는 5장6부의 기능이 정지했기 때문입니다. 사람은 오랜 세월 끼니를 먹는 생활을 되풀이해왔습니다. 수 만 년 동안 똑같은 행동을 되풀이해왔죠. 그러다 보니 몸이 거기 반응하여 외부에서 음식이 들어오지 않아도 안에서는 공장이 가동되었던 것입니다. 때가 되면 위산이 분비되고 담즙이 나오고 내장이 꿀렁이며 작동한 것이죠. 그에 따라 입에서도 무언가를 먹고 싶고, 씹고 싶고, 똥 누고 싶었던 것입니다. 그런데 때에 맞춰서 해주던 그 짓을 오래도록 해주지 않으면 몸이 이제 깨닫습니다. 아하, 더 이상 음식이 들어오지 않는구나! 이 사실을 확실하게 깨달을 때 위도 작동을 멈추고, 침샘도 분비되지 않고, 혀도 맛을 느끼지 못합니다. 이제 몸은 외부로부터 들어오는 음식을 기다리지 않고, 오직 자신의 생명을 유지하기 위한 비상체제로 들어갑니다. 그래서 몸에서 중요성이 덜한 것부터 영양 공급을 줄이기 시작합니다. 제일 먼저 기름기와 살을 줄이기 시작하고 팔다리로 가는 영양분부터 차단합니다. 몸통이 가장 늦게 죽어 가는데, 죽는 그 순간까지도 골(腦)은 거의 변화가 없습니다.

이렇게 목숨이 자신의 멸망을 절실하게 느끼는 동안 이상하게도 정신은 맑아집니다. 참 이해하기 힘든 일입니다. 정신이 마치 목욕이라도 한 듯 또렷해집니다. 그래서 수행에 나선 사람들은 그렇게 단식을 많이 하면서 몸을 다그치는 것입니다.

깨달음의 길을 가는 사람들이 자신의 몸에 매이지 않는 것은 몸이 짐승의 그 조건을 모두 갖추었기 때문입니다. 그래서 마음과 몸의 관계를 주인과 종의 관계로 생각합니다. 당연히 마음이 주인이고 몸이 종입니다. 종은 주인이 하자는 대로 따라야 합니다. 그렇지만 이 종은 눈치가 빨라서 주인을 아주 잘 꼽니다. 나중에는 여행길에 주인이 말을 타고 가는데, 말고삐를 잡은 종이 주인더러 말고삐를 잡으라고 하고 자신이 말 위에 올라탑니다. 몸이 조금만 아프면 병원 가서 검진 받고, 몸이 조금만 찌뿌둥하면 혹시 어디 병난 게 아닐까 전전긍긍하는 사람들은 가만히 생각해볼 일입니다. 자신의 마음이 몸의 주인인가 종인가를 말이죠. 잘 살펴보고 종이 말 잔등 위에 올라탔으면, 끄집어 내려서 말고삐를 돌려주어야 합니다. 건방진 놈, 이제부터 네가 말을 끌어라!

종은 종이어야 하고, 주인은 주인이어야 합니다. 주인이 지시하면 종은 언제든지 그 말을 들어야 합니다. 그렇지만 세상 사람들은 무엇이 주인인지 잊어버렸습니다. 주인이 사라진 곳에 종이 남아서 주인

노릇을 하고 있습니다. 오늘날처럼 먹고 마시고 몸 편안히 모시기를 하는 시대는 없었습니다. 어느 시대에도 오늘날처럼 몸뚱이를 주인님으로 거룩하게 떠받든 사회는 없었습니다. 자본주의의 출현 이후 몸을 최고의 가치로 여기면서 몸을 위한 봉사로 모든 물질세계를 개발해온 것이 오늘날의 현실입니다.

자본주의 하에서 몸이란 물질을 소비하는 주체입니다. 자본주의의 미덕은 소비입니다. 그 소비란, 몸을 위한 것입니다. 몸을 왕처럼 떠받들다보면 주인은 말에서 내려 말고삐를 잡고 걸어야 합니다. 단식은 이 관계를 한 순간에 뒤집는 방법입니다. 몸의 버르장머리를 고치는 것이 단식입니다.

이삭 　단식과 명상을 겸해보면 몸의 본래 질서를 알 수 있습니다. 아침 7~8시 경에 몹시 배가 고프고, 그 시간을 지나면 배고픔이 없다가 오후 4~5시쯤 되면 다시 배가 고파집니다. 짐승인 몸뚱어리의 질서는 이렇게 하루에 2차례만 끼니를 주면 된다는 얘기입니다. 원래 사람은 점심을 먹지 않았습니다. 그래서 이름도 점심(点心)입니다. 마음에 점만 찍었다는 얘깁니다. 먹는 둥 마는 둥 간단하게 요기하고 지나갔다는 얘기죠. 새참이나 간식 정도로 생각하면 정확할 듯합니다. 실제로 조선시대 평민들의 생활에서는 점심이 없었습니다. 간단하게 요기하고 지나갔죠. 그래서 그럴까? 수도나 명상을 하는 수련단체에서는 대체로 하루 2끼니만 먹는 경우가 많습니다.

그런데 막상 단식을 시작해보면 새로운 사실을 하나 깨닫습니다. 방송에 음식과 관련된 내용이 엄청나다는 것입니다. 평상시에는 잘 모르고 지내다가 단식을 시작하면 온통 눈에 띄는 것이 음식 타령입니다. 관심에 따라 세상이 달라 보이는 것인데, 그 만큼 세상의 관심이 음식에 쏠렸다는 것이고, 그만큼 세상은 여러 가지 겉포장을 하고 있지만, 짐승의 성깔대로 살고 있다는 증거가 되는 일이기도 합니다. 단식을 하다 보면 세상의 외침은 하나로 보입니다. 처먹고 빨리 죽자! 하하하.

몸이 해달라는 대로 다 해주면 좋을 것 같아도 전혀 그렇지 않습니다. 몸이 해달라는 대로 해주어서 먹을 것 다 먹어주고 입힐 것 다 입히고 나면 몸은 병듭니다. 당뇨 같은 게 그런 병 아니던가요? 옛날에 소갈이라고 하여 부자들이나 걸리는 병입니다. 몸이 불편하고 먹을 게 모자라서 걸리는 병보다는 몸이 편하고 먹을 게 너무 많아서 걸리는 병이 더 많습니다. 이른바 문명병이죠. 오늘날 아프리카의 굶주린 아이들은 못 먹어서 걸리는 병이지만, 그 반대편의 잘 사는 사회에서는 너무 잘 '처' 먹어서 걸리는 병이 훨씬 더 다양합니다.

새로이 나타나는 문명병에 대해 병원에서는 새로운 이름을 붙이느라고 정신없습니다. 그만큼 많은 병들이 생겨납니다. 몸을 주인으로 떠받들어서 너무 잘 영양을 공급해서 그렇습니다. 너무 처먹어서 걸리는 병이라고 할 수 있습니다. 이렇게 하여 몸의 항복을 받으면 나머지 물질에 대한 탐욕은 우습게 정리됩니다.

앞서 자신의 몸뚱이한테서 항복 받은 사람이 까짓 명예욕을 버리는 건 아주 간단한 것처럼 보이죠? 그런데 실상은 그렇지 않습니다. 우두머리가 되고 명예를 이룬다는 것은 남의 눈치를 본다는 것입니다. 남의 눈치를 본다는 것은 이다음에 다룰 세 번째 새끼치기와 관련이 있습니다. 즉 자신의 종족을 널리 퍼뜨리기 위해서 남들에게 자신을 알리고 싶은 것이고, 자신을 따르는 수많은 이성 가운데서 가장 우수한 종자를 골라서 자신의 씨를 심으려는 무의식과 관련 있습니다.

종종 굉장한 깨달음을 이룬 분들이 명예욕에 휩싸여 자신의 본분을 망각하는 경우가 있습니다. 어떤 사람들이 누군가를 우두머리로 내세우는 이유는, 자신들에게 공통된 어떤 이익을 관철시키려는 것입니다. 그러면 그것이 인간 본래의 참 진리에서 볼 때 옳으냐 그르냐를 판단해야 합니다. 이 중요한 판단을 해야 할 순간에 자신을 따르는 사람들의 간절한 바람을 어찌지 못해서 엉뚱한 판단을 하는 수가 많습니다. 평생 쌓아온 이름을 하루아침에 욕으로 바꾸는 경우가 많지요. 정치인들이 이런 소용돌이에 휩싸이는 것은 말할 것도 없습니다. 그들에게는 진리가 문제가 아니라 어느 쪽이 대가리 숫자가 더 많으냐 하는 것이 중요합니다. 그래서 상식으로는 말도 안 되는 짓들을 서슴지 않는 것입니다.

사람이 사회에 몸담고 살다 보면 시간이 지남에 따라 일정한 지위가 생기고, 지위가 생기면 그로 인해 인연을 맺은 사람들이 생깁니다. 사람들이 떼를 지으면 이권이 생기고, 이권이 생기면 반드시 다른 떼거리와 마찰을 일으킵니다. 그때 어느 쪽도 손해가 되지 않는 결정을 해야 하는데, 대부분은 그럴 수 없는 경우입니다. 결정이 어느 한쪽으로 기울죠. 그런 잦은 결정 때문에 자신의 결정이 사람들에게 미칠 영향을 점차 망각합니다.

판사가 자신이 신이 아닌 것을 알면서도 사형 판결을 내리는 경우가 바로 그렇습니다. 사형 판결을 내려서 한 사람을 죽음에 이르게 한 판사에게는 자신의 일에 오랜 세월 길든 관행이 작용한 것입니다. 그리고 그 관행은 반드시 명예와 관련이 있습니다. 굶어죽지 않는데도 남을 죽이는 일에 굳이 앞장서는 독재정권의 앞잡이들은 그런 관행이 생각의 뿌리 깊숙이 자리 잡은 사람들입니다.

자신의 자리에 연연하지 않고 어디서나 진리를 위해 봉사하는 자가 왜 이 세상에 그토록 드문지는 스스로 물어보면 될 일입니다. 그러면 참 사람이 되기 위해 해야 할 일도 금방 깨달을 수 있습니다. 그런 순간순간의 깨달음에 매이지 않는다면 아무리 세상 사람들이 칭찬을 해도 짐승의 삶을 사는 것에 불과합니다. 내 삶이 짐승의 그것이냐 아니냐 하는 것은 세상 사람들의 잣대에 있는 것이 아닙니다. 내 안의 냉철한 마음, 진리를 추구하는 마음에 있는 것입니다. 훌륭한 사람은 남에게는 따뜻해야 하고 나에게는 냉정해야 합니다.

이 명예욕에 대한 집착이 얼마나 강한 것인가는, 예수의 경우를 보아도 알 수 있습니다. 광야에서 홀로 기도하는 예수에게 사탄이 나타나 온 세상의 권력을 주겠다고 말하죠. 예수는 물론 그것을 거절합니다. 나중에 빌라도 앞에서도 나의 왕국은 그런 것이 아니라고 말하죠.

참사람의 세 번째 특징은 짐승의 세 번째 특징을 이기는 것입니다. 짐승의 세 번째 특징은 새끼치기를 통해 영생을 꿈꾸는 일이라고 했습니다. 그리고 그것은 현실에서 성욕으로 나타난다고 했습니다. 모든 문명사회는 이 성욕을 통제하는 장치를 지녔습니다. 그것이 금기이고 법입니다. 법은 제도로 정착한 것이고, 금기는 법으로 정착하기 이전의 기본합의입니다.

이것도 목숨을 유지하는 먹을거리에 대한 집착에 견주면 별 것 아닐 것 같습니다. 그런데 실제로는 몸뚱이에 대한 집착보다 훨씬 더 강렬합니다. 그도 그럴 것이 섹스는 자신의 문제가 아니라 자손의 문제이고, 자손의 문제는 자신의 영생과 맞물렸기 때문입니다. 자신을 희생해서라도 자손의 번영을 꿈꾸는 것은 생명이 지닌 놀라운 비밀이자, 가장 끊기 힘든 욕망의 심줄입니다. 먹이에 대한 집착이 소꿉놀이용 실이라면 섹스에 대한 집착은 밧줄입니다.

실제로 단식을 해보면 이 섹스의 욕망이 얼마나 질긴 것인지 알 수 있습니다. 앞서도 말했듯이 단식을 하면 몸뚱이가 항복을 합니다. 먹지 않아도 행복하게 죽을 수 있다는 확신이 옵니다. 그런데 문제는 굶은 지 열흘이 지나도 성욕은 전혀 줄지 않는다는 것입니다. 오히려 성욕은 더욱 강렬해지고, 그에 따라 몸에서 반응하는 성에 대한 욕구는 더욱 팽팽해집니다. 그러면서 놀랍니다. 내 몸 속에 이런 놀라운 집착이 있다니! 식욕은 이겨도 성욕은 이기기 힘들겠다는 어이없는(!) 생각까지도 듭니다. 생명이 영생을 향해 드러내는 집착은 세대를 뛰어넘어 내 몸으로 건너온 인류 역사의 생생한 집착이자 욕망이기 때문에 그렇습니다.

이것은 깨달음을 이룬 분들도 마찬가지여서 부처도 귀신에게 시험을 당하는데 마지막 단계에서 나타난 마귀가 여자였습니다. 그것도 풍만한 가슴을 지닌 요염한 중년 여인이었습니다. 새파란 처녀가 아니고 중년 여인이라는 것이 무엇을 의미하는가 한 번 곱씹어볼 만한 일입니다. 그리고 간디의 경우에도 80을 코 앞에 둔 나이에도 젊은 이성으로부터 성욕을 느꼈다고 고백했습니다. 참, 이런 고백은 대단한 일입니다. 나 같으면 슬그머니 모른 체하고 넘어갔을 텐데, 굳이 고해성사를 하는 것을 보면, 간디는 그릇부터가 저와는 다른 종자라는 생각을 합니다.

참사람은, 자신의 몸뚱이로부터 욕망을 항복 받아 마음이 몸의 주인노릇을 하고, 세상의 명예에 전혀 얽매이지 않으며, 섹스가 만들어 놓은 인연을 완전히 놓아버린 사람을 말합니다. 간디가 인도 사회에서 존경받는 어른으로, 진리를 깨달은 이로 추앙을 받았지만, 아들이 속을 썩여서 마음고생을 많이 했습니다. 아들은 왜 이렇게 되었을까요? 간디는 육신으로 자식을 낳아만 놨지 아버지 노릇을 하지 않은 것입니다. 사랑을 받지 못한 아들이 삐뚤어지는 것은 당연한 일입니다.

그러면 간디는 왜 아들을 거두지 않았을까요? 여기까지 글을 읽어온 학생이라면 당연히 알게 되지 않을까요? 간디에게는 아들이란 육신으로 맺어진 관계일 뿐, 이미 그 관계를 놓아버린 그에게는, 옆집의 아이나 거리에서 만난 불가촉천민의 아이나 다를 게 없었던 것입니다. 온 인류의 아이들이 자신의 아들이었던 셈입니다. 그러니 자기의 육신이 낳은 아이에게만 집착하여 특별대우를 할 게 없었던 게지요. 그래서 깨달음을 얻은 자의 자식은 불행합니다. 전혀 대우를 받지 못합니다. 부처님의 아들도 나중에 머릴 깎고 중이 되었지요.

예수도 마찬가지였습니다. 예수가 갈릴리 어딘가에서 사람들과 이야기를 나누고 있는데 밖에 어머니인 마리아가 왔습니다. 예수의 어머니가 오셨다고 사람들이 수군거립니다. 그러자 예수가 한 마디 하죠.

"누가 내 어머니란 말이냐? 여기 있는 너희가 내 형제이고 내 가족이다."

이런 '싸가지 없는' 예수가 죽자 어머니 마리아는 아들의 죽음을 마지막까지 지켜보죠. 참 위대한 어머니라는 생각이 들면서도 그 두터운 업장은 어쩔 수 없다는 생각에 한숨이 절로 나옵니다. 어쩌면 그것이 아들을 넘어선 생명 그 자체의 그림자일지도 모른다는 생각이 듭니다. 그것을 '사랑'이라는 말로 담을 수 있을지는 저도 잘 모르겠습니다. 나무관세음보살!

정리하겠습니다.

사람이란 무엇인가? 이 질문에 제대로 대답하려면 짐승이란 무엇인가 먼저 물어야 하고, 성현들은 짐승의 특징을 세 가지로 정리했습니다. 먹고 싸우고 새끼치고. 이 세 가지를 자기 안에서 이긴 사람이 참사람이라는 것입니다. 인류문명은 그 길을 향해 걸어온 고단한 길입니다. 아직도 완성되지 않은 채 길을 잃고 헤매는 것이 오늘날의 문명이죠.

Chapter 2

'나'

'나'란 무엇인가

나를 결정하는 것은 내가 아니라
나와 마주한 상대라는 것입니다.
내가 누구와 마주하느냐 하는 것은
바로 관계를 나타냅니다. 아들과
아버지의 관계, 어머니와 아들의 관계,
아내와 남편의 관계……
이런 관계에 따라서 내가 결정되는 것이지
나 자신이 나를 결정하는 것은
아니라는 것입니다.

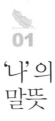

01

'나'의
말뜻

나를 알아보기 전에 먼저 '나'의 말뜻을 알아봅니다.

'나'는 무슨 뜻일까요? 나의 짝 말인 '너'를 살펴봅니다. '나'와 '너', 아주 비슷합니다. 영어에서 I와 You의 관계를 보면 우리말이 얼마나 독특한지 알 수 있습니다. 그러니까 '나'와 '너'는 점(·) 하나 차이입니다. 〈ㅣ〉에 점(·)이 앞으로 붙었느냐 뒤로 붙었느냐 하는 차이입니다. 이것은 모음이 분화되기 전에는 같은 말이었다는 뜻입니다. 그러니까 우리말에서 맨 처음에는 너나 나나 한 몸으로 인식했다는 것이고, 이것은 동류의식이 강했다는 말입니다. 나는 곧 너고, 너는 곧 나다. 이게 우리말의 보여주는 말뜻의 비밀입니다.

우리와 비슷한 뿌리를 지닌 몽골어, 퉁구스어, 터키어에서도 모두 비슷하고, 가야의 지배부족이 쓰던 드라비다어에서도 모두 비슷합니다.[1] 모두 너나 나를 가리키는 말들입니다. 그러니까 우리말이 암시

---

1) 강길운, 『비교언어학적 어원사전』, 한국문화사, 2010.

하는 너와 나의 관계는 이렇습니다. 처음엔 너 나의 구별도 없다가 점차 다른 것을 인식하면서 상대를 나와 분리시켰다는 말이죠. 그 과정에서 모음 하나 차이로 남과 나를 구별했다는 말입니다. '남'이라는 말도 그렇지요? 나로부터 나왔다는 뜻이니, 남이지만 애초에 인식은 너와 내가 한 몸이었다는 뜻입니다.

자, 그러면 본격 질문으로 들어가 봅니다. '나'는 무엇일까요? 무엇이 나일까요? 이거 미칠 일이지요? 단 한 번도 해보지 않은 질문 아닙니까? 누가 살아가면서 이런 질문을 한단 말입니까? 그래도 명색이 철학 강의인데 이런 질문을 안 할 수는 없습니다. '나'가 누구인지 알게 되면, 날마다 마주치는 수많은 '너'도 알게 됩니다. 그러면 사람이 이해됩니다. 먼저 한 번 '나'가 누구인지 생각해보시고, 도저히 감이 안 잡히거든 저를 따라오시기 바랍니다. 10대의 여러분이 이 답을 제대로 할 리 없습니다.

02

'나'는
관계와 기억

먼저 저의 하루생활을 들여다보겠습니다. 저는 충북예술고에서 국어를 가르치는 교사입니다. 그러니 아침에 방에서 일어나면 주섬주섬 옷을 입고 학교 갈 준비를 합니다. 먼저 화장실 문을 열고 들어가서 세면대에 대가리를 처박고 머리를 감습니다. 대가리가 상스럽다고요? 하하하. 아침에 일어나서 아무 생각도 없는 몽롱한 물건이 대가리가 아니고 무엇입니까? 생각 없는 머리통이니 북어대가리와 다를 게 없지요. 그리고 대가리라는 말이 상스럽다는 것은 허영기 가득한 윗분들이 갖는 생각입니다. 엄연히 국어사전에 등재된 당당한 우리말입니다. 지금 철학을 논하는데 뱃살 두둑이 살찐 분들의 생각을 따라가야 합니까?

머리를 감고 정신을 차리면 거울 속에 누군가 자신을 바라봅니다. 그게 누굽니까? 나이기는 한데, 누군지도 모를 나이지요. 욕실에서 나와서 옷을 입고 이불을 개 없고 거실로 나옵니다. 아내가 기다립니다. 잘 잤느냐고 인사를 나눕니다. 나를 바라보는 아내 때문에 '아, 내가 저 여자의 남편이구나!' 하고 깨닫습니다. 사랑스런 남편으로 나 자신을 생각합니다. 잠시 후에 어머니가 저쪽 작은 방에서 나오십니다. 잘 주무셨느냐고 인사드립니다. 그러면서 나는 어머니의 자식이 됩니다. 어머니와 맞은 편 방에서 딸아이가 나옵니다. 딸의 인사를 받으면서 인자한 아버지가 됩니다.

밥을 먹고 시간에 쫓겨 주차장으로 갑니다. 엘리베이터 안에서 아주머니를 만납니다. 아랫집 아주머니입니다. 그 아주머니에게 저는 위층에 사는 사람입니다. 가끔 음식물 쓰레기를 들고 엘리베이터 안에서 머쓱하게 마주치는 아저씨죠. 얼른 그 사람이 보는 사람으로 돌아옵니다. 차를 몰고 길로 나섭니다. 신호등에 대기하는데, 옆 차의 여자가 저를 봅니다. 저 여자에게 나는 무엇일까요? 수많은 운전자 중의 한 사람입니다. 어쩌면 접촉사고를 낼 수도 있는 경계해야 할 사람이죠.

학교에 도착합니다. 주차장에 차를 대고 현관문을 들어섭니다. 생활지도를 나온 선생님과 학생 둘이 인사를 합니다. 선생님한테는 공손하게 인사하고, 아이들에게는 반갑게 아는 체를 합니다. 교무실로 들어섭니다. 많은 선생님들이 들어서는 나를 보고 인사합니다. 교사로서 나도 반갑게 인사합니다. 1교시 종이 울립니다. 수업에 들어갑니다. 교탁 앞에 서면 반장이 일어서서 차례, 경례를 합니다. 아이들이 낭랑한 목소리로 인사를 하고 나는 고개를 숙여 답례를 합니다. 아이들은 공부할 준비를 하느라 교과서를 펴며 눈을 반짝이고, 나는 국어교사로서 아이들에게 교과서 안의 정보를 풀이해줍니다.

쉬는 시간에 교감 선생님과 학교문제를 상의합니다. 그때 나는 교사가 아니라 평범한 학교 직원이고, 내 앞에 앉은 사람은 교사이기는 하지만 내 의견에 귀를 기울여 학교행정을 지도 감독하는 교감입니다. 어쩌다 교장과도 마주 앉을 때가 있습니다. 이러저러한 문제로 상의할 때입니다.

하루 종일 학교생활을 마치고서 집으로 돌아옵니다. 아파트 현관문을 열고 들어서면 딸아이가 쪼르르 나와서 인사합니다. 인사를 받고 방으로 들어가서 옷을 갈아입습니다. 저녁을 먹고 앉아서 텔레비전을 켭니다. 예능 프로그램을 보며 낄낄거리고 웃습니다. 그러다가 하루가 끝나고 잠자리에 듭니다.

지루한 저의 일상을 따라오느라고 고생 많으셨습니다. 자, 하루 종일 돌아다니며 여러 사람을 만날 때마다 태도를 바꾼 이 중에서 누가 진짜 나일까요? 어머니에게 아들인 내가 나일까요? 아내에게 남편인 내가 나일까요? 교사? 운전자? 동료교사? 과연 이 중에 누가 참 나일까요? 알 수 없습니다. 분명한 것은 이들의 모습이 나의 일부분일 뿐, 나의 전부가 아니라는 것입니다.

그런데 잘 살펴보면 내가 아무것도 아닌 것에서 어머니의 아들로 변하고, 아내의 남편이 되고, 딸아이의 아빠가 되고, 학생들의 교사가 되고, 교감이나 교장의 부하 직원이 되고, 이웃집 아주머니의 이웃 아저씨가 되는 것은 정말 순식간의 일이라는 것입니다. 중국의 기예 중에 '변검'이라는 것이 있습니다. 망토를 입고서 잠시 고개를 슬쩍 돌리면 얼굴 색깔이 달라집니다. 홱! 돌리면 빨강 얼굴, 홱! 돌리면 파랑 얼굴, 홱! 돌리면 노랑 얼굴이 됩니다. 정말 눈 깜짝할 사이에 얼굴 색깔이 변합니다. 그런데 아들과 남편과 아버지와 교사와 이웃집 아저씨로 변하는 저의 속도도 이 변검 못지않다는 것입니다. 내 몸뚱이는 하나인데, 내가 누구와 마주하느냐에 따라서 순식간에 나의 존재가 달라진다는 것입니다.

이렇게 빠른 속도로 달라지는 여러 얼굴의 '나' 중에서 어느 나가 정말 나일까요? 아들이 나일까요? 아버지가 나일까요? 남편이 나일까요? 교사가 나일까요? 그것도 아니면 아무것도 아니고 혼자 있을 때가 나일까요? 혼자 있다고 해서 내가 드러나는 것은 아닙니다. 자식 생각을 할 때는 아버지가 되고, 아내 생각을 할 때는 남편이 되는 것이니, 정말 나는 아닌 셈입니다.

그러니까 우리는 이런 결론을 낼 수 있습니다. '나'라는 것은, 원래 내가 있어서 그런 것이 아니라, 내가 누구와 마주하느냐에 따라서 결정된다는 것이죠. 나를 결정하는 것은 내가 아니라 나와 마주한 상대라는 것입니다. 내가 누구와 마주하느냐 하는 것은 바로 관계를 나타냅니다. 아들과 아버지의 관계, 어머니와 아들의 관계, 아내와 남편의 관계……. 이런 관계에 따라서 내가 결정되는 것이지 나 자신이 나를 결정하는 것은 아니라는 것입니다.

그러니까 '나'라는 것은 내 안의 어떤 변하지 않는 실체가 있어서 '나'가 아니라, 나 아닌 다른 존재와 어떤 관계를 맺느냐에 따라서 결정된다는 것입니다. 사람이란 어떤 실체가 있는 것이 아니라 관계에 따라서 결정된다는 사실! 참, 놀랍지 않나요? 내 안에 내가 없다니? 남에 의해서 내가 누군지 결정된다니? 어이가 없습니다. 그러고 보니, 사람을 한자말로는 인간이라고 하네요. 人間. 間은 '사이'라는 뜻입니다. 관계를 나타내는 말이죠. 그러네요. 사람은 다른 사람과 맺는 관계에서만 의미를 갖네요.

그런데 정말 그런가요? '나'가 다른 사람들에 의해서만 그 존재가 결정되나요? 그런 관계 이외의 다른 것은 내게 없나요? 만약에 있다면 그것은 무엇일까요? 이 궁금증을 풀자면 어떻게 해야 할까요? 한 가지 방법이 있습니다. 가만히 앉아서 그 관계들을 하나씩 버려보는 겁니다. 나로부터 아들을 버립니다. 남편을 버립니다. 아빠를 버립니다. 이웃집 아저씨를 버립니다. 운전자를 버립니다. 행인을 버립니다. 교사를 버립니다. 여기서부터 갑자기 어려워집니다. 잘 생각하셔야 합니다.

그런데 버린다는 것이 무얼 뜻할까요? 예컨대 내가 아들임을 버린다는 것은 무엇일까요? 그것은 어머니와 맺은 관계를 버린다는 뜻입니다. 어머니와 무슨 관계를 맺었기에 그럴까요? 어머니와는 아주 어릴 때부터 특별한 관계를 맺었습니다. 나를 키워줬죠. 그러니 제가 모시고 사는 겁니다. 어렸을 때부터 나를 보살펴준 일들이 있습니다. 동네 아이들에게 얻어맞고 왔을 때는 나대신 찾아가서 날 때린 아이를 혼내줬고, 학용품이 떨어졌을 때는 그걸 사라고 돈을 주셨습니다. 어머니와 나 사이에 맺어졌던 일들이 주마등처럼 머릿속을 지나갑니다.

그래서 지금까지 제가 제 집에서 모시고 사는 겁니다. 저는 어머니에게 자식으로서 잘 해 드리려고 합니다. 그리고 그 잘 해 드리는 방법은 이 세상에서 가르쳐주었습니다. '효도'라는 지극히 뻔한 방법을 말이죠.

반면에 내가 남편임을 버린다는 것은 무엇일까요? 그것은 제 아내와 맺은 관계를 버린다는 뜻입니다. 이혼한다는 뜻이 아닙니다. 제 마음 속에는 아내와 맺어온 세월이 있고 기억이 있습니다. 그 기억 속에서 아내와 나는 결혼했고, 지금까지 자식 낳고 가정을 꾸려왔습니다. 아내를 생각하면 지난 30년 세월이 또한 주마등처럼 머릿속을 스쳐갑니다. 그래서 우리는 한 집안에서 살고 한 이불 속에서 잠자는 겁니다.

저는 남편으로서 아내에게 제 노릇을 잘 하려고 합니다. 그 방법은 또한 이 세상에서 나에게 가르쳐주었습니다. 아내에게 솔직해라, 사랑해라, 바람피우지 마라, 집안일을 도와줘라……. 좋은 남편의 조건은 끝이 없습니다. 끝없는 그 조건을 조금이라도 더 해보려고 애써왔습니다. 그런 세월이 아내와 함께 30년을 흘러갔고, 그것이 잘 되었던 일이든 잘 안 되어 다투었던 일이든 모두 지난 세월 속에 들어있습니다. 그리고 지난 세월은 저의 기억 속에 있습니다.

딸아이와도 마찬가지입니다. 학생들과도 마찬가지입니다. 내가 그런 위치에 놓여있는 것은, 혹은 그런 관계들은 이 세상이 가르쳐준 것이고, 나는 기억과 규칙으로 그 관계들을 이해하고 그에 따라 행동을 합니다. 내가 그 관계를 혼동하지 않는 것은 그 관계에 따른 기억을 정확히 갖고 있기 때문입니다. 만약에 기억에 혼돈이 온다면 어떨까

요? 그것은 그 관계를 온전히 맺을 수 없습니다. 예컨대 치매 끼가 있
는 노인들은 자신이 누구인지 잘 기억하지 못합니다. 그러면 그 관계
에 충실할 수 없습니다. 비단 치매 걸린 사람들만의 일이 아닙니다.

얼마 전의 일입니다. 제가 타향에 나와서 사는 바람에 고향의 친
구들하고는 연락을 거의 못하고 지냈습니다. 그런데 얼마 전에 국민
(초등)학교 친구들이 전화를 해서는 동창회 활동을 하지 않는다고 타
박을 하고는 동창회 카페를 열었으니, 카페라도 들어오라는 것입니
다. 그래서 카페에 가입을 하고 들어갔습니다. 몇 번째인가 들어갔는
데, 왼쪽 접속자 창에 나 말고 다른 누군가 들어와 있는 것입니다. 잠
시 후에 대화 창이 떴습니다. 그 친구가 나의 접속사실을 알고는 대화
창을 연 것입니다.

그래서 대화를 시작했습니다. 내 이름을 대고 상대의 이름을 물었
더니 모르는 아이입니다. 우리 국민학교는 딱 2반이었고, 남녀가 따로
배웠는데, 그 대화 상대는 여자였습니다. 그러니 더더욱 교류가 적었
을 것이고, 아예 기억이 나지를 않는 것입니다 그래서 이름을 물었습
니다. 대화 창에 뜬 이름을 보니 여전히 기억나지 않습니다. 우리 동
창이 모두 합쳐서 70명이 조금 넘는 숫자인데, 주소록 속의 절반은 전
혀 기억나지 않는 이름이었습니다. 세월이 그만큼 흘러 저의 기억이
희미해진 것입니다. 그 낯선 이름의 주인공이 저의 동창이라면서 대
화 창에서 40여년 만에 반말로 대화를 하는 중입니다.

나 : 너 혹시 나 기억나니?

걔 : 아니!

나 : ─.

걔 : 진명아, 혹시 너는 나 기억나니?

나 : 아니!

걔 : 그래! 그렇구나.

대화가 여기에 이르렀습니다. 우리 둘이 같은 학교를 6년 다녔으면서도 서로에 대한 기억이 전혀 없는 것입니다. 이름만 동창이지 같이 공유한 기억이 없으니, 정말 말 그대로 이름으로만 동창인 셈입니다. 희미한 기억이라도 있어야 그 기억을 토대로 옛날을 이야기할 텐데 그게 없으니, 더 이상 대화가 진행될 리 없지요. 바쁘다는 핑계를 대고 그 대화 창을 빠져나왔습니다.

그리고 한 동안 머릿속이 멍! 했습니다. 내가 지금 무슨 짓을 한 거지? 기억이 없으니 관계는 존재하지 않는 것입니다. 학교의 기록을 살펴보면 그 아이와 나는 분명히 같은 해에 졸업한 동창생이겠지요. 그런데 그게 지금의 나에게 무슨 상관이란 말입니까? '나'라는 게 이렇습니다. 기억이 없다면 나도 없는 겁니다.

한 가지만 더 볼까요? 제가 창피한 얘기를 좀 해야겠습니다. 저도 명색이 수컷인지라 예쁜 여자를 보면 저절로 눈이 갑니다. 한 번은 아파트 입구를 나서는데 정말 예쁜 아가씨가 화려한 옷을 입고 저쪽에서 걸어오는 겁니다. 갑자기 주변이 환해져서 '저 아가씨 정말 예쁘네!' 하면서 넋을 놓은 사이에 거리가 점차 가까워졌습니다. 그런데 그 아가씨가 절더러 인사를 하는 겁니다. 그래서 "날 아시나요?" 했더니, "선생님, 저 누구예요. 몇 년 전에 국어 배웠어요"하는 겁니다.

저의 제자였던 겁니다. 학교 졸업하고 어른이 되어 제 앞에 나타났고, 그 사이에 엄청난 변화가 일어났던 것이지요. 성형까지 했는지는 모르겠으나 짙은 화장을 했고, 옷까지 최신 유행 패션으로 차렸으니, 교복 속에 갇혀있던 그 아이가 아니었던 셈이지요. 당황한 나머지 인사치레로 답하고 헤어졌지만, 헤어진 후에도 도대체 어떤 녀석이었는지 생각이 안 나는 것이었습니다. 저의 기억 속에서 그 아이는 없었던 셈이지요. 그러니까 그 아가씨에게 나는 선생님이었지만, 나에게는 그 아가씨가 단순한 암컷이었던 것입니다. 기억이 혼란을 일으키면서 관계가 얼크러진 것입니다. 관계를 결정짓는 것은 나의 기억이라는 말입니다. 누군가와 맺었던 기억이 그와 관계를 맺은 흔적이고, 그 흔적들이 관계를 계속 유지하거나 수정하거나 하면서 나의 일생을 이끌고 가는 것입니다.

그렇다면 이런 결론을 얻을 수 있습니다. '나'란 다른 사람과 맺은 '관계'이고, 그 관계는 내가 겪은 체험의 '기억'이다. 그러면 우리는 여기서 또 한 가지 결론을 얻을 수 있습니다. 정말 나를 찾는 방법은 관계를 하나씩 버리는 것이고, 그 관계를 버린다는 것은 기억을 버린다는 것입니다.

지금 정말 어려운 얘기를 했습니다. 이해하기가 쉽지 않을 것입니다. 이런 생각을 심각하게 한 적이 없기 때문입니다. 콩나물학원의 학생들에게 강의를 할 때도 이 부분을 정말 이해하기 어려워하더군요. 잘 생각하시기 바랍니다. 자, 결론은 이것입니다. '나'란 다른 사람과 맺은 관계들을 말하는 것입니다. 그래서 아들인 나를 버리고, 아빠인 나를 버리고, 남편인 나를 버리고, 교사인 나를 버리고, 수컷인 나를 버립니다. 그러면 뭐가 남을까요? 여기서는 답을 유추할 수 있습니다.

모든 관계를 버리면 '몸뚱이'만 남습니다. 그런데 문 밖을 나서기만 하면 왜 다시 그를 마주보는 관계의 '나'로 돌아갈까요? 그것은 기억 때문입니다. 기억이 망가지면 그 관계도 무너진다는 것에서 그것을 짐작해볼 수 있습니다. '기억'이 남아있는 한, '관계'의 '나'도 사라지지 않습니다. 그러면 우리는 이런 결론에 이릅니다. 관계의 '나'는 곧 기억이다. 따라서 '나'는 다름이 아니고 '기억들'이다. 그 기억들이 관계를 만들어내고 내 몸은 그런 관계에 정확히 적응하여 행동한다는 것입니다.

정말 어려운 결론에 도달했습니다. 이거 잘 기억해야 합니다. 생각이 숙달될 때까지 자꾸 반복하여 '나'는 바로 '기억'이라는 사실을 확실히 알아야 합니다. 그냥 내가 가르쳐주었으니 그런가보다 할 게 아니라, '정말 그래서 그렇구나!' 하는 확신이 들 때까지 생각을 되풀이하여 확신을 가져야 합니다. 그래야 다음 진도 나갈 때 헷갈리지 않습니다. 이게 확실하지 않으면 앞으로 동양철학 진도를 나가는데 정말 애를 먹습니다. 알딸딸하다가 몽롱하다가 잠만 옵니다. 꼭 기억하세요. 이곳이 동양철학을 계속 하느냐 못하느냐를 결정하는 곳입니다.

03

'나'는
기억의 덩어리

    기억이 곧 '나'라고 했습니다. 그렇다면 기억나지 않는 것은 '나' 가 아니란 말인가요? 그렇습니다. 기억하지 못하는 것은 내가 아닙니 다. 기억나지 않는 내 삶은 나의 것이 아닙니다. 오직 기억하는 것만 이 '나'이고 나의 인생입니다. 생각해 보십시오. 오늘 내가 하루 종일 무언가를 하고 누군가를 만났는데, 집에 돌아와 보니 기억이 없다면 그게 나와 무슨 상관이란 말입니까? 내 인생이 아닌 겁니다.

    국어교사인 제가 학교에 가서 학생들과 입씨름을 하고 왔습니다. 그 러면 집에 돌아와서 생각해보죠. 오늘 내 말을 안 듣고 수업시간에 딴 짓을 자꾸 한 놈 때문에 신경이 쓰여서 국어수업을 제대로 하지 못했 다면 그게 마음에 걸리고 자꾸 생각날 것입니다. 그런데 그 교실에는 그 녀석만 있었던 것이 아닙니다. 대부분 많은 학생들이 조용히 앉아 서 내 강의 내용을 들었습니다. 그런데 그런 사람은 생각이 안 나고 딴 짓으로 내 신경을 거슬린 놈만 기억납니다. 그러면 내일은 어떻게 할 까요? 학교에 가서 이 녀석을 제대로 공부 시킬 수 있는 어떤 방법을 찾아내려 할 것입니다. 이것이 그 다음 날의 '나'가 되는 것입니다. 바로 이 기억이 '나'를 만들어갑니다.

이렇게 기억이 '나'라고 말하면 대부분 학생들이 '에이!' 합니다. 이 싱싱한 몸뚱이로 신나게 땀 흘리며 뛰는데, 그 몸뚱이는 '나'가 아니란 말인가? 뭐, 이런 생각이 들죠. 예컨대 친구들과 축구를 했다면 그날 축구를 한 친구들이 모두 축구한 기억을 지닐 텐데 그러면 철수의 축구와 현빈이의 축구가 같은 공간에서 펼쳐졌으니까 철수와 현빈이는 같은 사람이란 말인가? 이런 식의 의문이 들 것입니다.

그런데 아주 재미있는 사실이 하나 있습니다. 똑같은 사건도 사람마다 기억하는 것이 모두 다르다는 것입니다. 똑같이 축구를 했다고 하더라도 축구한 장면에 대한 기억은 모두 다릅니다. 어떤 사람은 자신이 찬 축구공이 골문으로 들어갈 때의 짜릿한 순간을 기억하고, 어떤 사람은 상대 선수에게 얻어 채여 아팠던 정강이를 기억하고, 어떤 사람은 불공평하게 심판을 보던 주심을 기억합니다. 축구만이 아닙니다. 단체여행을 하고 돌아온 사람들에게 감상문을 써보라고 하면 모두 다른 소리들을 합니다.

사람이 어떤 것을 본다고 해서 보는 그대로 기억되는 것이 아니라는 것입니다. 자신에게 중요하다고 생각되는 것만을 골라서 기억합니다. 이 편집능력이 바로 그 사람입니다. 기억은 이 편집능력에 따라 정리되고, 이 편집능력은 제 입맛대로 기억을, 곧 '나'를 자꾸 키워갑니다. 세상은 누가 봐도 그 세상인데, '나'가 자꾸 나에게 필요한 것만을 간추려서 기억의 덩어리를 불려간다는 것입니다. 그리고 그렇게 만들어진 기억이 곧 '나'입니다.

여러분은 계속해서 '나'를 만들어가는 중입니다. 이 글을 읽는 사람과 그렇지 않은 사람과는 또 다른 기억을 갖게 됩니다. 그리고 똑같은 문장으로 된 이 글을 읽으면서도 어떤 사람은 축구 부분을 강하게 기억하고, 또 어떤 사람은 말도 안 된다고 짜증을 내면서 선뜻 납득하기 어려운 부분을 강하게 기억합니다. 그것이 여러분 자신입니다. 요컨대 '나'는 마치 자석과 같아서 자성이 여기저기 흩어진 쇳조각을 끌어 모으듯이 나의 입맛에만 맞는 것들을 잡아들여 기억을 불려갑니다. 그 기억의 덩어리가 '나'이고, 내가 살아온 삶입니다.

한 번은 고등학교 때 친구들을 만났습니다. 35년만의 일이었죠. 그런데 그 중에 우리 반에서 아이들을 괴롭히던 녀석이 있었습니다. 우리 반 아이들이 모두 그 녀석을 두려워했습니다. 아이들을 때렸거든요. 요즘처럼 학교폭력이니 하는 말이 없던 시절이기 때문에 선생님들도 사내자식들이 치고 박고 싸우며 자란다고 생각하여 크게 문제 삼지 않았습니다. 그러니 이 녀석은 학교에서 애들 패는 재미로 사는 것이었습니다.

그런데 술을 한 잔 하고 옛날 얘기를 하다가 내가 그 녀석한테 얻어맞은 적이 있다고 얘기를 했더니, 이 자식이 싹 잡아떼는 것입니다. 저는 아이들을 때린 적이 없다는 것입니다. 제 기억으로는 그 녀석한테 아이들이 거의 매일 얻어맞았는데, 그 자리에 모인 친구들도 이구동성으로 그 얘기를 하는데, 이 자식은 그것을 기억하지 못하는 것입니다. 미칠 일입니다. 맞은 사람은 억울함과 아픔 때문에 강렬하게 그 사건을 기억하지만, 정작 때린 놈은 늘 하던 짓이기 때문에 그것을 중요하다고 생각하지 않는 것입니다. 그러니 기억에도 남지 않죠.

저는 지금 교사이지만, 그 녀석은 건축업을 하는 중소 건설사 사장으로 자랐습니다. 사람들과 관계도 좋고 사업도 잘 합니다. 얄밉습니다. 내 기억 속은 아직도 그 녀석에게 맞은 상처가 어제의 일처럼 선명한데, 정작 나를 때린 놈은 지난 30년 세월을 태평스럽게 지내고서 지금 술 한 잔으로 퉁! 치려고 한다니 말이죠. 얄미워서 한 대 쥐 팰까 하다가 그냥 술 한 잔 받고 말았습니다.

또 한 가지 예를 들까요? 청주에는 육거리시장이라는 곳이 있습니다. 5일장이 서면 발을 디딜 곳이 없습니다. 육거리시장 근처에 한 정형외과가 있는데, 사람들이 미어터집니다. 아침 일찍 가서 몇 시간을 기다려야 겨우 차례가 옵니다. 엑스레이를 찍어서 판독하는데, 정말 많은 난치병 환자들이 거기서 발견됩니다. 그 의사가 하는 일은 엑스레이를 찍어서 형광벽에 걸어놓고서 거기 드러난 몸 속 사진을 보고 암이다, 뭐다 하고 판단하는 겁니다.

그러면 왜 사람들이 그 병원으로 몰려들까요? 다른 병원에 가면 똑같은 엑스레이 사진을 놓고서도 발견하지 못하는 것을 그 병원 원장은 족집게처럼 찾아내기 때문입니다. 그 원장은 사진을 판독하는 능력이 있는 것입니다. 남들이 보지 못하는 것을 보는 자신만의 눈이 있는 것이고, 그것은 오랜 경험을 통해서 얻어낸 것입니다.

세상은 보는 사람의 능력만큼 보입니다. 기억도 이런 것입니다.

실제 사건과 반드시 일치하지 않습니다. 저에게 중요하다고 판단되는 것만을 강렬하게 기억합니다. 중요한 것은 사람마다 다 다릅니다. 그렇기 때문에 똑같은 사건을 겪고도 그에 대한 기억은 사람마다 모두 다른 것입니다. 그리고 그 기억이 곧 '나'입니다. 첫 기억부터가 나의 인생입니다.

그런데 나의 기억은 나의 삶과 일치하지 않습니다. 태어날 때부터 기억을 하지 않는다는 말입니다. 사람마다 인생의 첫 번째 기억이 모두 다릅니다. 그리고 그 기억을 기본 자성으로 하여 그 다음의 기억을 하나씩 하나씩 긁어모읍니다. 그러면서 오늘의 삶에 이르죠. 그래서 '내가 누구인가'를 묻는 우리는, '나'의 기억을 잘 살펴볼 필요가 있습니다. 내 삶의 맨 처음 기억이 특히 중요합니다. 지금부터 조용히 눈을 감고 내 인생의 첫 번째 기억이 무엇인가를 더듬어 보시기 바랍니다. 혼자 이 글을 읽는다고 해서 그냥 지나가면 안 됩니다. 반드시 눈 감고 조용히 앉아서 기억을 떠올려 보시기 바랍니다.

지금 우리는 '나'를 찾아가는 길입니다. 아무도 나의 '나'를 찾아주지 않습니다. 자기만이 '나'를 찾을 수 있습니다. 그러므로 반드시 자기가 찾아야 합니다. 제가 지금 하라는 것을 건너뛰면 앞으로 전개되는 이 글이 아무런 의미도 없습니다. 여기서 반드시 책을 덮으시기 바랍니다. 그러지 않으면 불량학생입니다. 학생과로 불러들이겠습니다. 하하하.

해보셨나요? 어떤가요? 내 인생의 첫 번째 기억이 무엇이던가요?

평상시 기억나는 것일 수도 있고 전혀 기억이 나지 않다가 오늘 해보라니까 갑자기 떠오른 것일 수도 있습니다. 그리고 기억을 되돌리는 훈련을 자꾸 하다보면 지금은 떠오르지 않지만 나중에 문득 떠오르는 것들도 있습니다. 기억은 맨 밑바닥에 가라앉았다가 다른 기억들이 하나둘 떠오른 뒤에 갑자기 튀어 오르는 것들도 있습니다. 맨 밑바닥에 깔린 것들은 어쩌면 가장 늦게 떠오를 수도 있습니다. 그렇지만 일단 기억나는 것부터 떠올려봅니다. 떠올리셨죠? 제 말을 잘 들었다고 생각하고 다음 단계로 넘어가겠습니다. 여러분을 믿습니다!

제 경우를 말씀드리겠습니다. 저의 첫 번째 기억은 5살 때의 기억입니다. 어떻게 5살 때인 줄 아느냐고요? 제 막내 동생이 태어날 때의 일인데, 막내 동생과 제가 5살 터울이거든요. 그러니까 5살 때의 일이라고 정확히 추측하는 겁니다. 때는 여름이었습니다. 천안의 한 한옥에 살았던 듯한데, 어머니가 방에서 애를 낳는 중이었습니다. 지금이야 모두 산부인과에 가서 애를 낳지만 옛날에는 모두 집에서 애를 낳았습니다. 그래서 문고리 잡고 애 낳는다는 농담도 많이 합니다. 심지어는 일하다가 밭두렁에서 낳는 경우도 많았죠. 가장 큰 호사라야 산파 할머니가 애를 받아주는 정도였습니다.

우리 어머니도 막내 동생을 방에서 혼자 낳으셨습니다. 게다가 우리는 6남매였습니다. 그러니 앞서 5명을 낳은 노련한 산모이기 때문에 막내를 혼자서 집에서 낳는 일은 식은 죽 먹기죠. 너무 했나? 크흐흐. 그런데 그때 제가 마당에서 놀고 있었던 모양입니다. 기억나는 것은 제가 문을 열고 애를 낳는 그 장면을 보았다는 것입니다. 제 기억 속의 장면은 이렇습니다. 방안에 흰 천이 널려있었고, 거기에 붉은 피가 묻었습니다. 아마도 애를 낳느라고 그런 것이었겠지요. 그 장면입니다. 피 묻은 흰 천이 엄마 옆에 널려있는 그 광경!

그 짧은 한 컷이 전부입니다. 그런데! 내 기억 속의 이 장면이 도대체 무얼 뜻하는 걸까요? 아무것도 아닌 것 같은데, 내가 왜 내 인생의 첫 번째 기억으로 이것을 찍었을까요? 이게 늘 궁금했습니다. 엄마 옆의 피 묻은 흰 천이라는 이 이미지가 나에게 주는 의미는 무엇일까요? 도대체 나는 수많은 일들 중에서 왜 하필 이 장면을 첫 번째로 기억하는 걸까요? 이 기억의 의미는 무엇일까요? 여러분도 여러분이 처음 찾아낸 기억의 장면이 여러분에게 무슨 의미를 띠는가 한 번 곰곰이 생각해보시기 바랍니다.

사람이 기억하는 이미지는 그냥 단순한 이미지가 아닙니다. 반드시 무언가를 상징하고 있습니다. 무언가 하고자 하는 말이 있습니다. 그 이미지의 뒤에 서린 뜻이 무엇인지를 살펴보시기 바랍니다. 그 의미를 알아야만 인생이 풀립니다. 내 인생의 첫 번째 비밀이 풀립니다. 그래야만 내 삶을 괴롭힌 것이 무엇이었는가를 찾아낼 수 있고, 그 괴로움으로부터 벗어날 수 있습니다.

저는 이 피 묻은 흰 천의 이미지를 두고 정말 오래 생각했습니다. 그러다가 어느 날 머리 한쪽이 환히 밝아졌습니다. 퍼뜩 깨달았습니다. 아하, 바로 그거였구나! 무릎을 탁 쳤습니다. 그렇습니다. 그때 5살의 어린 나는 엄마가 죽을지도 모른다는 두려움을 일으켰던 것입니다. 피가 잔뜩 묻은 흰 천 너머의 엄마는 결코 평화로운 모습이 아니었겠지요? 아기를 낳은 직후의 힘겨움에 땀으로 범벅이 된 모습이었을 것입니다. 그 장면을 5살짜리 어린 아이가 봤다면 어떻게 생각했을까요? 뻔하지 않은가요? 어쩌면 엄마가 죽을 수도 있다! 그렇다면? 그 이후의 상황은 끔찍하죠. 나를 보호해줄 존재가 사라진다? 그럼 나는? 나는 어떻게 되는 거지? 뭐, 이런 식이었겠죠.

피 묻은 흰 천 자체가 문제가 아니라 그것을 바라보는 5살짜리의 두려움이 문제였던 겁니다. 그러니까 인생 최초의 기억으로 '두려움'을 먹은 저는 그 뒤로 어떻게 되었을까요? 겁이 많고 감정이 여린 그런 아이가 되었습니다. 친구들과 싸움을 잘 못하고, 눈물 많은 여린 소년으로 자랐죠. 다행인 것은, 우리 삼촌들이 대를 이어 우리 동네의 골목대장이었다는 것입니다. 그래서 국민학교를 졸업하고 중학교에 들어갈 때까지 감히 나를 건드리는 아이들은 없었습니다. 감수성 예민한 소년이 골목대장 삼촌들의 후광으로 큰 상처 받지 않고 자란 것입니다. 그게 큰 다행이라면 다행이었죠. 그렇지 않았다면 저는 정말 '찌질이'로 자랐을 것입니다.

그 후에는 어떻게 됐을까요? 그 후에 저의 인생을 바꿀 중요한 사건 하나가 7살 때 생깁니다. 제 인생의 두 번째 기억을 말하는 것입니다. 그렇지만 지금 우리는 기억에 대해 말하는 중입니다. 제 인생의 이야기에 지나치게 빠져들지 마시기 바랍니다. 제가 7살 때라고 기억하는 것은, 국민학교에 입학할 시기였기 때문입니다. 우리 집 바로 앞에 집이 한 채 있는데, 그 집에는 저의 소꿉동무가 살았습니다. 저보다 1살이 적은 계집아이였죠. 우리는 날마다 그 집 마당에서 놀았습니다.

주로 소꿉놀이를 했습니다. 그런데 어느 날 우리가 소꿉장난을 하는데, 삼촌이 지나가면서 저에게 한 마디 합니다. 그 한 마디란 이렇습니다.

"야, 진맹아. 너는 낼모레 학교 들어갈 놈이 계집애하고 노냐?"

그때 그 말을 하던 삼촌의 얼굴 표정이 지금도 또렷하고, 목소리도 마치 옆에서 들리는 듯 생생합니다. 그 뒤로 그 아이에 대한 기억이 싹 사라졌습니다. 어른들이 술을 많이 먹으면 나중에 필름이 끊긴다고 하죠? 술 먹고서 한 짓과 말을 아예 기억하지 못하는 것 말이죠. 마치 저에게는 그 계집아이에 대한 기억이 그렇습니다. 온종일 소꿉놀이를 하며 지낸 친한 동무였는데, 그 뒤로 만난 적도 없고 기억조차 싹 사라졌습니다.

이게 어찌 된 일일까요? 이것이 또 저에게는 의문이었습니다. 정말 오래도록 이 사건이 무엇을 뜻하는 것인가 생각했습니다. 앞의 첫 번째 기억보다 더 걸리지는 않았지만, 그래도 정말 오래도록 이 기억의 의미를 생각해냈습니다. 그리고 드디어 이 기억의 뒤에 서린 이유, 이 기억에 나에게 말하려는 뜻을 찾아냈습니다. 그것은 바로 '부끄러움'이었습니다.

삼촌은 국민학교 들어갈 무렵의 남녀 구별에 대해서 말한 것이고, 저는 그것을 창피함으로 받아들인 것입니다. 그 창피함에 부끄러움을 느낀 것이었죠. 지금이야 어린 아이들이 유치원에서 여자 친구를 사귄다며 공공연히 '연애'를 하지만, 옛날에 우리가 자랄 적에는 남녀칠세부동석이라는 관념이 지배하던 시절이었습니다. 자란다는 것은 바로 이런 도덕관념을 이해하고 행동원리로 받아들인다는 것이었죠. 그러니까 그 순간 제가 계집아이와 노는 것을 스스로 부끄럽다고 받아들였다는 것은, 바로 이런 당시의 도덕관념을 받아들였다는 것을 뜻합니다. 그렇기 때문에 삼촌이 그 말을 하는 순간 나는 아직도 덜 자랐다고 생각했을 것이고, 자신에 대해 부족하다고 느끼면서 그것을 창피하다고 받아들였겠지요.

이삭 성서에 보면 인류의 조상 아담과 이브가 따먹지 말라는 선악과를 따먹고 부끄러워서 잎으로 사타구니를 가리고 숨었다고 했습니다. 그 때문에 낙원에서 추방당하여 여자는 아기 낳는 고통을, 남자는 뼈 빠지게 일하는 고통을 얻었다고 했습니다. 이것은 성과 도덕관념을 바탕으로 자의식이 생겼고 금기가 생겼음을 나타내는 말입니다. 이런 벌이 한 사람의 성장과정에서도 고스란히 됩니다. 남자와 여자에 대한 구별을 인식하고, 자신의 성 정체성을 확인하는 자의식이 생기는 것입니다. 그것이 일찍 7세부터 시작돼서 사춘기인 10대 중반이 되어 마무리됩니다. 제 경험으로 보면 초등학교 입학 전인 7세 무렵에 형성되었음을 앞의 기억은 보여주는 것입니다. 그러고 보면 옛 어른들이 남녀칠세부동석이라는 말씀을 하신 것은 상당히 정확한 판단이었음을 알게 됩니다.

어릴 적 최초의 기억과 두 번째 기억이 이렇습니다. 그렇다면 그 뒤에 저는 어떤 어른으로 자랐을까요? 두려움의 경우 그에 대한 반응과 대처가 두 가지 방향으로 나타날 수 있습니다. 두려움이 너무 큰 나머지 기가 죽어서 소심한 사람으로 자라는 경우를 생각할 수 있겠죠. 반대로 자신의 두려움을 감추고 그에 대한 반발로 오히려 강한 성격으로 드러나는 경우도 있습니다. 저는 어느 쪽이었을까요? 결혼하기 전에 저의 집사람 네 집에 인사하러 간 적이 있습니다. 그때 집사람의 할머니가 팔순이셨는데, 제가 돌아가고 난 뒤에 이렇게 한 마디 하셨답니다.

"그놈 참, 성깔 있게 생겼네!"

이 반응을 보면 제가 어떤 방향을 택했는지 아시겠죠? 남들 눈에 결코 만만하지 않은 강한 인상을 풍기는 사람으로 자랐습니다. 실제로 저는 몸이 약해서 골골거리다가 전통 활쏘기를 배웠고, 단전호흡을 몇 년 배우다가 다시 태극권을 배웠습니다. 지금도 혼자서 태극권을 하며 제 몸을 다스리고 삽니다. 그런데 고등학교 때 저를 때렸던 그 새끼(?)는 어찌 되었을까요? 건축업 한다고 공무원이나 사업자들 만나서 맨날 술만 퍼마시고 삽니다. 배가 맹꽁이처럼 뽈록 나왔죠. 복어가 더 적당하려나? 하하. 그놈하고 저하고 한 판 붙으면 어떻게 될까요? 그거 물어보나마나 아닐까요? 제가 이길 겁니다. 하하하. 한 방에 날릴 수 있습니다.

제 자랑을 하는 것이 아닙니다. 자신의 최초 기억이 그 사람을 어떻게 만들어 가는가 하는 것을 말하려는 것입니다. 그렇습니다. 나의 기억이 내 인생을 이렇게 만들어갑니다. 오늘의 '나'는 지난 세월의 기억이 이 험한 세상에 이 한 몸 살아남도록 하기 위하여 기를 쓰고 나를 밀어붙인 흔적이고, 그 결과입니다.

04

기억은
이미지

'나'는 다름 아닌 기억이라고 했습니다. 그렇다면 기억은 어떻게 내 머릿속에 저장될까요? 사람은 어떻게 기억을 기억하는가 하는 것입니다. 말하자면 입력방식 또는 저장형식이 무엇인가 하는 것입니다. 사람이 기억을 하는 형식은, 이미지입니다. 모두 5가지 방식으로 이미지를 기억합니다. 어려워하지 마십시오. 벌써 여러분이 다 아는 내용입니다. 어떻게? 국어시간에 지긋지긋하게 배웠습니다. 초등학교 때부터 국어시간에 시를 배웁니다. 시를 배울 때 무엇을 가장 먼저 배우나요? 이미지입니다. 지긋지긋하겠지만, 잠시 국어시간으로 돌아가 보겠습니다. 시에서 활용하는 이미지는 몇 가지 종류가 있습니다. 한번 떠올려 볼까요? 무엇인가요? 다음과 같습니다.

시각 이미지
청각 이미지
후각 이미지

미각 이미지

촉각 이미지

기억나나요? 기억 날 겁니다. 이걸 못 외웠다가는 국어 점수가 꽝
(!)이었을 테니까요. 그렇죠? 바로 이런 이미지로 사람은 모든 사건을
기억합니다. 길을 지나가다가 탤런트를 본다, 그러면 얼른 눈이 그리
로 갑니다. 그리고 핸드폰을 꺼내들죠. 그리고 찍어댑니다. 마치 그
폰카처럼 내 눈이 탤런트의 아름다운 자태를 찍어대는 겁니다. 집에
오는데 통닭집 앞을 지납니다. 고소한 통닭 맛이 코를 찌릅니다. 개처
럼 킁킁거립니다. 통닭의 고소한 냄새가 코로 들어옵니다. 그 고소한
이미지가 머릿속에 새겨집니다. 그리고 결심합니다. 언젠간 꼭 시켜
먹을 꺼야! 집에 와서 밥을 먹습니다. 그런데 엄마가 갈비찜을 해놓았
습니다. 신나게 먹습니다. 정말 맛있습니다. 다음에 또 해달라고 졸라
야지! 하면서 이 분명한 맛을 머릿속에 새겨놓습니다. 잠시 텔레비전
을 보려는데, 엄마가 말합니다. 애, 밥 먹었으면 이제 공부해야지. 빨
리 들어가! 짜증이 팍 납니다. 그러잖아도 곧 방으로 들어가려던 찰나
에 그 얘기가 귀청을 때렸기 때문입니다.

엄마의 그 못마땅한 느낌을 가득 담은 소리가 귓속으로 들어와서
머릿속에 지지직! 새겨집니다. 화가 풀리지 않아서 침대에 잠시 눕습
니다. 곰 인형이 옆에서 내려다봅니다. 곰 인형을 끌어안습니다. 포근
합니다. 온몸이 곰 인형의 부드러운 털을 기억합니다. 금방 공부해야
한다는 생각이 잠시 꺼지면서 스르르 잠이 듭니다. 그러다가 엄마의

잔소리에 벌떡 일어나서 책상 앞으로 가죠. 우리가 하루 종일 마주치는 장면들은 이렇게 머릿속에 저장됩니다. 저장형식은 〈jpg〉나 〈mp3〉 같은 것들입니다. 그런 것들이 머릿속으로 들어가서 폴더를 형성합니다. 그 폴더가 바로 5감입니다.

5감은 사람이 세계를 인식하는 방법 5가지를 말합니다. 빛깔(色), 소리(聲), 냄새(香), 맛(味), 느낌(觸)이 그것입니다. 모든 짐승은 이처럼 자신이 인식하는 방법이 있습니다. 모든 짐승이 다 같은 방법으로 인식하지 않습니다. 짐승마다 다 다릅니다. 그 중에서 사람은 5감으로 세상을 보고 이해하고 받아들입니다. 따라서 5감이라는 형식이 아니면 어떤 정보가 주어져도 사람은 그것을 인식하지 못합니다.

예컨대 우리가 생활하는 허공에는 수많은 전파들이 날아다닙니다. 그런데 우리는 그 전파를 전혀 느끼지 못합니다. 왜 그럴까요? 전파는 사람이 세상을 인식하는 5가지 방식이 아니기 때문입니다. 그것을 받아들일 형식이 사람에게는 없습니다. 반면에 박쥐는 어떨까요? 박쥐들에게는 상황이 다를 겁니다. 왜냐하면 박쥐들은 시력이 거의 퇴화해서 제 기능을 못하는 대신에 전파를 쏴서 되돌아오는 파동으로 사물을 인식하는 방법을 쓰거든요. 그러니까 박쥐들에게는 시력 대신 전파가 세계를 인식하는 방법이 되는 것입니다. 그리고 그 전파를 받아들이는 쪽으로 몸의 감각이 발달하고 거기에 맞춰서 뇌가 발달합니다. 그렇게 어둠속을 신나게 날아다닙니다. 모든 동물들이 각기 다른 감각 형식으로 세상을 인식하고 거기에 맞춰 살아갑니다.

같은 5감이라고 하더라도 짐승마다 그 쓰는 법이 모두 다릅니다.

예컨대 시각을 사용하는 짐승들도 모두 주파수의 사용영역이 다릅니다. 빛도 파동의 크기에 따라 색깔이 결정되지 않습니까? 빛이 사물에 부딪혔을 때 그 빛을 사물이 모두 빨아들이면 검정이 되는 것이고, 모두 되비치면 하양이 되는 것이고, 그 중간에 다양한 정도로 되비치면 빨강, 파랑, 노랑이 된다는 것은 이미 우리가 배워서 아는 바입니다. 이렇게 5가지 색깔을 모두 구별하는 것은 사람이고, 동물들 대부분은 5가지 색깔을 인식하지 못하거나 그 중의 특별한 색깔만을 인식한다는 것은 잘 알려진 사실입니다.

그렇다고 해서 사람이 가장 뛰어난 기능을 지닌 것은 아닙니다. 사람도 색깔 파동의 영역을 받아들이는 데는 한계가 있죠. 일정한 주파수 안의 빛깔만을 인식하죠. 그래서 그 일정한 주파수 밖의 빛에 대해서는 이름을 달리 붙입니다. 예컨대 자외선이니, 적외선이니, 하는 가시광선 바깥의 것들이 그런 것입니다. 밤중에 휴전선에서 경계를 서는 병사들은 적외선 망원경으로 숲을 살핍니다. 적외선 망원경은 적외선을 사람이 볼 수 있는 주파수 안의 빛깔로 바꿔주기 때문에 적외선으로 감지된 대상을 실물처럼 보여줍니다. 요즘은 온도 차이로 대상을 인식하는 망원경까지 생겼습니다. 그래서 첩보영화를 보면 건물에 대고서 들여다보면 온도 차이로 그 건물 안에 있는 사람들의 모습이 알몸으로 고스란히 드러나는 장면들이 자주 등장하죠.

빛깔만 그런 것이 아니라 소리도 마찬가지입니다. 사람은 특정한 영역대의 주파수에만 반응합니다. 그것을 가청권이라고 하죠. 가청권 밖의 주파수로 나가면 고막이 더 이상 울리지 않아서 있으나마나 한 소리가 됩니다. 그렇지만 코끼리는 사람의 가청권 밖 소리까지 들을 수 있어서 사람이 못 듣는 아주 낮은 소리로 의사소통을 하죠. 돌고래도 그렇습니다. 입으로 소리를 내어 잠시 기다리면 그 소리가 무언가에 부딪혀 되돌아오는데, 그것을 보고서 먹이가 어디에 있는지 정확히 가늠하고 사냥을 나갑니다.

이 원리를 이용하여 외국의 어떤 장님은 입으로 딱딱 소리를 낸 다음에 그것이 주변 사물에 부딪혀 돌아오는 소리를 듣고서 돌아다닌다고 합니다. 이 정도가 되려면 보통 사람들은 상상도 할 수 없을 만큼 소리에 감각이 민감해야 합니다. 시각이 사라진 상태에서는 다른 감각이 극도로 발달하니, 그것도 가능하리라고 봅니다.

시각과 청각만이 아니라 다른 감각에 대해서도 똑같이 말할 수 있습니다. 코나 혀의 감각이 극도로 발달한 사람들을 종종 봅니다. 식도락가들이나 와인을 감별하는 소믈리에, 향을 찾아다니는 사람들이 그런 부류라고 할 수 있습니다. 사람은 5감으로 세계를 인식하고, 인식한 그 내용을 이미지로 저장하여, 기억을 쌓습니다. 그리고 그 기억으로 세상을 판단하고 살아갑니다.

그런데 참, 한 가지가 빠졌네요. 뭐가 빠졌죠? 이미지 중에서 공감각 이미지 기억나시나요? 공감각이란, 앞서 말한 이미지 중에서 두 가지가 결합된 이미지를 말합니다. 뭐, 다 아는 거죠. 예컨대, '고소한 소리'나 '푸른 메아리' 같은 것이 그런 것이죠. '고소한 소리'는 후각과 청각, '푸른 메아리'는 시각과 청각이 결합된 이미지죠. 사람의 머릿속에 있는 이 세상에 대한 이미지는 바로 이 공감각 이미지입니다.

사람은 살아가면서 만나는 모든 대상을 이 5가지 감각으로 받아들입니다. 그리고 그것을 기억 속으로 저장하는데, 그렇게 저장된 이미지 한 컷 한 컷은 저 혼자 따로 노는 것이 아니고 서로 반응을 하면서 이미지의 '세계'를 만듭니다. 마치 환상과 같습니다.

그러니까 현실로부터 찍어온 이미지를 서로 결합하여 실제 현실과는 비슷하지만 꼭 같지는 않은, 자신만의 환상세계를 만드는 것입니다. 마치 판타지 세계처럼 말이죠. 이것을 바로 공감각 이미지라고 합니다.

불교에서도 이 이미지와 똑같은 얘기를 합니다. 감각기관을 5가지로 나누죠. 눈(眼), 귀(耳), 코(鼻), 혀(舌), 몸(身), 생각(意)이 그것입니다. 이 5가지 기관이 각기 5감각을 맡습니다. 앞서 말한 빛깔(色), 소리(聲), 냄새(香), 맛(味), 느낌(觸)이 그것입니다. 여기에 법(法)이 하나 더 붙습니다. 이 법은 바로 공감각 이미지가 만든 머릿속의 판타지 세계를 말합니다. 생각(意)과 법(法)이 짝을 이룹니다. 이 짝은 마치 눈이 빛깔을 인식하는 것과 같은 관계입니다. 5감으로 받아들인 이미지들이 서로 뒤엉켜서 머릿속에 재구성하는 한 세계를 말하는 것입니다.

예컨대 사랑한다든가 미워한다든가 하는 것들은 이 세상에 실제로 존재하는 것이 아니라 이미지들이 서로 결합되어 머릿속에서 만들어진 환각의 세계라는 것입니다. 그렇죠? 사랑이 쌀이나 연필처럼 존재합니까? 안 하죠! 그런데 분명히 사람들에게는 있잖아요? 그런 걸 말합니다. 눈감으면 머릿속에 떠오르는 모든 것들이 다 그런 것입니다. 생각이 만든 법의 세계입니다. 실제 세계가 아니라 환각이 만든 법의 세계에서 허우적거리고 있는 겁니다. 눈앞에 보이는 세상이 실제 세계라고 믿었는데, 막상 뚜껑을 열고 자세히 들여다보니, 실제 세계가 아니라 나의 5감으로 재구성한 공감각 이미지의 세계라니! 아아! 이를 어쩔꼬?

우리는 그런 이미지를 머릿속에 기억으로 저장해놓고, 그 기억에 끄달려서, 현실세계가 아닌 나만의 판타지 세계 속에 갇혀서 사는 중입니다. 미치겠죠? 여러분에게 이런 얘기를 해주어야 하는 저도 미치겠습니다.

태어나기 전의
나

그러면 이걸 어떻게 해야 할까요? 내가 실제 세계에서 사는 게 아니고 기억이 만든 판타지 속에서 허우적거리는 것이라면, 나만의 판타지에서 빠져나와서 객관 현실을 직접 보는 방법은 없는 건가요? 있지요. 왜 없겠어요? '나'라는 것이 그러함을 냉정하게 알고 나면 그 사실로부터 벗어나는 방법도 저절로 서지 않을까요? 지금까지 이미지 얘기를 해왔으니, 그 이미지로부터 벗어나는 방법도 예상할 수 있지 않을까요? 어떻게 할까요?

답은 간단합니다. 이미지를 버리면 됩니다. 앞서 말했죠? 인생 최초의 기억이 나를 강하게 붙잡고 있다고 말이죠. 그러면 그 이미지를 버리면, 그 이미지가 주는 중압감으로부터 해방되지 않을까요? 그러면 그 이미지 때문에 꼬인 내 삶의 매듭도 하나씩 풀리지 않을까요? 그렇지 않을라나요? 어떠세요? 여러분은 그런 생각이 듭니까? 안 듭니까?

이거 아주 중요한 질문입니다. 여러분 스스로 그 물음에 정직하게 답해야 합니다. 당연히 그렇다는 답이 나와야 합니다. 그렇습니다! 이미지를 버리면 됩니다. 어떻게? 방법을 묻는 거죠. 그것도 간단합니다. 지금부터 알려드릴 테니 명심하고 따라야 합니다. 이 부분을 읽은 다음에는 반드시 책을 덮고 제가 가르쳐준 방법대로 해보아야 합니다. 그러지 않으면 말짱 도루묵입니다. 꼭 기억하세요.

가만히 눈을 감고 앉아서 맨 처음의 기억을 다시 떠올립니다. 자, 내 인생 최초의 기억이 떠올랐나요? 그것이 한 이미지입니다. 그리고 그 이미지는 내 머릿속의 폴더에 저장되어 있습니다. 자, 그 장면을 마우스로 블록을 입혀서 오른쪽 마우스를 클릭하여 휴지통에 버립니다. 그리고 휴지통을 비웁니다. 폴더도 삭제합니다. 자, 이미지를 떠올려서 파일 삭제를 합니다. 그러면 정말 사라지면서 내 눈 앞에는 캄캄한 어둠만이 남아있습니다. 그렇죠?

그런데 잠시 후에 그 이미지를 떠올리면 그 이미지가 다시 떠오릅니다. 그렇죠? 그러면 다시 떠오른 이미지를 또다시 파일 삭제 합니다. 다시 눈앞은 캄캄해집니다. 그리고 잠시 후에 그 이미지가 다시 살아납니다. 그러면 그 이미지가 다 살아나기를 기다렸다가 또 폴더 삭제 합니다. 이렇게 끝없이 되풀이하는 겁니다. 그러면 정말 그 이미지가 삭제됩니다. 몇 번 정도 해야 할까요? 사람마다, 또 이미지의 강렬함마다 다르기는 하지만 대체로 50~60회 정도 하면 이미지가 삭제됩니다. 자, 한 번 해보십시오.

자, 되나요? 혹시 안 되는 분 있나요? 안 되는 분들은 내 말을 의심하는 분입니다. 제 말을 의심하면 안 됩니다. 제 말을 믿어야 합니다. 믿는 마음으로 하면 정말 됩니다. 그런데 의구심을 갖고 하면 안 됩니다. 제 말을 믿지 않는 사람은 정말 바보 같은 사람입니다. 제 말을 믿어서 손해날 게 있습니까? 없죠? 그런데도 안 믿는 건 뭡니까? 만약에 믿어서 정말 그렇게 되면 나에게는 엄청난 이익일 것입니다. 나에게 이익이 돌아오면 돌아왔지 손해날 게 없는데도 안 믿는 것, 그것이 바보가 아니고 뭡니까? 당신은 바보, 등신, 천치입니다. 구제 받을 길이 없는 맹추입니다.

안 되는 분은 책을 덮으시고, 되는 분들만 따라오시기 바랍니다. 안 되는 분들은 앞으로 이 강의의 내용을 읽어봐야 아무런 소용이 없습니다. 안 되는 분들까지 끌고 가야 할 만큼 한가하지 않습니다. 되는 분들과 함께 가는 길도 바쁘고 벅찹니다. 안 되는 사람은 어차피 진리와는 인연이 아닌 것이니, 서로에게 힘겹게 연연할 필요가 없을 듯합니다.

자, 이렇게 해서 첫 번째 기억을 파일 삭제하고 폴더 삭제를 한 뒤에, 두 번째 기억을 떠올립니다. 그리고 그 두 번째 기억도 폴더 삭제합니다. 두 번째 기억이 정리되면 다시 세 번째 기억을 떠올립니다. 폴더 삭제 합니다. 계속 되풀이 합니다. 이렇게 하면 점차로 현재의 나에게 기억이 가까이 올 것입니다. 그러면 마지막으로 오늘의 기억을 떠올려서 폴더 삭제 합니다. 이렇게 하고 나면 다음날 다시 이미지가 떠오릅니다. 똑같은 방법으로 되풀이합니다. 될 때까지 되풀이 합니다. 지겹다고요? 당연합니다. 그래도 어쩝니까? 자신을 가둔 그 이미지로부터 벗어나는 유일한 방법인 것을!

한 가지 희망을 드리죠. 이렇게 파일 삭제 폴더 삭제를 계속 하다 보면, 어느 단계를 지나면 기억 속의 판타지 세상이 한꺼번에 와르르 무너지는 순간이 옵니다. 마치 집의 아래쪽에 괸 벽돌을 하나씩 땀 흘리며 빼내다 보면 어느 순간 집 전체가 와르르 무너지는 것과 같습니다. 그 장쾌한 순간을 꼭 마주치기 바랍니다. 그것만이 여러분의 삶을 구원하는 길입니다.

지금 우리는 컴퓨터 세대이기 때문에 내가 말하는 폴더 삭제라는 말을 아주 잘 이해하고 활용할 것입니다. 그런데 꼭 이 방법만이 있는 것은 아닙니다. 이미지를 없앨 수 있는 다양한 방법을 찾아보시기 바랍니다. 폴더 삭제 방법이 잘 안 되는 사람은 더 잘 되는 다른 방법이 있으면 그것을 써도 됩니다. 방법이 꼭 한 가지인 것은 아닙니다. 방법을 한 가지 더 알려드리겠습니다. 요즘 신흥종교로 급부상 중인 '마음수련'에서 쓰는 방법입니다. [2] 거기서는 블랙홀을 하나 떠올립니다. 그리고 이미지를 그리로 집어넣습니다. 빛조차도 빠져나오지 못하는 굉장한 힘을 지닌 블랙홀이니, 모든 것을 빨아들이겠지요. 다시는 돌아 나올 수 없습니다. 이런 식입니다.

이 강의의 맨 처음으로 돌아가 보겠습니다. '나'는 곧 기억이라고 했고, 그 기억을 없애는 방법을 지금까지 장황하게 설명했습니다. 한

---

[2] 우명, 『세상 너머의 세상』, 참출판사, 2003.

번 가정해보겠습니다. 그렇게 열심히 이미지를 삭제했습니다. 완전히 삭제해서 더 이상 삭제할 이미지가 남아있지 않습니다. 그러면 어떻게 될까요? 이미지가 삭제된 내 안에는 무엇이 남아있을까요? 궁금하지 않나요? 거기엔 더 이상 '나'가 없습니다. 그러면 무엇이 있을까요? '나'는 그 안에 내가 새겨 넣은 이미지와 기억이기 때문에 그 안의 것이 모두 사라진다면 나가 아닌 다른 그 무엇이 남아있을 것입니다. 그게 무엇일까요? 기억이 없는 순수한 생명만 남아있지 않을까요? 어때요. 대충 그 정도로 말할 수 있는 어떤 것이 남아있겠지요.

여기서 기억을 얘기하고 있다는 것을 잘 생각해야 합니다. 저의 경우 5살 때부터 기억이 있다고 말했습니다. 그렇다면 그 기억 이전의 나는 무엇이었다는 말입니까? 0살부터 5살의 기억 직전까지 5년간의 나는 무엇이란 말입니까? 그 몸뚱이가 나인 것은 분명하지만, 그건 지금의 나가 아닙니다. 갓난아기들을 보십시오. 그들에게 무슨 기억이 있고 분노가 있고 슬픔이 있단 말입니까? 아무것도 없습니다. 배고프면 밥 달라고 울고, 목마르면 물 달라고 울고, 졸리면 졸립다고 웁니다. 고프면 먹고, 졸리면 잡니다. 그게 그들의 삶입니다.

중국 선불교의 큰 스승인 마조도일에게 제자가 물었습니다.
"평상심이란 무엇입니까?"
그러자 이렇게 답했습니다.
"졸리면 잠자고 앉고 싶으면 앉는 것이다."

무슨 말인지 귀에 쏙 들어올 것입니다. 생각 이전의 세계를 말하고 있는 것입니다.

진도를 조금 더 나가볼까요? 생각 이전의 나는 '나'가 아니라, 이 세상 자연물의 일부입니다. 나뭇가지 끝에 매달린 나뭇잎은 그것만 볼 때는 나뭇잎이지만, 나무 전체를 이루는 한 부분입니다. 나뭇잎이 아니라 전체 나무라는 말입니다. 그리고 그 나무는 개체로 보면 나무 한 그루지만 좀 더 크게 보면 숲의 일부입니다. 생각 없는 나가 바로 그렇습니다. 생각 이전의 나는 '나'가 아니라 이 세상 전체, 우주 전체의 한 부분이라는 말입니다. 우주 전체의 움직임이 그 안의 작은 것들을 통해서 나타나는 것입니다. 우주 전체로 보면 한 개체가 움직이는 것이 곧 우주 전체의 움직임이 됩니다.

생명도 마찬가지여서 그 개체만을 보면 나고 죽고 자라는 것이지만, 그것은 우주라는 큰 전체 속에서 변화가 이루어지는 작은 과정에 지나지 않으며, 우주 전체로 보면 과정의 한 부분일 뿐입니다. 태어나도 우주의 한 부분이고, 자라도 우주의 한 부분이고, 죽어서 사라져도 우주의 한 부분입니다. 개체가 어떻게 변해도 우주 전체는 변함이 없습니다. 생각 이전의 나는 '나'가 아니라 한통으로 우주입니다. 그러니 개체가 나고 자라고 죽는다는 것도 기실 우주 전체로서 보면 변화가 없는 것이죠. 세포 하나가 죽는다고 해서 사람이 죽는 것은 아니거든요.

그렇게 생각이 깃들기 전의 나는 그냥 통째로 우주일 뿐입니다. 살아도 우주, 죽어도 우주죠. 어찌 보면 우주 전체로서는 죽음도 삶도 없는 겁니다. 개체로서 살고 죽는 것도 전체로서는 변화의 한 부분입니다. 죽느니 사느니 하는 것은 오직 한 생각일 뿐이죠. 불교의 유명한 화두 중에 이런 게 있습니다.[3]

부모가 낳아주기 전의 너는 무엇이냐?

답이 어느 정도 짐작이 가죠? 참 대단한 여러분입니다. 이건 비아냥거림이 아니라 칭찬입니다. 여기까지 따라온 여러분이 자랑스럽습니다.

3) 백련선서간행회, 『벽암록』(상중하), 장경각, 2006.

06

나 이전의
나

지금까지 얘기된 것을 스스로 알게 되는 데는 엄청난 시간이 필요합니다. 그냥 잔머리 굴리면서 어슬렁어슬렁 따라와서는 아무것도 안됩니다. 따라서 시간 나는 대로 앞서 얘기한 자신의 기억 속 이미지를 착실히 지워나가야 합니다. 이곳의 이야기는 그런 작업이 착실하게 진행된 사람들에게 하는 이야기이고 의미 있는 말들입니다. 그렇지만 이 글을 읽는 분들은 그런 작업을 착실히 진행 중이라고 믿고서 얘기를 좀 진척시켜보겠습니다.

내 기억 속의 이미지를 버리고 또 버려서, 마침내 다 버렸다고 가정합니다. 그러면 내 안에는 무엇이 남을까요? 아무것도 남는 것이 없어야 합니다. 마치 투명한 거울처럼 나의 본성이 환히 빛나서 그곳에 만물이 있는 그대로 비쳐야 합니다. 이 투명한 거울에 무언가 내 기억을 덧칠함으로써 '나'가 만들어진다고 했죠? 그것은 이를테면 심리학에서 말하는 의식일 것입니다. 불교에서는 그것을 업(業)이라고 합니다. 내가 만든 기억들입니다. 이 기억들이 원래의 맑고 투명한 거울

같은 본성을 흐리게 만들어서 여러 가지 감정이 싹트고, 그에 따라 우리의 괴로운 삶이 이루어지는 것이죠.

그런데 이미지 삭제를 통해서 말끔하게 지워도 밑바닥에 또 무언가 있습니다. 참 이상합니다. 내가 만든 '나'를 다 지웠는데도 무언가 있다는 것은, 논리상 '나' 이전의 그 무엇이겠죠? 굳이 꼬집어 말하자면 심리학에서 말하는 무의식이나 집단무의식, 뭐 그런 거 아닐까요?

이걸 생각해야 합니다. 내가 부모로부터 받은 것은 몸뚱이입니다. 그 몸뚱이에다가 내 기억을 보태면서 '나'를 만든다고 했죠. 그러면 '나'를 지웠는데도 무언가 남아있는 것은, 내가 만든 '나' 이전의 그 몸뚱이 어딘가에서 나온 것일 것입니다. 그러면 그것은 '나' 이전의 나라고 할 수 있습니다. 앞서 말한 '나' 이전의 '우주'와는 다른 것입니다. '나' 이전의 나는 부모로부터 넘어온 것입니다. 그래서 굳이 말하자면 무의식이나 집단무의식이라고 할 수 있는 것들이죠. 내 기억이 들어차는 빈 몸은 그런 것입니다. 내가 알 수 없는 그 이전의 기억을 갖고 나에게 넘어오는 것입니다. 그 몸속에는 무엇이 들었을까요? 정확히 알 수는 없습니다. 그렇지만 짐작해볼 수는 있습니다.

요즘은 복제기술이 발달해서 이미 멸종된 동물도 복원하는 방법이 생겼습니다. 그래서 멸종한 늑대를, 늑대와 가장 닮은 개의 난자에 이식해서 복원하기도 하죠. 영국에서는 1996년에 복제 양 돌리가 태어나서 6년이나 살았습니다. 난자의 핵을 없애고 대신에 다른 양 세포의 핵을 집어넣어서 임신시키면 그 양을 꼭 닮은 양이 태어납니다. 그리고 이 복제기술로 서울대학교 이병천 교수 팀이 수많은 동물을 복제함으로써 한국의 복제기술이 세계 최고 수준임을 확인시켜주기도 했습니다.

이 기술의 특징은, 단순히 핵 하나를 바꾸면 그 난자의 주인공이 누구이든지 상관하지 않고 그 세포핵의 주인을 꼭 빼닮은 존재가 태어난다는 것입니다. 즉 내 세포 하나에서 핵을 뽑아서 다른 사람의 난자 핵과 바꾸어 임신시키면 나와 꼭 닮은 존재가 태어난다는 것입니다. 신기하기도 하지만, 생각하면 얼마나 끔찍한 일입니까? 내가 병들 것을 대비해서 여분의 나를 만들 수도 있다는 말 아닙니까! 이런 상황을 가정하여 만든 영화도 있습니다. 〈아일랜드〉였던가요?

그런데 이런 사실에서 중요한 것은, 나를 구성하는 아주 작은 세포 하나가 내 몸 전체의 모습과 정보를 기억하고 있다는 사실입니다. 내 몸의 일부에서 세포를 떼어냈는데, 나를 닮은 존재가 생긴다는 것은, 내 몸의 세포 하나하나에 내 몸 전체의 정보가 담겨있다는 것을 말합니다. 이런 복제기술이 실제 가능하다는 사실은 정말 끔찍한 일이지만, 이 기술을 통해서 한 가지 분명히 확인된 것이 있습니다. 즉 생명체는 부분이 전체의 정보를 담고 있다는 사실입니다. 이거 잘 생각하셔야 합니다. 대충 넘어가면 안 됩니다. 정확히 알고 넘어가야 합니다. 졸면 안 됩니다!

사람은 우주를 구성하는 부분입니다. 그렇다면 전체는 무엇일까요? 당연하죠. 답은 전체 우주입니다. 그런데 앞의 복제기술과 관련해서, 이것이 무엇을 뜻하느냐 하는 것입니다. 사람은 보통 자신의 몸뚱이에 갇혀서 생활하기 때문에 자기가 우주의 한 부분이라는 사실을 자각하지 못하고 삽니다. 자기중심으로 살죠. 그런데 엄밀히 생각해 보면 사람은 한 순간도 우주를 구성하는 한 부분이 아닌 적이 없습니다. 세포가 몸 전체를 구성하는 부분이라는 사실과 똑같습니다. 그렇지만 세포는 자신이 몸 전체의 부분이라는 생각을 하지 못합니다.

그런데 오직 사람만이 그런 생각을 했습니다. 그래서 자신을 죽이고 우주 전체의 뜻을 묻는 행위를 해왔습니다. 다른 동물한테서는 없던, 오직 사람에게서만 일어난 일입니다. 바로 하느님을 생각하고 숭배하는 일이 그것입니다. 구석기 시대 사람의 흔적을 보면 그들이 제사를 지낸 자취가 나타납니다. 나 밖의 어떤 큰 존재를 생각하고 섬기는 제사의식을 행한 것입니다. 그런 행위가 나중에는 종교로 발전합니다. 종교란 사람이 신이라고 믿는 우주 전체의 한 부분으로 자신을 바라보고 생각하고 행동하는 것입니다. 짐승인 몸으로부터 사람의 정신이 탄생한 것입니다. 이것이야말로 짐승의 몸으로 태어난 사람에게 처음으로 일어난 기적입니다.

예수는 자신을 죽인 바리새인들을 미워하지 않았습니다. 십자가에 매달려 끔찍한 고통 속에 죽어가면서도 자신을 죽인 저들을 용서해달라고 빌었습니다. 도대체 어떻게 이런 일이 가능할까요? 생각을 살짝 바꾸면 그 비밀을 알 수 있습니다. 예수에게 바리새인들은 적이 아니라 자신의 형제였습니다. 모두 하느님의 아들이었는데, 자신의 일그러진 기억과 욕망 때문에 뒤틀린 삶을 살게 된 것이 바리새인들입니다. 그러니 불쌍하죠. 마치 엄지발가락이 새끼발가락에게 욕하는 것과 같은 꼴입니다. 엄지발가락은 자신이 엄지발가락이라고 생각하면서도 정작 그것이 몸 전체의 일부라는 사실을 잊은 것입니다. 엄지와 새끼발가락은 위치와 모양은 다르지만 크게 보면 몸을 구성하는 부분이고, 서로 없으면 안 되는 관계입니다.

　바리새인들은 그것을 몰라서 예수를 미워하고 죽이기에 이르렀는데, 예수는 그것을 알았던 것입니다. 자기를 십자가에 매단 사람들이 바로 자신의 형제라는 사실을 알았던 것이죠. 저들을 용서해달라고 하느님에게 비는 예수는 어찌 보면 전체인 우주를 자각한 사람으로서는 지극히 당연한 모습입니다. 바로 이것이 한 세포가 몸 전체의 부분임을 자각한 것이고, 모든 생명체 중에서 오직 사람한테서만 그런 일이 처음으로 일어났기에, 우리는 이런 자각을 기적이라고 하는 것입니다. 그 기적을 행한 사람을 우리는 '깨달은 이'라고 하여 존경하는 것이고 따르는 것입니다.

　다시 세포핵의 문제로 돌아가서 사람을 보자면, 사람의 몸은 아주 작지만, 그 속에는 인간이 진화해오면서 적응해왔던 오랜 세월의 기억이 모두 들어있습니다. 즉 세포 같은 사람의 몸속에는 우주의 유전자 정보가 다 들어있어서, 몸속을 들여다보면 우주의 참 모습을 알 수 있다는 것입니다. 사람의 몸속에는 우주 진화의 기억과 흔적이 고스란히 들어있다는 말입니다. 우리가 '나'를 없앴는데도 밑바닥에 무언가 남아있다면 그것은 몸이 전해주는 우주의 지난 세월일 것입니다. 그리고 사람이 진화해오면서 겪었던 집단무의식의 세계일 것입니다. 그 정보를 의식의 밑바닥에 깔아놓고서 태어난 몸뚱이가 다시 이미지로 기억을 쌓으면서 '나'를 만드는 것입니다.

이 의식의 밑바닥에 깔려있는 무의식을 뭐라고 불러야 좋을까요? 글쎄요, 가장 비슷한 말로는 불교에서 말하는 '전생'이 있겠네요. 나에게 넘어온 몸은 새 것 같지만, 사실은 그 새 것 속에 그 이전의 어떤 정보가 들어있는 것입니다. 그렇다면 이 정보를 어떻게 해야 할까요? 마땅히 이미지 삭제해야 합니다. 그것마저 삭제해야 완전한 깨달음을 이룹니다. 그것을 없애야만 불교에서 말하는, 다시는 윤회하지 않는 진정한 '해탈'을 이룰 수 있습니다.

이렇게 우리의 몸속에는 내가 만든 것이 아닌, '나' 이전의 '나'가 있습니다. 이것을 불교에서는 습(習)이라고 합니다. 그러면 어떻게 그 이미지를 삭제해야 할까요? 그 기억들은 내가 만든 것이 아니기 때문에 좀 다른 방법이 필요합니다. 그 기억을 만든 것은 '나'가 아니라 몸뚱이입니다. 그러니 그 이미지들을 없애려면 이 몸을 없애야 한다는 결론에 이릅니다. 어떻게 없앨까요? 불구덩이 속으로 뛰어들어 생명을 마칠까요? 실제로 그런 독한 수행을 하는 수행자들도 있습니다. 〈동승〉이라는 연극에서는 실제로 젊은 중 하나가 번뇌를 이기지 못하여 제 검지를 촛불에 태웁니다. 그러자 주지스님이 한 마디 하죠.

"야, 이 눔아! 부처님이 불고기 먹고 싶다더냐?"

몸속 세포에 내 전생의 기억은 물론 지구 전체와 우주 전체의 기억이 서려 있으므로 몸 세포 하나하나를 죽이는 훈련을 합니다. 내 기억 속의 이미지를 폴더 삭제하듯이 몸도 그렇게 합니다. 몸을 산산이 불태우거나 몸을 죽이는 이미지 훈련을 함으로써 몸이 지닌 기억 이

전의 기억까지 싹 삭제하는 겁니다. 몸이라는 이미지를 폴더 삭제하는 것입니다.

몸은 자동으로 5감을 작동시켜 세상을 인식하고 그것을 머릿속에 폴더로 분류하여 기억합니다. 마치 카메라나 캠코더 같습니다. 그러니까 카메라나 캠코더에 해당하는 몸뚱이 자체를 고장 내야 합니다. 그렇게 하면 실제로 몸뚱이가 고장 납니다. 5감의 인식 능력이 확 떨어집니다.

저는 공간지각 능력이 뛰어난 편이었습니다. 서울에서 한 10년 살았는데, 내비게이션이 나오기 전에도 저는 잘 찾아 다녔습니다. 서울의 거리를 다녀보면 공간 배치가 나름대로 규칙이 있습니다. 그래서 500미터 상공에서 내려다보듯이 서울의 안내 지도를 보는 것입니다. 그러면 내가 찾아야 할 방향이며 다가가는 방향이 머릿속에서 재구성되죠. 그런데 이미지 폴더 삭제를 많이 한 뒤로는 길치가 돼버렸습니다. 한 번은 종로3가의 결혼식장을 찾아가는데 종로5가에서 내렸습니다. 건물을 한창 찾다 보니 종로3가가 아닌 겁니다. 왜 그랬을까 생각을 해보니까 기억을 많이 지워서 3가와 5가의 건물들이 서로 뒤죽박죽 섞였던 것입니다. 정말 많이 폴더 삭제를 하면 사람들의 얼굴 같은 것도 다 지워져서 누가 누군지 잘 기억나지 않습니다. 기억 속의 이미지 삭제는 실제로 이루어집니다. 이걸 믿지 않으면 여기서 말하는 이야기나 지식은 내 인생의 궁금증을 푸는 데 아무런 도움이 되지 않습니다.

마무리합니다.

자, 이렇게 해서 내 기억의 이미지를 다 삭제하고, 그것을 끊임없이 찍어대는 몸뚱이를 고장 내켜서, 더 이상 내 안에 아무것도 남아있지 않다면 어떻게 될까요? 아무리 생각으로 몸뚱이를 없애고 고장 낸다고 해도 몸뚱이 자체가 없어지는 건 아닐 겁니다. 여전히 몸뚱이는 남아있는데 그 안에는 아무것도 없습니다. 과연 아무 것도 없을까요? 그렇지 않습니다. 무언가 있습니다. 없는 것 같은데 있습니다. 그게 무엇일까요? 답은 알려줄 수 없습니다. 스스로 노력하여 이루지 않으면 끝내 알 수 없습니다.

그것을 아는 것이 삶의 목적입니다. 삶에서 진리를 구하는 공부가 이르러야 할 마지막 단계입니다. 그러므로 스스로 찾아야 합니다. 알려줘도 소용이 없습니다. 수박이 뭐냐고 묻는 사람에게 수박을 보여주는 꼴밖에 안 됩니다. 그렇지만 수박은 먹어야 아는 것이죠. 여러분은 반드시 먹어보기 바랍니다. 수박 맛! 참 달고 좋지 않습니까?

이 몸뚱이의 문제는 종교에서 심각한 숙제이기도 합니다. 그래서 한국불교에서는 몸을 고달프게 해서 깨달음의 방법을 추구하는 스님들도 있습니다. 일을 죽어라고 해서 몸이 딴 생각을 할 틈이 없게 하는 겁니다. 스님들은 결혼을 하지 않기 때문에 자식이 없습니다. 그렇지만 자신의 참선 방법과 내용을 배운 제자들을 자식처럼 여깁니다. 그래서 법맥을 잇게 하죠. 마치 세상의 아비와 자식 같은 관계입니다. 성철 스님이 살았을 때 한국불교의 법통 논쟁이 일었습니다. 우리가 교과서에서 배웠듯이 한국

불교는 고려시대의 국사이던 보조 지눌의 법맥을 이었다고 했는데, 조계종 종정을 지낸 성철 스님이 어느 날 자신은 보조국사 지눌의 자손이 아니라 태고 보우의 자손이라고 선언한 것입니다.[4]

그래서 한 동안 세상까지 시끌시끌했습니다. 알다시피 보조국사는 선종과 교종을 통합했다고 평가받는 분이고, 그 방법이 돈오점수라고 우리는 교과서에서 배웠습니다. 그런데 성철 스님이 돈오점수(頓悟漸修)가 올바른 방법이 아니고 돈오돈수가 올바른 것이라고 선언한 것입니다. 돈오는 어느 순간 깨닫는다는 것이고, 점수는 점차로 수행해가면서 닦는다는 것이어서 그 방법의 근원을 놓고 보면 서로 어울리기 힘든 부분이 있는 것은 사실입니다. 그래서 선종과 교종을 합쳤다는 평가를 받는 것이기도 합니다. 그런데 그것이 틀렸다고 하면서 자신의 법맥이 보조국사가 아니라 태고 보우라고 한 것이죠. 이 법맥 논쟁은 사실 우리 같은 속세 사람들이 보기에 아무것도 아닌 것 같지만, 막상 그곳에 몸담은 분들의 처지에서 보면 정말 중요한 일일 수도 있겠습니다. 지금까지 내가 '동래' 정 가인 줄 알았는데, 어느 날 보니 '연일' 정 가라는 식이니, 놀랄 만도 한 일이지요. 불교의 법맥은 부처님의 법이 사람에서 사람으로 건너가는 과정을 말한 것입니다. 일종의 족보라고 할 수도 있지요. 그래서 당사자들은 그 족보를 정확히 알려고 하는 것입니다.

우리는 크게 관심 두지 않지만, 달마대사가 중국으로 건너와서 선불교를 개창한 이후 불법이 중국에서 활짝 꽃피웠고, 우리 조상들은 중국

---

4)   성철, 『한국 불교의 법맥』, 장경각, 1993.

까지 가서 그 불법을 배워왔습니다. 그러다 보니 누가 누구한테 배웠고, 누구한테 배웠고, 하는 사승관계가 오늘날까지도 이어져오는 것입니다. 어찌 보면 신기한 일이기도 합니다. 그렇지만 중국으로 유학 가다가 해골물을 마시고 크게 깨달은 원효대사 같은 분들이 있는 것을 보면 이런 식의 전승관계만이 불법의 정통이라고 말하는 것은 또한 문제가 없지 않습니다. 진리는 이 세상 어디에나 널려있고, 그것을 깨닫는 분들이 수없이 나타났다 떠나는 것이 세상입니다. 그러니 이런 논쟁은 싸움 그 자체보다는 그런 싸움을 일으키는 사람들의 '의도'가 관심거리라고 보면 될 듯합니다.

불교의 수행 중에 보림이라고 있습니다. 어떤 스님이 참선 수행을 해서 깨달았다고 칩시다. 그러면 그런 분이 나중에 뭔가 이 세상에서 해야 할 일이 있을 것입니다. 그런데 그 일을 바로 하는 것이 아니라, 혼자서 토굴 같은 곳에 들어가 그 상태를 유지하려고 수행을 이어갑니다. 이렇게 깨달은 것을 지키고 유지하려는 수행을 보림이라고 합니다. 왜 그럴까요? 깨달았어도 몸이 그 동안 지녀온 관성이 있습니다. 그래서 몸이 기억하는 그 관성을 잊을 때까지 혹독한 수련을 이어가는 것입니다. 몸이 그 전의 기억을 다 잃어버린다면 이 몸의 족쇄로부터 완전히 해방되겠지요.

사람의 몸을 이루는 세포는 모두 75조 개 정도 됩니다. 어마어마하죠. 그 중에 수백만 개가 날마다 교체됩니다. 이렇게 해서 온몸의 세포가 완전히 새로운 조직으로 바뀌는 데 7~10년 정도 걸립니다. 앞서 보았듯이, 우리 몸의 세포는 우리 몸 전체의 정보를 모두 갖고 있습니다. 정신이 먼저 깨달음을 이루었다고 해도 그 정신이 우리의 몸으로 완전히 침투하는 데는, 그래서 새로운 '나'로 거듭나는 데는, 이 세포들의 교체까지 이루어져야 합니다. 그래서 사람들이 어떤 분야에 완전히 정착하는 데 걸리는 시간이 10년 세월로 보는 것입니다. 어느 분야에 달인이 되려면 10년 정도 해야 하고, 그 정도 걸려야만 몸이 거기에 완전히 적응합니다. 그래서 명리학에서도 사람의 운을 10년 단위로 끊어서 봅니다. 사람에게 10년이란 새로운 사람으로 태어나는 데 걸리는 시간입니다. 그래서 오랜 세월 들인 공이 무너지면 '10년 공부 도로아미타불!'이라고 하기도 합니다. 인생 공부는 한 10년 할 것을 작정하고 달려들어야 합니다.

Chapter 3

생각

생각이란 무엇인가

01

생각의
말뜻

먼저 생각이란 말의 뜻부터 알아봅니다.

'생각'의 구조를 들여다보면 〈생ㄱ+악〉입니다. '악'은 〈벼락〉 같은 말에서 볼 수 있듯이 명사화접미사죠. '벼락'의 〈별〉은 빛이라는 말입니다. 우리나라의 높은 산봉우리에 가장 많이 붙은 이름인 '비로봉'의 〈비로〉도 빛에서 온 말입니다. '별'과 같은 어원입니다. 벼락은 빛이 번쩍하는 것이죠. 소리 나는 것을 가리킬 때는 〈우레〉라고 하는데, 이것은 '울다'의 〈울〉에 역시 명사화접미사 〈에〉가 붙은 것입니다. 〈에〉의 모양은 '누에' 같은 말에서 볼 수 있죠. 빛으로 보면 벼락, 소리로 보면 우레가 됩니다. 이걸 우뢰(雨雷)라고 적기도 하는데, 이건 한자로 소리를 옮겨 적은 것이겠죠?

생각을 얘기하다가 삼천포로 빠졌습니다. 하하하. 〈생ㄱ〉은 '생기다'에서 온 말임을 금방 알아볼 수 있고, '생기다'의 옛말은 〈삼기다〉입니다. '만들다'의 뜻입니다. 그러니까 생각의 뿌리는 무언가 생기고 만든다는 것에서 왔음을 알 수 있습니다. 무엇이 만들고 무엇으로부터 생길까요? 앞의 얘기를 죽 읽어온 분들은 쉽게 알겠지요? 기억 속의 이미지들이 무언가를 자꾸 만들어내는 겁니다. 그것이 생각입니다. 이미지로부터 무언가 자꾸 생겨나는 것이 〈생각〉입니다.

02

생각과
망상

그렇다면 생각이란 무엇일까요? 이 물음도 참 어렵죠? 이렇게 어려울 땐 어떻게 하라고 했죠? 질문의 방식을 바꿔보라고 했지요. 어떻게 물으면 될까요? 그렇다면 '망상'이란 무엇인가? 이렇게 물으면 되겠죠. 망상은 뭔가요? 쓸데없는 생각을 망상이라고 합니다. 하지 않아도 될 생각들, 잠시 나타났다가 나도 모르게 사라지는 상념들, 이런 것들을 싸잡아서 망상이라고 하죠. '망할 놈의 생각'이라는 뜻입니다. 왜 망할 놈인가요? 아무 짝에도 쓸모가 없기 때문입니다. 그러면 생각의 정체가 드러나죠. 망상과 달리 쓸모가 있는 생각을 말합니다. 무언가 집중된, 그래서 논리정연해진 것들을 생각이라고 하는 거죠.

그러면 무엇이 생기는가를 한 번 살펴보겠습니다. 먼저 충북예술고 국어교사인 제가 교실에 들어갑니다. 음악과 교실에 들어가면 전체 반 학생 24명이 한 줄에 6명씩 4줄로 앉아있습니다. 맨 끝자리는 딴 짓 하기 좋지요. 맨 끝자리에 있는 녀석이 딴 짓을 하고 있어서 지적을 합니다. "야, 맨 끝에 앉은 놈!" 이렇게요. 그런데 잘 생각해보세요. 끝이라는 게 실제로 존재하는 건가요? 끝이라는 건 줄의 마지막 위치를 나타내는 말입니다. 지적당한 그 놈의 책상을 치우면 끝은 또 달라집니다. 그렇죠? 잘 이해해야 합니다.

그러면 어느 게 끝인가요? 책상을 하나 더 치우면 그 줄의 끝이 또 달라집니다. 그러니까 끝이란 실제로 존재하는 것이 아니라 사람의 생각에서만 존재하는 것입니다. 그런데도 우리는 일상생활에서 이 끝이란 말을 쓰면서 누구나 다 알아듣고 마치 실체가 있는 것처럼 행동합니다. 끝은 줄에서 생겨난 '개념'이지, 실제로 존재하는 것이 아닙니다. 앞과 뒤, 옆도 마찬가지입니다. 실제로 존재하는 것이 아니라 위치를 나타내는 개념에 지나지 않습니다.

하나 더 볼까요? 우리는 아무 생각 없이 동쪽 서쪽이라고 말하며 삽니다. "해는 어느 쪽에서 뜨나요?" 하고 물으면, "동쪽에서요!" 라고 대답하면서 수백 명의 손가락이 모두 한 방향을 가리킵니다. 내가 남쪽을 보고 있자면 내 왼쪽이 동쪽이죠. 그러면 해가 내 옆구리에서 뜨나요? 그렇지 않죠. 산 너머 한없이 먼 곳에서 뜨죠.

그러면 동쪽으로 가봅시다. 그 해가 낙가산의 봉우리로 떠올랐는데, 낙가산이 동쪽인가요? 그렇지 않습니다. 해는 더 먼 곳에서 떴습니다. 그러면 월악산이나 소백산 쪽으로 가봅니다. 해가 소백산에서 떴나요? 그렇지 않습니다. 더 먼 곳에서 떴습니다. 더 멀리 갑니다. 그러면 바닷가가 나옵니다. 해가 바닷가에서 떴나요? 그렇지 않습니다. 배를 타고 더 갑니다. 독도가 나타납니다. 독도가 해가 뜬 곳인가요? 그렇지 않습니다.

해가 어디서 떴습니까? 해는 뜨지 않았습니다. 지구가 돌았죠. 동쪽이라는 건 사실 없습니다. 그것을 말하는 사람이 선 곳을 기준으로 정해놓고서 해가 뜨는 방향을 동쪽이라고 하는 겁니다. 그러니까 동쪽이란 특별한 대상을 가리키는 말이 아니라 그냥 관계를 나타내는 말일 뿐입니다. 그 관계는 사람의 머릿속에서만 존재하지 실제 세상에 존재하지 않는다는 말입니다.

하나 더 볼까요? 목장에 갔더니 수많은 양들이 떼 지어 풀을 뜯습니다. 하나, 둘, 셋, 넷, 다섯…… 하면서 세봅니다. 아! 합쳐서 50마리구나. 그러면 50마리라는 게 정말 있는 것일까요? 양들은 억울합니다. 마리에 포함되지 않고 스스로 양으로 존재할 뿐입니다. 그것을 그 옆의 양과 연결시켜 싸잡아서 2마리라고 엮는 것은 사람의 생각입니다. 양은 그냥 양으로서 풀을 뜯어먹는 중일 따름입니다. 그것을 몇 마리라고 엮는 것은 순전히 사람의 머릿속 작용이라는 거죠. 실제로 현실 속에 존재하는 개념이 아닙니다. 그런데도 사람들은 마치 그것이 현실 속에 존재하는 것인 양 착각하면서도 그것이 참이라고 믿어 의심치 않습니다. 아니 의심은커녕 만약에 그런 것이 없으면 도저히 생활을 할 수 없습니다. 세상을 이해할 방법이 없습니다.

내 마음속에 양이라는 이미지가 있으면 그 이미지들이 여러 개 모일 때 반드시 수라는 개념이 생깁니다. 내 주변에 사람들이 많이 모이면 저절로 내 앞 사람이 생기고 뒷사람이 생기고 옆 사람이 생깁니다. 그 '앞−뒤−옆'은 본래 있던 것이 아닙니다. 여러 사람들이 있어서 그들 사이에서 생긴 내 머릿속의 개념입니다. 이와 같이 어떤 사물들이 존재하면 그 사물들 사이에서 자꾸 무언가 실제는 없는 것들이 생겨납니다. 바로 이런 것들이 생각이고, 이런 것들의 질서정연한 관계가 법칙이 됩니다. 이런 생각들이 없으면 사람은 아무것도 인식하거나 정리할 수 없습니다. 그러니까 기억 속의 이미지들을 바탕으로 어떤 관계를 개념화하여 유추하는 것이 생각입니다.

세상에는 없는 이런 것들을 관찰하여 처음으로 정리한 사람들은 그리스 철학자들입니다. 이들의 생각을 이어받아서 칸트는 『판단력 비판』이라는 책에서 이것을 12가지로 정리합니다. 그리고 범주라고 이름붙입니다. 어려우니까 이해하려고 하지 말고 이런 게 있구나 하는 정도로 구경하고 넘어가기 바랍니다.

분량 ― 단일성, 다수성, 전체성
성질 ― 실재성, 부정성, 제한성
관계 ― 실체/속성, 원인/결과, 상호작용
양상 ― 가능/불가능, 현존/부재, 필연성/우연성

어렵죠? 어려워할 거 없습니다. 철학자들이 죽어라고 정리해놓는 것이니, 그냥 그렇구나 하고 지나가면 됩니다. 나중에 정말 철학을 전공하려고 하면 그때 가서 진지하게 파고들면 됩니다. 대신에 우리가 평소에 하는 말들을 자세히 살펴보십시오. 현실에는 실제로 존재하지 않고 머릿속에만 존재하는 이런 말들이 정말 많습니다. 사람들이 쓰는 대부분의 말들이 이런 것들입니다. 현실 속의 어떤 물건을 가리키는 말보다는 실재 세계에 존재하지 않은 것들을 가리키는 말들이 더 많습니다.

이와 같이 세상에는 존재하지 않는데 사람의 생각 속에만 있는 것을 가리키는 말들을 관념어라고 합니다. 관념어 중에는 메타언어라는 것도 있죠. 실제 사물을 지시하는 언어가 아니라 그런 언어들을 가리키는 언어를 말합니다. 메타란 '너머, 위'를 가리키는 라틴어입니다. 실제로 사람의 생각을 엮어 세계를 이해하는 언어는 사물을 가리키는 말들보다 이런 말들이 훨씬 더 중요하고 다양합니다. 앞서 제시한 4범주에 쓰이는 말들이 없으면 사람은 정말 이 세상의 많은 정보들을 어떻게 엮어볼 방법이 없습니다. 모든 생각과 논리가 딱 멈춰버리고 맙니다. 기름이 떨어져서 그 자리에 선 자동차처럼.

03

말씀과
교육

사람이 쓰는 말 중에는 실제 현실 속에 존재하지 않은 것을 가리키는 관념어들이 굉장히 많습니다. '사랑, 믿음, 존경, 앞, 옆, 위, 아래' 같은 것들이 그런 말들입니다. 그런데 이런 생각들이 한 개인의 머릿속에 들어있을 뿐만이 아니라 사람들 사이에서 뜻이 오고가는 다리 노릇을 한다는 것이 중요합니다. 이것이 다른 짐승과는 다른 사람만의 특징입니다. 다른 짐승들도 도구를 사용할 수 있고, 의사전달을 할 수 있습니다. 그런데 사람만이 언어라는 수단을 쓴다는 것이 아주 독특한 일입니다. 언어를 쓴다는 것은, 현실세계로부터 판타지의 세계로 들어간다는 뜻입니다.

앞서 살펴보았지만, 동쪽이라는 게 어디 있습니까? 앞이라는 게 어디 있고, 뒤라는 게 어디 있습니다. 현실 속에는 없습니다. 오직 사람들의 머릿속에 있을 뿐이죠. 그런데 천연덕스럽게 그런 게 있는 것처럼 사람들은 행동하고 서로 의사를 주고받지 않습니까? 있지도 않은 언어의 틀 속에서 사람들은 자기가 보고 느낀 것들을 주고받습니다. 그러면서 아무렇지도 않게 서로 그 말의 뜻을 알아듣습니다.

사람이 현실에는 없는 말에 얼마나 크게 구속당하고 사는지 알아보는 것은 그리 어렵지 않습니다. '법'을 보면 사람이 얼마나 다른 짐승들과 다른 세상에 사는가 하는 것을 절감할 수 있습니다. 법이란 그냥 법전 속의 글로 존재할 뿐입니다. 현실 속에 있는 물건이나 사물이 아니라는 말입니다. 그런데 이 세상을 지배하는 것은 법입니다. 그 법을 어겨서 조사 받게 되자 자살하는 사람들 이야기가 뉴스에 심심찮게 나옵니다. 특히 고위직 인사들이 비리에 얽혀서 검찰의 조사를 받다가 자살하는 경우가 아주 많죠.

이 법은 누구한테나 다 적용되는 이야기이고 우리의 행동을 규제하는 가장 흔한 것입니다. 심지어 문밖에만 나가도 우리는 법을 만납니다. 교통신호가 그런 것들이죠. 사람들이 아무렇지도 않은 듯이 그 규칙을 지키지만, 개나 새한테는 그 신호체계가 의미가 없습니다. 그렇지만 개나 새한테 의미 없는 그 규칙들이 사람의 목숨을 들었다 놨다 합니다. 사람이 다른 짐승과 얼마나 다른 세상에 사는가 하는 것을 실감할 수 있습니다.

이렇게 머릿속에 들어있던 생각이 밖으로 나오는 순간 그것은 말이 됩니다. 그리고 반대로 말을 배우면서 사람은 그 말이 전하고자 하는 생각을 배웁니다. 그리고 이 과정은 사람이 태어나서 몇 년 안에 완성됩니다. 대체로 말을 막 배우기 시작하는 2~3살 무렵이고 늦어도 5살쯤이면 말을 다 배웁니다. 그런데 아이들이 말을 배우는 그 시기를 살펴보면 정말 놀랍습니다. 뻥튀기 틀에서 낟알이 몇 배 몇 십 배의 크기로 순식간에 불어나듯이 아이들은 말을 엄청난 속도로 배웁니다. '기하급수'라든가, '폭발'이라는 말이 실감날 만큼 빠르고 엄청난 규모로 배움이 진행됩니다.

그래서 언어를 연구하는 학자들은 사람의 이 능력이 사람의 골속에 원래부터 들어있던 것이라고 보는 견해가 강합니다. 태어나서 나중에 그 기능을 갖추어 배우는 것으로는 도저히 이해할 수 없을 만큼 빠르고 어마어마하기 때문입니다. 이것이 원숭이와 사람의 유전자가 99% 같아도 원숭이가 사람과 다른 이유입니다. 원숭이의 뇌에는 사람의 언어를 담당하는 대뇌피질 부분이 없거나 아주 적은 것입니다. 이 사소한 차이가 원숭이와는 완전히 다른 종자로 사람을 만드는 것입니다.

실제로 사람으로 태어났으나 다른 짐승 속에서 자라서 언어 배우는 시기를 놓쳤다면, 대뇌피질의 언어 기능을 담당하는 부분이 발달되지 않습니다. 그러면 겉모습은 털 없는 사람이지만, 속은 원숭이와 다를 바가 없는 존재가 되고 맙니다. 실제로 인도에서 늑대의 젖을 먹고 자란 아이가 그랬습니다. 언어는 사람과 다른 짐승을 구별하는 특별한 기능이고, 그것은 다른 짐승들한테서 발견되지 않는다는 점에서 학자들은 선천성에 의미를 둡니다. 좀 더 종교 쪽으로 다가가면 그것은 신이 사람에게만 준 능력이라고 보겠죠.

머릿속에 있던 이 말이 밖으로 나오면서 다른 사람과 뜻을 주고받는 단계로 나아간다면 어떤 일이 벌어질까요? 약속이 생기고, 규제가 생기고, 금기가 생기고, 제도가 생깁니다. 그러면서 다른 짐승들과 전혀 다른 세계로 나아갑니다. 원래는 사람이 다른 짐승과 다를 게 없다고 했죠. 짐승의 몸뚱이 하나를 받고 달랑 태어난다고 했습니다. 그래서 먹고 싸우고 새끼 치는, 짐승 본래의 짓을 되풀이한다고 했습니다.

그런데 똑같은 짐승 짓을 하는데 다른 짐승과 사람은 점차 달라지는 것입니다. 바로 언어를 씀으로써 사람들 사이에 약속이 생기고 규제가 생기기 때문입니다. 그래서 짐승 짓을 하면서도 다른 짐승들과는 어딘가 다른 독특한 세계가 만들어지고, 그 안에서 사람들은 그들만의 짐승 짓을 하면서 사는 것입니다. 그리고 마침내 다른 짐승과는 전혀 다른 참사람이 나타나기에 이릅니다.

사람의 짐승 짓이 다른 짐승들의 짓과 어떻게 달라지는지 알아보겠습니다. 다른 짐승과 달라진 사람들 사이의 세계를 우리는 사회라고 부릅니다. 그 사회에 적응하는 것을 사회화라고 하죠. 그런데 사회라는 것은 일종의 약속입니다. 약속은 왜 생기느냐 하면 사람의 욕망은 끝이 없기 때문에 사람들 사이에 충돌이 일어날 수밖에 없고, 바로 그 충돌을 조정하려는 것입니다.

사람이 짐승으로서 지닌 욕망, 즉 '먹고, 싸우고, 새끼 치려'는 욕심은 끝이 없습니다. 그렇기 때문에 완전히 충족시킬 수 없습니다. 그러자니 자연 싸움이 생기는 것이고, 싸움이 생기면 어느 한쪽은 큰 피해를 입습니다. 이런 피해를 최소한으로 줄이려고 약속이 생기고 짐승들과는 다른 해결책이 나오는 것입니다. 그것이 바로 제도입니다. 그리고 그 제도를 유지시키기 위해 교육이 생깁니다.

먹는 문제부터 보겠습니다. 사람은 몸뚱이를 유지시키려고 무언가를 먹어야 합니다. 그런데 인류 역사상 먹이가 풍족했던 적이 거의 없습니다. 신석기시기에 이르기 전 수백만 년 동안 아프리카에서 출발한 사람은 수렵 채집생활을 하면서 목숨 하나 부지하는 것이 생존의 전체 이유인 생활을 해옵니다. 당연히 제 명대로 살다 가는 사람은 거의 없었다고 봐도 과언이 아니겠지요. 그런 세상에서 유토피아란 먹이가 실컷 먹어도 모자라지 않는 그런 세상이 됩니다. 아담과 이브가 살던 곳이 그렇게 묘사되지 않았던가요? 인구는 엄청난 빠르기로 늘어나지만 식량은 그것을 따라가지 못하니, 늘 굶주림에 시달리죠. 이런 문제가 해결되지 않으면 인간은 오늘날 지구의 주인이 되지 못했을 것입니다.

그런데 이런 답답한 상황에서 신석기 시대에 혁명이 일어납니다. 바로 농사죠.[1) 식량을 엄청나게 생산함으로써 사람들의 숫자도 상상을 초월할 만큼 많이 늘어납니다. 지구에 인간이라는 종이 가장 많은 개체수로 불어나는 시기가 바로 신석기 시대이고, 그 시대의 변화를 바탕으로 초기 부족국가가 형성됩니다. 그것이 고대국가로 발돋움하는 것은 신석기에 뒤이은 철기시대의 일이죠. 철기시대와 신석기 시대의 차이는 불과 몇 백 년에 지나지 않습니다. 그 짧은 시기에 고대국가가 생겼다는 것은, 장비가 돌에서 쇠로 바뀌었다는 단순한 사실일 뿐입니다. 사람은 같은 사람인데, 그들이 쓰는 장비가 쇠로 바뀜으로

---

1)   일리인 세갈, 『인간의 역사』(이순권 옮김), 범우사, 1985.

써 부족국가와 고대국가의 차이가 납니다. 인류의 발전상이 순식간에 이루어졌다는 말을 하려고 하는 것입니다.

그렇지만 농사를 지어서 인구가 급히 불어났다고 해도 인구가 불어나는 속도를 식량이 따라갈 수는 없습니다. 그래서 식량은 늘 부족하죠. 그러면 어떻게 되나요? 굶어죽는 자들이 생겨나는 겁니다. 그렇다면 이 문제를 어떻게 해야 할까요? 굶어죽는 순서를 만들어놓으면 되겠지요. 가뭄이 많이 들어서 사회 구성원 중에서 누군가 굶어죽어야 하는 상황이 오면 제일 먼저 죽어야 할 사람들을 정하는 겁니다. 그렇게 제도화하면 되겠지요.

그게 무엇일까요? 바로 계급입니다. 우리나라에서는 '사—농—공—상'이었죠. 인도의 카스트 제도도 그것입니다. 식량난에 대한 두려움이 크지 않았던 문명권에서는 이 신분제도가 좀 느슨합니다. 그렇지만 식량난 문제가 심각했던 문명권에서는 이 제도가 분명하죠. 그러니까 우리나라의 경우 사—농—공—상 4계급이 존재했지만, 그 제도가 인도의 카스트제도에 견주면 훨씬 더 느슨한 편이었던 걸로 보자면, 식량난 문제는 우리나라보다는 인도가 더 심각했음을 짐작할 수 있습니다.

인도는 심지어 브라만, 크샤트리아, 바이샤, 수드라라는 공인된 4계급 외에도 불가촉천민이라고 해서 그 4성제도 안에 끼지도 못하는 사람들도 많습니다. 인구 통계에도 잡히지 않는 천민 계층이죠. '불가촉'이란 접촉할 수 없는 더러운 인종이라는 말입니다. 오늘날에도 존재합니다. 사람이 다른 짐승과 얼마나 다른 세상에서 살고 있는가를 여실히 보여주는 일들이죠.?

이삭　옛날에 이야기책을 읽거나 전설을 들을 때마다 궁금한 것이 한 가지 있습니다. 인신공희 전설이 그런 것입니다. 인신공희란, 사람들이 희생양을 하나 뽑아서 신에게 제물로 바치고 마을의 평화를 얻는다는 이야기들을 말합니다. 이런 이야기는 전 세계 민족에 두루 나타나는 현상인데, 중국 상인들에게 팔려 바다에 뛰어드는 심청의 이야기도 그런 신화체계의 한 이야기이고, 서구 중세의 마녀 사냥도 그런 이야기들의 변형입니다. 이 이야기가 도대체 사람들의 어떤 생각에서 흘러나왔을까 하는 생각을 오래도록 해왔는데, 인도의 이 4성 계급 이야기를 듣다보면 저절로 그 답을 알게 됩니다. 마을 사람들 중의 어느 하나를 찍어서 희생시키고 마을의 평화를 얻는다는 이 발상은 다름이 아니라 바로 가뭄 같은 자연재해로 인해 제일 먼저 죽어야 하는 사람들의 이야기가 설화로 바뀐 것이 아닐까요?

　다음으로는 짐승들의 싸움박질하는 모습이 사람사회에서는 어떻게 변했는가를 살펴보겠습니다. 짐승세계의 싸움은 먹이를 두고 벌어지는 일입니다. 힘 센 놈이 왕이죠. 사람사회도 비슷합니다. 권력을 쥔다는 것은 힘을 가진 자의 일이죠. 그런데 정말 많은 변수가 생깁니다. 두뇌 싸움이죠. 그래서 궁궐에서 벌어지는 암투를 보면 저것이 먹이를 두고 벌어지는 싸움이라는 것을 알아채기가 쉽지 않습니다. 그만큼 복잡다단한 방식으로 사람들은 싸웁니다.

그래서 간사한 꾀를 쓰는 사람들이 나타나고 우직한 믿음 하나로 그 꾀와 맞서는 자가 나타나서 구경꾼인 우리의 눈에는 간신배와 충신 사이에서 벌어지는 권력 다툼의 형태와 이야기로 비추어집니다. 그렇지만 껍데기를 다 벗겨내고 본질을 보자면 짐승들의 먹이다툼과 다를 것이 하나도 없습니다. 그러나 그 양상을 보면 정말 다르죠. 그 다른 모습이 바로 사람의 특징입니다. 사회화된 인간들이 다른 짐승들과 얼마나 다른 짓을 하면서 사는가 하는 것을 엿볼 수 있습니다.

다음으로는 새끼치기의 모습을 살펴보겠습니다. 새끼치기의 본능이 가장 아름답게 포장된 것이 러브스토리, 즉 사랑이야기입니다. 백마 탄 왕자가 나타나서 공주를 구한다는 식의 아름다운 동화속세계가 바로 그것입니다. 다른 짐승과는 달리 '사랑'이라는 마음을 포장하는 재주가 아주 뛰어난 것입니다. 사람들의 생활방식이나 문화가 다양해지고 복잡해지면서 나타난 현상이죠. 사랑을 주고받는 과정이 너무나 화려하게 꾸며져서 나중에는 그 목적이 무엇인지도 알 수 없게 되었습니다.

이성에게 사랑을 고백하는 것은 순록들이 발정기에 접어든 암컷을 차지하기 위해 뿔싸움을 하는 것과 다를 바가 없는 것입니다. 사람은 이렇게 엉뚱한 짓을 하면서 자신의 행동을 특별한 방식으로 꾸밉니다. 그러면서 갈등을 조정합니다. 그 결과 짐승들과는 아주 다른 삶의 방식을 택하여 살아갑니다.

지금은 1부1처제가 세계 전체의 큰 흐름이지만, 동물세계에서는 감히 상상도 할 수 없는 이상한 제도입니다. 우수한 종자를 퍼뜨리는 것이 종족의 번식을 보장하는 가장 좋은 방법인데, 그것과 정면으로 배치되는 것이 1부1처제도입니다. 실제로 신석기 즈음에는 모계사회였다가 점차 부계사회로 오면서 한 남자가 여러 여자를 거느리고 사는 사회가 되었고, 그것이 근대 이전에도 처와 첩을 구별하는 방식으로 제도화하였으며, 왕실에서는 말할 것도 없는 일이었습니다. 지금도 아랍권에서는 1부다처제가 통용되죠.

1부1처제는 씨 퍼뜨리기 위한 무한욕망을 제한하는 과정에서 나온 방편일 뿐입니다. 방편은 방편일 뿐 그것이 인간의 욕망을 없애는 건 아닙니다. 편법일 뿐이죠. 여전히 인간은 제 씨를 퍼뜨리기 위한 욕망에 시달리며 자신의 아내와 남편에 만족해야 하는 불만스러운 삶을 살아갑니다. 불륜과 바람피우는 일이 어른들 사회의 수많은 이야깃거리로 떠도는 것을 보면 그 실상을 잘 들여다볼 수 있습니다. 이른바 막장 드라마인데, 그런 막장 드라마들이 끊임없이 만들어지고, 또 끊임없이 인기를 끌면서 그것을 보는 시청자들에게 왈가왈부 시빗거리를 제공하는 것은, 1부1처제 뒤에 은밀히 숨어있는 사람들의 욕망을 알게 모르게 드러내는 일입니다.

저와 같이 근무하는 교감 선생님이 딸을 여의었습니다.(여자들 시집보내는 것을 우리 전통사회에서는 '여읜다'고 합니다) 결혼식이 끝나고 와서 하는 말이 이렇습니다.

"정 선생 말이야, 딸내미 결혼시켜 보니까, 다 허례허식이여!"

일생에 한 번뿐이라는 허황된 생각으로 아무 짝에도 쓸모없는 짓들을 하는 것이 결혼식입니다. 그런 짓을 천연덕스럽게 하며 사는 것이 사람입니다. 사람을 그렇게 만드는 것이 사회이고 제도입니다. 씁쓸하죠. 가끔 순록들이 그 큰 뿔을 서로 땅땅 부딪히며 싸우는 모습이 싱그러울 때가 있습니다. 그들에게는 결혼반지 같은 게 필요 없겠죠? 어느 나라에서 온 옷인지 모를 그 이상한 웨딩드레스가 거추장스럽겠죠? 크흐흐!

'생각'은 사람의 욕망을 사회화하는 틀입니다. 이런 것을 가르치는 방법과 수단이 말이고, 그것을 가르치는 현장이 학교입니다. 학교는 아무리 좋게 묘사해도 이념과 제도를 다음 세대가 따라할 수 있도록 가르치고 재생산하는 곳에 지나지 않습니다. 사람이 다른 짐승들과 다르게 살아가는 사회의 모습을 후손들이 그대로 따라하도록 가르치는 곳입니다. 학교에서 변화를 기대하면 안 됩니다. 원래 옛것을 죽어라고 가르치는 곳이 학교입니다.

변화에 변화를 거듭해도 옛것을 가르칠 수밖에 없는 것이 학교의 운명인데, 오늘날 대한민국의 학교는 죽어라고 뒷걸음질 치는 중입니다. 학교를 뒷걸음질 치게 만드는 것은 그곳에 다니는 학생들이 아닙니다. 학생들을 울타리에 몰아넣은 어른들이죠. 어른들이 자기가 자라던 시절을 회상하고는 그게 천국이었노라고 생각하며 그렇게 가르쳐주기를 강력하게 요구합니다. 밤 11시까지 학교에 남아서 자율학습하고 싶은 아이들은 없습니다. 다 어른들이 그렇게 만들어놓은 거죠.

04

논쟁의
시대

사람들의 머릿속에서 나온 수많은 생각들이 만든 법칙과 제도를 우리는 오늘날 학교에서 배우지만, 처음부터 그랬던 것은 아닙니다. 처음에 사람들의 머릿속에서 나온 생각들이 서로 부딪히고 다듬어지고 매무새를 갖춘 중요한 때가 있었습니다. 서양에서는 소피스트 시대가 그랬고, 동양에서는 춘추전국시대가 그랬습니다. 이때는 사람들의 생각이 아직 아무것도 아니었던 시대였고, 누구나 자유롭게 자신의 생각을 드러내어 사람들에게 점검을 받던 시기였습니다. 철학과 사상이 활짝 꽃을 피운 때였고, 그 때의 경험을 바탕으로 오늘날 우리가 생각하는 사회의 틀과 사상을 만들어서 그것이 가장 좋은 것이라고 판단하여 학교에서 가르치는 것입니다.

동양과 서양은 이 시기에 서로 교류하지 않았습니다. 그런데도 묘하게도 동양과 서양 모두 이 무렵에 수많은 사상가들이 나타나서 자신의 생각을 사람들에게 보였고, 그를 통해서 오늘날 문명의 기본 틀을 잡았습니다. 그래서 실존철학자 칼 야스퍼스는 이 시기를 특별히

'차축시대'라고 이름을 붙였습니다. 수레바퀴가 굴러가는 중심축이 굴대 즉 차축(車軸)입니다. 마치 문명이라는 이 거대한 수레가 굴러갈 수 있게 그 굴대를 만든 시대라는 것입니다. 이름 참 그럴듯하지요? 하여간에 철학자들 이름 붙이는 걸 보면 참 얄미울 때가 많습니다.

동양과 서양이 서로 교류하지 않았는데도 소피스트와 춘추전국시대의 여러 사상가들이 주장하는 내용을 가만히 살펴보면 아주 비슷한 게 많습니다. 참 신기한 일입니다. 소피스트에 대해서는 나중에 얘기할 기회가 있을 것이니, 동양철학을 강의하는 이 시간에 맞게 동양의 사상가들에 대해서 살짝 맛보기를 하겠습니다.

공자는 이 세상의 질서와 법칙을 존중했습니다. 이 세상의 질서와 법의 바탕을 이루는 것은 사랑이라고 보았습니다. 그것을 인(仁)이라고 했죠. 그렇지만 세상의 모든 것이 다 만족스러운 것은 아닙니다. 그래서 사람이 만들어놓은 가장 좋은 제도가 있다고 믿고 그것을 찾았습니다. 그 모델은 중국의 주(周)나라였습니다. 제도는 그렇고, 그것을 받아들이기 위한 사람의 내면 수양도 사랑(仁)에 절차와 제도를 부여하여 위계질서 확립해야 한다고 주장했습니다.

공자가 위대했던 점은 두 가지입니다. 이 세상, 즉 사람을 둘러싸고 있는 자연과 우주에 대해 궁금해 하던 사람들의 관심을 인간과 그 인간이 놓인 제도로 관심을 바꾼 것입니다. 세상에 이상한 것들이 정말 많죠. 인간의 이지로 이해할 수 없는 그런 것들 말입니다. 무당들의 신 내림 같은 것을 보면 더더욱 신기합니다. 그런데 공자의 생각은 단호합니다. 귀신은 알 필요가 없다고 했습니다. 죽음 이후에 대해서도 알 수 없고, 알 필요도 없다고 했습니다. 그에게는 지금 이 순간의 현실이 중요했습니다. 이성으로 삶과 세상을 질서 지울 수 있다고 믿은 최초의 인간입니다.

이 점이 서양철학의 소크라테스와 아주 비슷합니다. 당시 소피스트들의 관심은 우주와 신이었습니다. 그렇지만 소크라테스는 그런 소피스트들을 비웃으며 사람의 생각과 현실을 냉정하게 보는 정신을 강조했죠. '나'도 모르는데 세상을 어찌 아누? 그러니 세상을 알려고 할 게 아니라, '너 자신을 알라!' 이렇게 밀고 나가서 죽음까지도 감정에 흔들리지 않고 아주 냉철한 이성으로 순순히 받아들입니다. 그를 바라본 플라톤이 소크라테스의 말을 글로 남겼고[2], 아리스토텔레스가 플라톤의 주장을 토대로 그리스 철학을 크게 정리합니다.

공자가 위대했던 또 한 가지 점은, 계급에 차별을 두지 않고 찾아오는 모든 사람을 가르쳤다는 것입니다. 그의 제자는 정말 다양했습니다. 동네에서 농사짓던 사람들도 배움에 뜻이 있어 찾아오면 받아들여 제자로 삼았습니다. 신분에 차별은 있을 수 있어도 배움에 차별을 두어서는 안 된다는 것이죠. 이 점이야말로 그 옛 시대에 하기 힘든 생각입니다. 그리고 교육만이 사람을 바꿀 수 있다는 공자의 믿음이 느껴지는 대목이기도 합니다. 대부분의 사상가들이 특별한 목적을 지닌 사람들을 제자로 받은 것과는 다른 점입니다.

그렇지만 그 당시 공자의 사상은 굉장히 인기가 없는 것이었습니

---

2)   플라톤, 『국가론』(이병길 옮김), 박영사, 2007.

다. 하루아침에 세상이 뒤바뀌는 어지러운 세상에서 몸을 보전하는 사상치고는 너무 원칙론에만 매여 있던 까닭이죠. 처세술로는 참신할 것이 없는 고리타분한 사상이었습니다. 그래서 심지어 어떤 왕들은 공자가 방문하면 없다고 핑계대고 만나주지도 않았습니다. 공자가 동양의 대세가 된 것은 그가 죽고 난 뒤 몇 백 년 뒤의 일입니다.

공자가 현실을 완벽한 한 세상으로 보고 거기에 맞는 이상세계를 만들려고 했다면, 그런 짓을 부질없다고 비아냥거린 사람도 있었습니다. 노자가 그런 경우입니다. 노자의 주장은 간단합니다. "사람은 자연이다." 본래 자연의 한 부속물이고 구성원이죠. 그러니 자꾸 사람들이 만든 제도에 얽매려고 하지 말라는 것입니다. 그냥 놔두면 자연 속에서 자연의 일부로 산다는 것입니다. 심지어 나라의 크기도 새벽에 개 짖는 소리가 들리는 그런 정도의 범위가 알맞다고 주장했습니다.[3] 요즘으로 치면 큰 동네 서너 개를 묶은 크기겠죠.

나라가 커지면서 왕국이 되고 황제가 다스리는 제국의 규모가 되면서 인간이 인간을 구속하는 병폐가 정말 심각하게 나타납니다. 특히 조세제도를 통해서 백성을 착취하는 것은 근대 이전의 일반화된 통치방식이었죠. 백성들만 죽어나가는 겁니다. 죽어라 일만 하고 굶어죽게 된 백성들에게 가장 달콤한 말이 누구의 말이었을까요? 공자님 말씀일까요? 아닐 겁니다. 공자님 말씀은 통치자들에게 유리한 말입니다. 백성들에게 가장 달콤한 말은 화려하지 않아도 굶어죽지 않

---

3)   박영호, 『노자 - 빛으로 쓴 얼의 노래』, 두레, 1998.

을 수 있는 소박한 나라입니다. 백성들에게 모델을 제시한 것이 바로 노자입니다. 그래서 중국의 농민반란 때 그들이 기댄 이론이 바로 노자의 사상입니다. 이 노자의 사상은 근대에 이르면 무정부주의자들의 이론이 되기도 합니다.

묵자는 사랑을 강조했습니다. "세상에 남이란 없다. 온 세상이 한 가족이다." 이것이 묵자의 주장입니다. 그리고 이것을 실천합니다. 육신상의 가족이 아니라 온 인류를 가족으로 생각했습니다. 그래서 눈만 뜨면 전쟁이 일어났던 전국시대에 약한 자의 편에 서서 전쟁을 막았습니다. 예컨대, 힘이 강한 나라가 작은 나라를 친다면 묵자는 공격받는 작은 나라로 사람을 보냅니다. 그래서 전쟁의 기술을 알려주고 공격에 대처하는 법을 알려줍니다. 이들이 얼마나 싸움을 잘하고 전략을 잘 썼는가 하는 것을 확인하는 것은 어렵지 않습니다.

어느 나라가 다른 나라를 공격하기로 했는데, 묵자가 공격받을 성으로 사람을 보냈다는 말이 들리면 공격하기로 한 나라는 전쟁을 포기했답니다. 이럴 정도로 뛰어난 전략가들이었습니다. 이들의 목적은 싸움 없는 세상을 만드는 것이었고, 그 밑바탕에는 온 인류가 한 형제요 한 가족이라는 생각이 깔려있습니다. 그것을 에누리 없이 실천한 대단한 사람들이었습니다. 어찌 보면 전쟁이 난무하는 시대에는 가장 아름다운 사상이었죠. 그만큼 그 시대에는 대단한 위력을 발휘했던 사상이고 집단입니다.

한비자는 법을 강조했습니다. "법과 약속이 곧 인간이다." 약속은 칼 같이 지키는 사회가 이상사회라는 거죠. 통치를 고민하던 수많은 왕들에게 가장 확실한 원칙과 방법을 제공한 사람입니다. 그렇지만 법을 강조하는 것은 좀 냉혹한 면이 있습니다. 그래서 나중에는 인간성을 강조하는 공자의 사상에 밀립니다.

관자는 국가경영의 청사진을 제시했습니다. 나라를 다스리기 위해 필요한 왕의 처신과 사상에 맞는 철학을 제시하고 국가를 운영하기 위한 자세한 통치방식까지 정리했습니다. 보통 통치자들이 도덕철학을 강조했는데, 관자의 경우는 현실의 경제문제까지 아주 상세하게 운영원칙을 밝혔습니다. 심지어 경제 활성화를 위해 부자들의 소비를 촉진시켜야 한다는 주장까지 했습니다. 아마도 동양에서 이런 경제론을 펼친 사람은 관자가 유일할 것입니다.

대부분 사농공상 중에서 장사인 상을 맨 밑바닥에 놓은 것들도, 동양사회의 통치자들이 상업을 마지못해 해야 할 것으로 여겼기 때문일 것입니다. 그런데 그런 상업을 장려하는 생각을 했다는 것이 지금으로 보면 참 놀랄 만한 일이죠. 이런 까닭에 관중이 제나라의 재상을 맡은 기간 동안 제나라는 중국의 여러 나라를 거느리고 이끄는 패자가 됩니다. 관자는 춘추전국시대의 가장 이른 시기에 활동한 사람인데, 제나라를 부국강병의 한 모델로 이룩한 사람이기 때문에 직하학궁을 운영한 제나라 사람들로서는 자신들의 이상이 딱 맞는 인물입니다. 그래서 부국강병을 주장하고 실제로 실현했던 관중을 '관자'로 추존하여 이론을 정리했던 것입니다.

사실 관중 자신이 정리했던 것이 아니라 관중을 그리워했던 제나라 사람들이 그의 이름을 빌려 정리한 사상입니다. 이들이 쓴『관자』

는 사실상 그 후에 나오는 모든 국가경영과 통치의 기본이론이 됩니다. 전국시대 말기의 『여씨춘추』나 한나라 때의 『춘추번로』같은 책들도 내용을 보면 『관자』를 많이 닮았습니다. 모두 나라를 부강하게 만들기 위해 임금이 해야 할 일을 정리한 책입니다.[4]

이 밖에도 수많은 사상가들이 나타나서 어지러운 시대를 정리하는 수많은 방법을 제안했습니다. 그렇지만 춘추전국시대가 끝나고 통일제국인 진나라가 등장하면서 이 많은 사상도 정리되기에 이릅니다. 왕국간의 갈등을 전제로 해서 나타났던 수많은 사상들이 사라지고, 통일된 제국을 다스릴 원칙이 가장 중요한 사상으로 떠오릅니다. 그때 대안으로 떠오른 사상이 유학입니다. 즉 공자의 사상이죠.

공자는 주나라를 현실세계의 모델로 생각했기 때문에 모든 제도와 규칙을 주나라 기준으로 정했습니다. 왕이 써야 할 모자는 물론이고 옷부터 방의 크기와 구조, 벼슬의 이름과 기능까지 모두 주나라의 제도에 기준을 두었습니다. 난세가 정리되고 통일 제국이 들어서자 갑자기 이런 제도와 형식이 필요해진 것입니다. 그래서 그런 형식과 제도를 잘 알고 있던 공자의 제자들을 높은 벼슬아치로 끌어들입니다. 그래서 통치의 원칙과 형식을 갖추고 제국의 통치에 고개 숙여 따를 충실한 백성들을 교육합니다. 그렇게 해서 완성된 것이 오늘날 우리가 보는 그런 형태의 학교 교육입니다.

물론 아주 성글게 간추려서 그렇지 이렇게 정리되기까지는 아주

---

4) 『관자』(신동준 옮김), 인간사랑, 2015.

복잡한 과정을 거칩니다. 그것은 나중에 시간이 되는 대로 공부를 하면서 이해해가야 할 부분입니다만, 간략하게 정리하고 넘어가겠습니다.

진나라는 시황제가 중국을 통일하고 불과 얼마 안 된 아들 호해의 시대에 망합니다. 그 직후에 초나라의 항우와 한나라의 유방이 천하를 놓고 다투다가 유방의 승리로 끝나면서 한나라가 들어섭니다. 한나라는 꽤 오래 제국을 유지합니다. 한나라는 제국을 유지하기 위하여 유학을 국가운영의 기본 뼈대로 받아들입니다. 그때 유학이 국가경영과 통치의 기반이 되도록 이론을 정비한 사람이 동중서입니다. 동중서의 사상은 천인감응사상이라고 하는데, 사람이 하늘의 뜻을 받아서 이루어진 존재이기 때문에 하늘의 이치를 잘 따라야 한다는 것입니다. 하늘의 뜻을 이 세상에 전하는 존재를 황제라고 한 것입니다. 이런 거친 논리를 유학과 음양5행을 엮어서 통치자를 만족시키는 사상으로 환골탈태 시킵니다.[5] 그래서 국가운영의 가장 중요한 원칙으로 유학이 역사의 전면으로 등장합니다.

> **이삭** 만리장성 이야기입니다. 진시황이 천하를 통일하고서 무당에게 묻습니다. 진나라에 가장 큰 위협이 되는 존재가 누구냐? 무당이 점을 치고 나서 말합니다. 진나라는 오랑캐에게 망한다고 점괘에 나왔습니다. 그래서 진시황은 오랑캐를 막을 궁리를 하다가 드디어 결정을 합니다. 북쪽에

---

5) 김교빈 외, 『동양철학과 한의학』(대우학술총서 550). 아카넷, 2003.

긴 성을 쌓아서 오랑캐들이 쳐들어오지 못하도록 하는 것입니다. 그래서 생긴 것이 만리장성입니다. 동쪽의 발해만 갈석산에서부터 중앙아시아에 이르는 긴 성이죠. 그런데 진나라는 2세 황제 때 망합니다. 2세 황제의 이름이 호해였는데, 이름의 호(胡)가 바로 '오랑캐 호' 자였습니다. 무당이 아들을 가리켰는데 황제는 그것을 북방의 오랑캐라고 알아들은 거죠. 진시황의 오해 덕분에 거대한 만리장성이 생겨서 유네스코에 인류 문화유산으로 등재된 것입니다.

제도상으로는 그렇지만 사람의 삶을 가만히 들여다보면 영혼의 구원이라는 문제가 도사리고 있습니다. 유학에서는 죽음 이후의 문제에 대해 '판단 중지'입니다. 알 수 없는 것이고, 알 수 없는 것에 매달리는 것은 쓸데없는 짓이라는 것이죠. 그렇지만 그게 그렇게 한다고 해서 죽음의 문제나 건강 때문에 죽어가는 일상의 문제가 해결되는 것은 아닙니다. 여전히 사람은 몸뚱이에 갇혀있고, 몸뚱이의 남과 자람과 탈과 죽음 문제는 개인에게 가장 중요한 숙제로 남습니다.

이 부분을 해결해준 것이 바로 황로학입니다. '황로학'이란 중국 고대의 임금인 황제와 노자의 첫 글자를 따서 만든 말입니다. 황제가 누구냐면, 동양의학의 바이블인 『내경』이라는 책을 만든 사람입니다. 황제(皇帝)가 아니라 황제(黃帝)입니다. 중국이 코딱지만 한 나라였을 때의 임금입니다. 제목이 『황제내경』인데, 이 책은 동양의학의 처음이자 끝인 책입니다. 사람의 건강에 대해 기백이라는 스승과 묻고 답하는 형식으로 정리한 책입니다. 사실 중국 사상의 밑바탕에 흐르는 거대한 강물은 바로 이 황로학입니다. 나중에 도교로 발전하는 흐름이죠.

이 황로학이 지난 2천 년 간 중국을 떠받치는 거대한 사상으로 발돋움한 것은 제나라의 덕이 큽니다. 제나라는 패권을 다투던 여러 나라 중에서 가장 센 나라였습니다. 환공은 자신이 중국을 통일할 것이라는 확신을 갖고 통일 이후를 대비하기로 마음먹습니다. 유명한 학자들을 초빙하여 그들의 의견을 듣고 그들의 생각을 펼칠 여건을 마련해줍니다. 수도 임치의 궁궐 밖에 집을 지어 누구든 찾아와 공부하고 토론하기를 환영합니다. 그들에게 얼마든지 자유롭게 자신의 주장을 펼치라고 멍석을 깔아준 것입니다.

그래서 전국의 내로라는 이빨꾼(?)들이 다 모입니다. 이들을 직하학파라고 하는데, 전성기 때에는 3천여 명이 머물러 학문을 논했다고 합니다. 요즘으로 치면 전국의 대학 교수들을 모두 한 자리에 모아놓고 숙식을 제공한 것입니다. 우리가 잘 아는 순자나 맹자도 여기를 거쳐 간 인물들입니다. 이 직하궁은 제나라가 망할 때까지 150년간 유지되면서 중국의 사상계를 사실상 이끕니다. 이들의 사상이 중국의 사상이라고 해도 과언이 아닙니다.[6]

이들은 한 가지 사상만을 말하는 것이 아닙니다. 어떤 생각을 가진 학자든지 다 자신의 주장을 펼치고 가르칠 수 있었습니다. 그래서 중국의 모든 사상이 다 이곳에 모인 것이고, 그것을 가리킨 말이 백가

---

[6] 김홍경, 『음양오행설의 연구』, 신지서원, 1993

쟁명(百家爭鳴)입니다. 이 중에서 또한 강력한 흐름을 형성한 것이 바로 황로학입니다. 정치에서는 나중에 동중서의 유학이 주된 사상으로 부상했지만, 그전까지는 황로학파의 처세와 이론이 정치의 기반이 되었습니다. 백가쟁명의 첫 문을 연 『관자』의 배경에도 이러한 황로사상이 깔려있습니다.

황로학의 정치이론은 노자를 계승했기 때문에 될수록 현실 개입을 덜 해야 한다는 주장이었습니다. 그래서 겉은 유학, 속은 황로학인 것이 중국의 실상이었습니다. 이 황로학은 나중에 도교라는 종교로 그 형태를 갖추어 갔습니다. 소설 『삼국지』에 나오는 후한 때의 황건적들이 바로 그 종교의 초기 형태였습니다. 그러기 전까지 황로학은 고대 중국사회를 떠받친 생활철학이고 사상이었다고 보는 게 정확할 겁니다.

그런데 이 균형을 깬 사상이 중국에서 들어옵니다. 바로 불교입니다. 불교는 들어와서 불과 100년이 채 안 되어 중국을 점령해버립니다. 수나라와 당나라가 불교를 통치이념으로 삼았습니다. 이 불교의 등장에 심각한 위협을 느낀 것이 유교와 도교입니다. 그 중에서 유교의 피해는 극심했습니다. 나라를 운영한 권력을 모두 중들에게 빼앗긴 것입니다. 그래서 유교에서는 불교의 이론을 자세히 들여다봅니다. 자신들의 생각과 비슷한 면이 많습니다. 그래서 그들의 사상을 자신의 것으로 흡수하여 유학을 완전히 다른 꼴로 새롭게 만듭니다.

이렇게 완전히 갈아치우는 것을 환골탈태라고 합니다. '뼈를 바꾸고 모양을 갈아치운다.'는 말입니다. 그래서 나타난 것이 성리학입니다. 원시유교를 철학화한 것입니다. 불교의 심학을 유교의 심학으로 끌어들여 정교하게 논리화한 것입니다.[7] 서로 닮은 것들이 한판 전투를 벌이죠. 그래서 결국은 중국에서 자생한 사상인 성리학이 승리를 이룹니다. 송나라는 성리학을 통치이념으로 세워진 나라입니다. 이후 중국은 불교와 유교, 도교가 마치 세발솥처럼 서로 균형을 유지하며 중원이라는 한 세계를 떠받칩니다.

7)   풍우란, 『중국철학사』 상.하(박성규 옮김), 까치, 1999.

05
사람은
만물의 영장

동양의 철학자들마다 정말 다양한 생각을 자신의 주장과 사상으로 내놓았지만, 이들에게는 한 가지 공통점이 있습니다. 즉 그것은 사람을 만물의 영장으로 생각했다는 것입니다. 우주를 완성하는 것은 바로 사람이라고 했습니다. 그것이 구체화 된 것이 천지인(天地人) 사상입니다. 겉으로 보면 이것은 인간이 자연계를 다스릴 지구의 지배자로 성장했다는 말이겠지만, 속으로는 깊은 뜻이 또 있습니다. 그것은 지금까지 우리가 알아본 대로 짐승의 삶에서 나타나는 세 가지 특징을 스스로 버려서 참사람으로 거듭날 수 있다는 것입니다.

그런 능력을 가진 존재이기에 사람은 다른 동물과는 다르다는 것입니다. 다른 동물은 그럴 수 없다는 것이 성현들의 생각입니다. 그래서 부처도 이생에서 사람으로 태어난 것을 정말 고맙게 생각해야 한다고 했습니다. 짐승으로 태어나면 수행을 통해서 윤회의 고리를 끊을 기회 자체가 없기 때문이죠. 오직 사람만이 빛나는 얼이 있어 자신의 깊은 내면을 들여다보고 진리를 알아볼 수 있습니다.

사람이 만물의 영장이라는 것은 폼 잡으려고 한 말이 아닙니다. 그냥 살면 짐승이지만, 자신이 만물의 영장임을 자각하고 나한테서 일어나는 짐승의 특징을 또렷이 살펴보면 참사람이 될 수 있습니다. 하늘이 우리에게 준 가장 큰 희망입니다. 그리고 제가 이 글을 쓰는 까닭이기도 합니다.

Chapter 4

종교

종교란 무엇인가

종교(宗敎)란 큰 가르침이라는 뜻으로 지닌 말입니다. 그냥 세상살이에 관한 지식의 가르침이 아니라, 인생이란 이런 것이다. 이것이 진리이다, 라는 것을 가르쳐주는 큰 뜻을 말합니다. 아하, 진리라니! 사람에게 이보다 더 큰 가르침이 어디 있겠습니까? 종교는, 사람의 인생에서 가장 큰 깨달음의 가르침을 주는 곳입니다.

01

종교의
말뜻

이 세상에서 가장 큰 가르침이란 무엇일까요? 여러분이 학교에서 배우는 것은 졸업한 후에 세상을 살아가는 데 필요한 지식들입니다. 학교는 그런 것을 가르치는 곳이죠. 그런 지식들은 아주 자잘한 것들입니다. 인생을 헤쳐 가는 방법이니 나름대로 중요하기는 하겠으나, 그것이 진리가 아니라는 점에서는 수단과 방편일 뿐이죠. 수단과 방편은 본질이 될 수 없습니다. 진짜 큰 가르침은 삶의 진리에 대한 가르침을 말합니다. 그런데 삶의 진리에 대해 가르쳐주는 학교가 있나요? 이러이러한 것이 삶의 진리이다, 사람은 그렇게 살아야 한다, 는 것을 가르쳐주는 학교 말이죠. 없습니다. 우리가 다니는 학교에서는 그런 것을 가르쳐주지 않습니다.

그러면 진리가 궁금한 사람들은 많을 텐데, 그런 사람들은 어디 가서 배워야 하나요? 보통은 종교단체가 그런 일을 대신해줍니다. 삶의 진리라는 정말로 큰 가르침을 주는 것, 그것이 종교입니다. 종(宗)은 크다는 뜻입니다. '마루 종' 자인데, 마루란 우리말로 크다는 뜻입니다. '산마루, 대청마루, 고갯마루, 말잠자리, 말벌' 같은 말에서 크다는 흔적을 찾을 수 있죠. 사람의 입에서 나오는 '말'도 그런 게 아닐까요? 가장 큰 진리를 드러내는 수단이 바로 '말'이 아닐까요?

그러니까 종교(宗敎)란 큰 가르침이라는 뜻을 지닌 말입니다. 그냥 세상살이에 관한 자잘한 가르침이 아니라 인생이란 이런 것이다, 이것이 진리이다, 라는 것을 가르쳐주는 말씀을 말합니다. 아하, 진리라니! 사람에게 이보다 더 큰 가르침이 어디 있겠습니까? 종교는 사람의 인생에서 가장 큰 깨달음과 가르침을 주는 곳입니다.

02

교회의
추억

잠시 교회 얘기 좀 하겠습니다. 우리 집은 모두 6남매인데, 막내 여동생이 제일 먼저 교회에 나가기 시작했습니다. 막내가 초등학교 1, 2학년 때의 일이니, 저는 아마도 중학교에 입학했을 무렵일 것 같습니다. 5살 터울이거든요. 그러는 바람에 저도 교회에 놀러 갔습니다. 저와 비슷한 또래의 친구들은 제 부모님을 따라서 아장걸음 할 때부터 교회에 다닌 애들이 많았습니다. 그러니까 교회가 동네 사랑방 비슷하게 된 것이죠. 기도나 성경 구절 같은 것이 무엇인지는 잘 모르겠고, 어쨌거나 크리스마스 때 맛있는 걸 주고 재미있게 놀 수 있어서 놀러다닌 것입니다.

크리스마스 때 밤새도록 성탄절 준비를 하며 놀다가 온 동네로 새벽기도 다닌 기억이 지금도 생생합니다. 그때 집집마다 돌아다니면서 크리스마스 송을 불렀는데, 불이 꺼진 집에서는 "고요한 밤 거룩한 밤 어둠에 묻힌 밤~"을 불렀고, 불이 켜진 집에서는 "기쁘다 구주 오셨네. 만백성 맞으라~"는 노래를 구별해서 불렀습니다. 불 켜진 집에서는 어두컴컴한 새벽에 찬송가 부르는 우리에게 먹을 것을 주기도 했습니다. 그렇게 온 동네를 몇 구역으로 나누어 돌고나면 동녘이 훤히 밝아옵니다. 어릴 적의 좋았던 추억입니다.

이런 식으로 교회에 나가며 보고 들은 것이 꽤 많았습니다. 교회라고 하면 저는 이 생각부터 떠오르곤 합니다. 생각하면 그 무렵의 교회는 저에게 종교이기보다는 문화체험 공간이었던 듯합니다. 종교 자체의 내용이나 체험이기보다는 종교를 따라 들어온 서구문명에 대한 감화라고나 할까요? 뭐 그런 것이었습니다. 심심한 시골에서는 볼 수 없는 특이한 습속이 많았거든요. 우리 막내 동생이 교회에서 처음 풍금을 쳤는데, 나중에 경희대학교 음대에 피아노 전공으로 입학했습니다. 그러니 교회가 문화공간이란 말이 실감나죠.

그런데 언제부턴가 교회에 발길을 끊었습니다. 고등학교 들어간 후인 것 같습니다. 공부 때문에 교회에 집중하지 못하는 것도 있었지만, 그보다는 몇 가지 의문이 저에게 일었는데 그것을 교회에서 해결해주지 못했기 때문입니다. 먼저 하나님께 귀의한 막내 동생에게 던진 질문이 있습니다. 기독교인이 되려면 두 가지를 해야 한다고 하더군요. 첫 번째 예수의 부활을 믿어야 한다는 것, 두 번째는 다른 사람에게 전도해야 한다는 것, 이 두 가지 의무를 이행해야 한다는 것입니다. 그래서 저는 기독교인이 될 수 없다고 믿었습니다. 첫 번째 때문입니다.

죽은 사람이 무덤에서 살아난다는 것이 있을 수 있는 일인가요? 학교에서 생물을 배우고 과학을 배우는데, 이걸 믿어야 한다는 말인가요? 그때는 심각하게 질문한 것이 아니지만 제 기억으로는 이 문제가 해결되지 않아서 저는 결국 교회로부터 멀어졌습니다. 이런 사소한 의문에 대해 교회 사람들은 답을 해주지 않았습니다. 믿어보면 안다는 식이죠. 그 의심 때문에 믿지 못하는 사람에게 믿어보면 안다는 것은 믿지 말라는 것과 무엇이 다를까요? 지옥에 뭐가 있느냐고 묻는 사람에게 한 번 들어와 보면 안다고 얘기한다면 그 말을 듣고 지옥으로 들어갈 사람이 누가 있을까요? 한 번 들어가면 이 삶이 끝나는데!

물론 나중에 어른이 돼서 보니 그런 태도를 이해 못할 것도 아니더군요. 종교는 논리가 아니기 때문에 논리를 넘어선 어떤 것이 깨우쳐주는 삶의 진리도 분명 있기 때문입니다. 때로는 모순인 듯한 것 속에 인생의 진리가 숨어있다는 것은 삶에 대해 고민을 좀 해본 사람이라면 누구나 알 수 있는 일입니다. 그렇지만 궁금해서 묻는 사람에게 네가 문지방 안으로 들어와야 얘기해줄 수 있다고 말하는 것은 일종의 자격심사 같은 것이어서 거기에 목숨을 걸 필요가 없는 사람에게는 들어오지 말라는 것과 같은 말입니다. 우리에게 맛있는 사탕이 있는데, 네가 말을 안 들으니 주지 않겠다는 심보와 똑같은 것입니다. 그래서 저는 결국 교회에 발길을 끊었습니다.

그들이 가르쳐주지 않은 것들은 나중에 어른이 되면서 어찌어찌하여 알게 되었습니다. 나중에 알고 보니, 그들이 저에게 알려주지 않았던 것은, 예수를 바라보는 여러 가지 견해 중의 하나였습니다. 굳이 예수 부활을 믿지 않아도 예수의 제자로 살아가는 사람들과 길이 얼마든지 있습니다. 러시아의 대 문호 톨스토이 같은 경우가 그렇습니다.[1] 톨스토이도 예수의 부활설을 믿지 않았습니다. 그렇다고 하여 사람들이 톨스토이를 사이비 기독교도라고 말하지 않습니다. 기존의 종단과 조금 다른 또 다른 기독교인이라고 말할 수는 있어도 그를 이단이라고 말할 수는 없습니다.

제 정신으로 이해할 수 있는 길이 있는데도, 그 길을 가르쳐주지 않고, 남들 눈에는 정신 나간 것으로 비치는 자신의 길만이 예수에게 가는 방법의 전부라고 말하는 것은, 그때의 그들은 그럴 수밖에 없었겠지만, 신앙이 주는 큰 폭력이라고 말할 수밖에 없습니다. 그런데 문제는 자신들이 무지막지한 폭력을 쓰면서도 그게 폭력이라는 것을 모르는 그들을, 용서할 수밖에 없다는 것이지요. 예수가 이 땅에 전하고자 하는 진정한 뜻을 알면 되는 것이지, 육신 따위가 죽었다가 살아났다는 것이 무슨 대단한 사건이겠습니까? 육신이 죽었다가 다시 살아나는 데도 나름대로 사연이 있겠지만, 그것만이 예수가 이 땅에 전하고자 하는 뜻을 알 수 있는 유일한 방법이라면 그것이야말로 예수의 일부로 예수의 전부를 가림으로써 오히려 예수의 참뜻을 왜곡하는 짓이 될 수도 있는 것입니다.

육체부활 설을 믿는 사람들이 그것만이 예수로 가는 유일한 길이라고 한다면, 제 생각에는 예수님도 반대할 것 같습니다. 그런 신화체계에 의존하여 전하고자 하는 진리의 내용도 있겠지만, 진리라면 꼭 그런 무리한 상상체계에 의존하지 않아도 전달될 수 있는 것입니다.

1) 톨스토이, 『인간에 대하여. 인간의 종교』(박형규 외), 삼성출판사, 1988.

진리가 상식과 반드시 일치해야 하는 것은 아니지만, 굳이 상식을 무시하면서 존재할 필요는 없는 것입니다.

앞서 말했듯이 종교는 진리를 가르쳐주는 큰 가르침입니다. 그렇다면 기독교는 우리에게 무엇을 가르쳐줄까요? 예수가 전하고자 했던 여러 가지 말씀을 우리에게 가르쳐줌으로써 어떻게 사는 것이 가장 올바른 삶인가 하는 것을 깨우쳐주는 것입니다. 기독교도가 된다는 것은 예수의 말씀을 올바르게 이해하고 받아들인다는 말이지요. 그러자면 예수가 살아생전에 한 말이 무슨 말이고 무슨 뜻이었는가를 알아야 됩니다.

그런데 그게 쉽지 않습니다. 이른바 4복음서에 기록된 예수님의 말씀이 요즘처럼 녹음을 해서 기록한 것도 아니고, 제자들이 들었던 내용을 오랜 세월이 흐른 뒤에 기억에서 꺼내서 정리한 것이기 때문에 거기에는 제자들의 수준이나 생각에 따라 달리 해석되었을 소지도 많습니다. 게다가 제자들이 대부분 글도 모르는 무식한 사람들이었다는 것을 생각하면 이런 걱정은 괜한 것이 아니죠. 결국은 4복음서에 있는 예수의 말씀이라는 것들을, 읽는 사람이 제 수준에서 해석하여, '아, 이것이 예수님 말씀이고 예수님이 우리에게 전하고자 하는 뜻이구나!' 하고 알아내야 하는 숙제가 남는 셈입니다.

바로 이 과정을 놓고서 결론이 다른 사람들끼리 뭉쳐서 종파를 만들고 교단을 만들고 하는 것이 기독교의 역사가 아니던가요? 각자 자기가 해석한 예수님의 말씀을 진리라고 하고서 그것을 따르는 것이니, 이쪽의 진리와 저쪽의 진리가 다를 수 있는 것이죠. 그러면 그 중에서 어느 쪽이 진짜배기냐? 이것을 판단하는 일이 남죠. 이 판단을 무덤 속의 예수님이 벌떡 일어나서 해주면 좋겠는데, 그럴 수가 없죠. 그리고 실제로 예수님이 살아나서 이게 내 뜻이다, 라고 해도 사람들이 안 믿을 겁니다. 당신 예수 맞아? 이러면서 따지겠죠.

이 판단에서 최악의 사태를 상상해볼까요? 이 판단을 누가 할 때 기독교 역사상 최악의 상황이 벌어질까요? 언뜻 생각해보면 기독교인들 중에서 지도자들이 이 판단을 해야 할 것 같은데, 뜻밖에도 세상의 속물인 정치인들이 합니다. 로마의 황제 콘스탄티누스죠. 그 결과 기독교는 세상의 달콤한 꿀을 핥으면서 암흑의 중세를 향해 곤두박질칩니다.

이삭 예수를 가리키는 말이 너무 많아서 혼란스럽습니다. 원문은 Jesus 인데 마치 그리스신화의 제우스가 연상되기도 합니다. 이것을 영어식으로 읽으면 '지저스'가 되고 원래의 발음으로 하면 '예수'에 가까운 소리가 납니다. Christ는 이름이 아니라 존칭입니다. 예언자 선지자를 뜻하는 말입니다. 영어식으로 읽으면 '크리스트'이고, 이걸 우리말로 옮길 때 '그리스도'라고 한 것입니다. 이 그리스도를 한자 음으로 가깝게 표기하면 기독(基督)이 됩니다. 처음에는 예수도 한자 음으로 적었습니다. 야소(耶蘇)라고. 이와 같이 소리를 옮겨 적는 과정에서 이름이 복잡해진 것입니다. 지저스, 예수, 야소, 크리스트, 크라이스트, 그리스도, 기독, 다 같은 사람을 가리키는 말입니다.

제가 가끔 시간이 좀 나면 이런 진리의 문제를 수업시간에 말합니다. 그런데 어떤 녀석이 뒤에서 궁시렁거립니다. 그래서 한 번 알아듣게 큰 소리로 얘기해봐라, 했더니 이럽니다.

"선생님, 사람들이 교회를 나가면서 누가 그런 생각을 해요? 사람들이 진리를 구하러 교회에 가나요? 다들 자기 위안을 얻으려고 교회에 가지요. 우리 엄마 아빠도 마음이 괴로울 때 위안을 얻으려고 교회 다녀요. 누가 진리를 알려고 교회에 가요? 선생님 같은 사람이 어디 있어요? 선생님이 잘못 알고 계신 거예요. 교회는 그런 진리랑 상관없어요."

띠용! 허걱! 헐! 정말 그렇습니다. 사람들은 진리가 궁금해서 교회에 나가지 않습니다. 정말로 삶이 고달플 때 자기 위안을 얻기 위해서 교회에 나가지요. 기도의 내용도 모두 그렇습니다. 다들 가족들 건강하게 해주고, 돈 잘 벌게 해주고, 행복하게 해달라고 기도합니다. 이것이 오늘날 교회의 모습입니다. 교회는 이미 사람들에게 진리를 전하지 않는 곳이 되어버렸습니다. 우리 자식 이번에 대학 시험을 치르는데 꼭 붙게 해주십시오. 우리 남편 이번에 승진 시험을 보는데 꼭 승진하게 해주세요. 우리 부모님 이번에 수술을 하는데 병이 낫게 해주세요. 이런 기도를 합니다.

그러면 한 번 처지를 바꿔놓고 생각해봅시다. 여러분이 신입니다. 여러분을 믿는 수많은 사람들이 와서 기도합니다. 입시철에 흔히 볼 수 있는 장면이 있습니다. 대구 갓바위 부처님 앞에서 돈을 바치며 기도하는 사람들, 성당을 비롯하여 교회에 모여서 특별 기도를 하는 사람들의 소원을 신인 여러분이 들어주어야 합니다. 우리나라의 입시생 수가 60만 명인데, 대학입시 정원이 35만 명이라고 한다면, 올해 대학 입시에서 떨어지는 학생 수는 25만 명이 될 겁니다. 그런데 60만 명의 부모가 찾아와서 붙여달라고 신인 여러분에게 기도합니다. 여러분이 신이라면 이 기도를 들어줄 수 있겠습니까? 한 발 더 나아가 어떤 부인이 찾아와서 이렇게 기도합니다.

"제 남편이 방금 전에 노름하러 갔습니다. 부디 돈을 따게 해주십시오."

이런 소원과 기도를 어떤 신이 들어주겠습니까? 동네 뒷산의 산신령은 물론이고 어머님이 장독대에서 새벽마다 비는 칠성님도 그런 소원은 안 들어주실 것입니다. 그런데 사람들은 교회와 절에 나가서 이런 기도만을 열심히 합니다. 어쩌다 소원이 이루어지면 발복을 했다고 다시 감사 인사를 합니다. 복채로. 그러면 그 순간 예수님과 부처님은 무당이 섬기는 잡신으로 전락하고 마는 겁니다.

교회에 진리를 구하러 가지 않고 위안을 구하러 간다면 가는 곳이 꼭 교회이어야 할 필요가 없습니다. 그러려고 찾아간 교회와 성당에 예수는 없을 겁니다. 예수는 사람의 탈을 쓴 짐승들이 서로 잡아먹고 뜯어먹자고 비는 소원을 들어주지 않습니다. 짐승이 아니라 참사람이 되라는 말씀을 전하려고 이 세상에 왔다가 십자가에 매달려 죽은 사람입니다.

그렇지만 사람들이 이렇게 애절한 마음을 누군가에게 의지하려고 하는 마음을 익히 아는 예수님이 가만히 그 소원을 귀로 들어주실 수는 있을 듯합니다. 사람이 말을 하다보면 스트레스가 풀리는 수도 있잖아요? 사람들의 그런 답답한 마음을 들어주는 것도 신이 하는 일 중의 하나겠지요. 그것을 익히 아는 종교 지도자들께서 미신인 줄 뻔히 알면서도 사람들의 원망을 담아낼 어떤 구실을 만들어준 것이 이런 식의 기도라 할 수도 있겠지요. 그리고 이런 부산물을 통해서 진리를 전하는 창구를 유지할 수도 있겠지요.

무슨 말이냐고요? 전에 청담 스님이 한국 불교에서 삼신각을 몰아내려고 불교정화운동을 펼친 적이 있어요. 삼신각을 비롯하여 산신 기도는 부처님의 이치와 어긋나니 불교 안에서 몰아내자는 것이었죠. 그래서 세차게 밀어붙였습니다. 그러다가 슬그머니 없던 일로 하고 말았습니다. 복채(돈)가 들어오지 않는 것입니다. 기도해달라고 돈을 놓고 가는 사람들은 모두 절에서 내쫓고 나니, 절에 돈이 바닥나는 겁니다. 문 닫게 생겼습니다. 그래서 하는 수 없이 그 정화운동을 중지했습니다. 모든 절을 문 닫았다가는 부처님의 참 말씀을 전하는 일조차 할 수 없게 생겼기 때문입니다. 빈대 잡으려도 초가삼간 태울 지경이 된 것이지요. 하하하.

세상에서 살아가는 평범한 사람들이 종교를 믿는 그 마음은 충분히 이해가 갑니다. 진리만을 추구하며 살 수 없는 세상살이를 하는 백성들의 심정은 충분히 이해합니다. 어쩔 수 없으니까 그러겠지요. 인지상정이니 그냥 두고 넘어갑시다. 위안으로 삼을 대상이 있다는 것만으로도 정말 대단한 자비행이라고 할 수 있습니다. 그런 의미라면 교회나 절은 존재 자체만으로도 자신의 목적을 어느 정도는 이루었다고 할 수 있습니다.

　그렇지만 한 가지 궁금한 게 있습니다. 교회의 목사님이나 성당의 신부님처럼 자신을 예수의 종으로 생각하고 예수의 길을 가겠다고 하는 사람들은 도대체 기도할 때 무엇을 해달라고 기도할까요? 가정이 있는 일반 신도들처럼 행복이나 자식 성공, 남편 승진을 바랄 일도 없을 것이고, 신부님의 경우 딱히 결혼도 안 했을 테니 지켜야 할 그 무엇이 있는 것도 아닐 겁니다. 그러니, 도대체 무엇을 기도하실까요? 정말 궁금합니다.

03

참과
거짓

맨 앞의 강의에서 우리는 진정한 나에 이르는 방법을 지루하고 길게 알아보았습니다. 진리는 참입니다. 참은 거짓이 아닌 것이죠. 그렇다면 진리는 거짓을 걷어내는 일이고, 거짓을 완전히 걷어내면, 드러나지 말라고 해도 진리는 드러납니다. 그렇다면 무엇이 거짓이라고 했던가요? 짐승의 3가지 특징으로 살아가는 '나'가 거짓이라고 했습니다. '나'는 관계가 만드는 기억이라고 했고, 기억이란 본디 없던 것인데, 몸이 자석처럼 붙잡은 것이라고 했습니다. 그러므로 참인 진리를 만나려면 내 안의 거짓 나를 버리기만 하면 됩니다.

나를 버린 뒤에 남는 것이 있습니다. 그것은 '나'가 들어앉기 전의 '큰 나'입니다. 그것이 진리라는 이름의 그것입니다. 우주의 본체인 '큰 나'는 반드시 수행을 통해서만 만날 수 있습니다. 자신의 거짓 '나'를 지우는 일은 아무도 대신해줄 수 없습니다. 목사님이나 스님이 대신 해줄 수 없고, 예수님이나 부처님도 대신해줄 수 없습니다. 오로지 자신이 스스로 해야 합니다. 그 방법을 알려주고 그 힘겨운 수행을 격려하는 것이 종교단체입니다. 그것이 교회이고 절입니다. 기억을 버리면 '본래의 나'가 절로 드러납니다.

그러면 이런 나를 뭐라고 부르면 좋을까요? 우리는 지금 아직 한 번도 가본 적이 없는 곳을 가는 중이기 때문에 낯선 개념들이 자꾸 나와서 아주 혼란스럽습니다. 나는 '나'가 전부인 줄 알았는데, 알고 보니 내 안에는 또 다른 나가 있고 거짓 나도 있으며 참 나도 있습니다. 보통 생활에서는 전혀 생각지도 않은 개념들이 마구 쏟아져 나오면서 그것을 가리키는 말들까지 없어서 혼란스럽기 그지없습니다. 이것을 좀 어떻게 정리하고 넘어가면 안 될까요? 사실, 이런 혼돈을 정리해주는 것이 사상이고 철학입니다. 이런 것을 간단명료하게 정리할 말들이 있다면 좋겠습니다. 그래서 여기저기 둘러보던 차에 이런 고민을 깨끗이 해결해줄 만한 것을 찾아냈습니다.

'나'를 버리면 내 몸뚱이 안에는 '나'가 없습니다. '나 없는 나'라고 말할 수 있겠지요. 그러면 우선 '나 없는 나'와 '나'를 구별할 수 있겠지요. 뭐라고 구별하면 될까요? 머리가 안 돌아가면 먼저 이런 작업을 해놓은 사람을 쳐다보면 됩니다. 실제로 이것을 다음과 같이 구분한 사람이 있습니다. 얼나와 제나. 나는 나인데, 거짓 나가 사라져서 참된 얼이 가득 찬 나가 〈얼나〉이고, 그렇게 되기 전의 나가 〈제나〉입니다. 제나는 다시 둘로 나눌 수 있겠지요? 나는 몸과 마음으로 이루어졌습니다. 그러므로 각기 〈몸나〉와 〈맘나〉라고 하면 될 것입니다. 우리나라 근대 사상가인 유영모 선생이 붙인 이름입니다.[2] 정말 깔끔하고 깨끗한 방법이지요? 정리하면 이렇게 되겠지요.

이 강의의 앞부분에서 말한 기억 버리기는 모두 제나에 대한 이야기들입니다. 그 제나가 몽땅 사라진 그곳에서 얼나는 저절로 드러납니다. 제나가 사라진 곳에서 드러나는 것에 대해서는 수련과 명상을 통해서 확인해야 한다고 하면서 제가 알려드리지 않았지요? 스스로 알아내야 하는 것이라고 분명하게 말했습니다. 그리고 그에 대해서는 지금도 똑같습니다. 그렇지만 얼나라는 말에서 그에 대한 암시를 얻을 수 있습니다.

〈얼〉은 정신을 가리키는 우리말입니다. '얼간이, 얼뜨기, 얼치기, 얼빠진 놈' 같은 표현에서 무엇을 뜻하는 것인지 어렴풋이 짐작할 수 있을 것입니다. 기억이 빠져나간 자리에 그 얼로 가득 찬 어떤 것이 나타납니다. 그것은 그렇게 해보아야만 알 수 있습니다. 막연히 짐작해서 주둥이 나불거리다가는 지옥으로 떨어집니다. 착실하고 성실한 수행만이 그 자리에 이를 수 있습니다. 여러분 스스로 찾아야 합니다. 하느님이 와도 그것을 도와줄 수는 없습니다.

제나와 얼나는 같은 곳에 있을 수 없습니다. 제나가 있는 곳에는 얼나가 있을 수 없고, 얼나가 있는 곳에는 제나가 끼어들 틈이 없습니다. 제나는 사람의 모습이지만 그 안에 웅크렸다가 언제든지 튀어나

2)　박영호, 『다석 유영모가 본 예수와 기독교』, 두레, 2000.

와서 발톱을 드러내는 그런 존재입니다. 그렇기 때문에 철저하게 경계해야 합니다. 사람의 몸은 이생만이 아니라 전생에 전생을 거쳐 수백만 년 진화해온 과정을 다 기억하고 있는 영물이기 때문에 언제든지 얼나를 뚫고 튀어나옵니다. 그러므로 끊임없이 되살아나는 제나를 경계해야 합니다. 경계하고 또 경계하여 마침내 나를 얼로 가득 채워야 합니다. 그래서 깨달은 사람들은 이를 위해 늘 깨어있으라고 강조했습니다. 소크라테스도 어느 신전에 쓰인 글귀를 늘 말했습니다.

"너 자신을 알라!"

이 말을 우리는 윤리시간이나 철학시간에 익히 배워서 아는 말이지만, 지금 다시 읽으니 뭔가 달리 보이죠? 여기의 〈너〉가 새삼스럽게 보일 것입니다. '알라!'는 말이 무슨 뜻이겠습니까? 단순히 'know'를 말하는 것이 아닐 겁니다. 이 경우에는 오히려 우리말로 깨어있으라는 말이 더 적합할 것입니다. 제나의 속임수에 속지 않으려면 늘 깨어있으라는 말로 들리지 않나요? 불교에서는 늘 깨어있으라는 뜻으로 생각을 놓치지 말라고 숙제를 하나 줍니다. '이 뭐꼬?'나 '부처는 똥막대기다'라는 식입니다.[3]

부처가 똥막대기라니? 띵 하죠? 궁금해 미칠 지경입니다. 궁금해 미치는 그 상황을 만들어서 제나에 홀리지 않도록 하려는 것입니다. 이것을 화두, 또는 공안이라고 하는데, 화두에 집중하는 동안에는 우

---

3)   이희익, 『무문관』, 경서원, 1974.

리의 5감이 작동하지 않습니다. 외계와 완전히 단절되죠. 더 이상 이미지를 먹지 않는다는 뜻입니다. 일단 5감이 이미지를 만들지 않는 것만으로도 진리에 한 걸음 다가간 것입니다.

모든 종교는 이 얼나를 일깨우는 가르침입니다. 제나에 관한 것이라면 세상에서 얼마든지 가르쳐줄 수 있습니다. 그런 것을 진리라고 하지 않습니다. 그렇지만 현실 종교를 살펴보십시오. 과연 얼나를 깨우치는 가르침을 주던가요? 앞서 말한 입시철에 교회와 절을 찾아서 기도하는 모든 행태들이 바로 제나의 행위입니다. 그 간절함과 정성이 이해되기는 하지만, 그따위는 처음부터 얼나와는 상관이 없는 일입니다.

얼나와 상관없는 일이라면 그것은 큰 가르침이 아닙니다. 어차피 속고 속이는 제나의 짓이고, 이 세상의 지옥불일 뿐입니다. 그런데 세상 종교는 그렇게 돌아가고 있습니다. 마치 제나를 위한 무슨 축제의 마당처럼 돌아갑니다. 어쩌다 이렇게 되었을까요? 그것은 종교의 형성과정을 살펴보면 어렵지 않게 알 수 있습니다.

04

종교와
형식

종교가 형성되는 과정을 보면 중요하고도 재미있는 사실 하나를 발견할 수 있습니다. 예수나 부처도 몸으로 왔기 때문에 제나로 살다가 특정한 상황을 계기로 해서 큰 깨달음에 이르러 제 안의 얼나를 찾습니다. 그리고 그 얼나의 말씀을 사람들에게 전하다가 죽었습니다. 그들이 죽으면서 제자들에게 과연 나를 기리는 모임을 만들라고 했을까요? 예수가 죽으면서 기독교를 만들라고 했을까요? 부처가 죽으면서 불교를 만들라고 했을까요?

그렇지 않습니다. 자신이 깨달은 바를 사람들에게 설명하다가 그냥 죽었습니다. 그들은 종교단체를 만들라고 하지 않았습니다. 더더구나 자신을 신으로 섬기라고 말한 적이 없습니다. 그렇지만 지금 기독교와 불교는 어떻습니까? 기독교에서 예수는 어떤 존재입니까? 하느님입니다. 불교에서는 부처가 어떤 존재입니다. 신입니다. 그러니까 입시철에 애절한 부모들의 마음을 받아서 합격을 결정해주시겠죠.

오늘날의 종교는 그 창시자와는 상관이 없는 일입니다. 순전히 그의 제자들이 그렇게 만든 것입니다. 자신의 교주로 떠받들다가 마침내 죽자 그를 신으로 모신 것입니다. 이건 애초에 당사자들이 의도하지 않았던 것입니다. 그러면 이게 어떻게 된 일일까요? 어떤 선지자가 나타나면 그를 따르는 사람이 생깁니다. 선지자의 말이 진리에 가까울수록 그에 공감하는 사람들이 많이 나타납니다. 그렇게 나타나서 선지자의 제자가 된 사람들은 모두에게 평등합니다. 제나를 버린 사람들이고 얼나로 하나 된 사람들이기 때문에 형제와 가족입니다. 우리가 교회에 나가보면 신도들끼리 자매님 형제님 하고 부르는데 그런 호칭이 이런 상황을 아주 잘 증명합니다.

지금은 말로만 형제와 가족이지만, 2천 년 전의 갈릴리에서는 어땠을까요? 그때는 정말 형제고 가족이었습니다. 핏줄은 다르지만 영혼이 똑같은 형제인 것입니다. 그것은 예수의 태도를 보면 진짜로 분명해집니다. 예수가 사람들과 이야기를 나누고 있을 때 어머니인 마리아가 찾아옵니다. 그러자 사람들이 예수님의 어머니가 오셨다고 수군댑니다. 그 말을 들은 예수는 화를 벌컥 내지요.

"누가 내 어머니고 내 가족이란 말이냐? 여기 있는 이 사람들이 나의 형제고 가족이다!"

이때의 형제나 가족이란 그냥 듣기 좋으라고 한 말이 아닙니다. 제나의 올가미를 벗어던지고 얼나로 거듭난 예수가 온 세상 사람들을 그렇게 생각한 것입니다. 형제와 가족으로 여긴 것입니다. 그의 제자들은 이 말을 곧이곧대로 믿고 받아들입니다. 그래서 실제로 자신이 가진 모든 소유물을 내놓고 형제들과 함께 합니다. 자신이 몰래 갖고 있던 빵을 아들이나 딸에게 내놓지 않을 사람이 어디 있겠어요? 원래 가족들끼리 먹으려고 먹이를 구하는 것이 직업의 일이고, 그러니 가족에게는 모든 것을 다 내놓는 것입니다.

5병2어의 기적도 저는 이것이라고 생각합니다. 예수님의 말씀에 사람들의 마음이 열린 것입니다. 예수님의 말을 들으러 모인 사람들은 모두 한 가족이고 한 형제이기 때문에 숙식도 같이 합니다. 모두에게 공평합니다. 이것이 초기 종교단체의 특징입니다. 그렇지 않다면 누가 그곳에 끼이겠어요. 그러면 제일 좋은 게 누굴까요? 배곯는 거지 떼들이겠지요! 가난한 사람들일 겁니다. 가진 것이 많은 부자들은 절대로 끼지 않을 겁니다. 자기 소유를 내놓아야 하니. 그래서 예수가 한 마디 하죠. "부자가 천국에 들어가는 것은 낙타가 바늘구멍을 빠져나가는 것보다 더 힘들다!"

예수가 어떤 사람들을 위해 이 세상에 왔는가를 아주 잘 보여주는 대목입니다. 가난하고 핍박받는 자들을 위해 온 것입니다. 그들의 상처받은 영혼을 얼나로 거듭나게 하려고 세상에 온 것이고, 예수는 그것을 누구보다도 철저하게 안 사람이었습니다.

그런데 이 거룩한 말씀을 해주시던 사람이 어느 날 사라집니다. 십자가에 매달려 죽었든, 사흘 뒤에 다시 살아났다가 어디론가 갔든, 다시는 사람들 앞에 나타나지 않습니다. 그러면 어떤 일이 벌어질까요? 예수를 중심으로 단단하게 뭉쳤던 모임이 흐물흐물해질 겁니다. 우선 이탈하는 사람들이 나타나겠죠. 공동체에 큰 위기가 옵니다. 그러면 그를 따르던 열성 제자들이 그 꼴을 가만히 보고 있진 않을 겁니다. 그 상황을 수습하려고 하겠지요. 흩어지려는 사람들을 모아서 설득을 할 겁니다. 스승 예수가 가르쳐준 것을 실천하면서 살아야 한다고 말이죠. 사랑을 실천하는 것이 우리가 예수에게 배운 바고, 그것이 예수가 우리에게 바란 것이니 그 말씀에 충실해야 한다고 말할 겁니다. 그러면서 예수가 이런 말씀을 하셨다, 그러니 따르자, 이런 식의 얘기가 그 모임에서 끝없이 되풀이될 것입니다.

그러니까 그 모임의 주된 일은 살아생전 예수가 가르쳤던 말씀을 되새기는 것이겠지요. 그리고 그것을 전하는 사람이 반드시 있게 마련입니다. 누가 그 일을 주도할까요? 제자들이겠지요. 나중에 기독교에서는 12사도로 압축되죠. 웃기는 건 예수를 단 한 번도 보지 못한 사람의 말이 예수를 평생 따른 사람들의 말보다 훨씬 더 권위를 갖게 되었다는 것입니다. 그게 누군가요? 바울이죠. 바울은 예수교도를 탄압하다가 예수가 눈앞에 나타나서 꾸짖는 말을 듣고 뉘우쳐서 신도가 된 사람입니다. 이 때문에 두고두고 교회 안팎에서는 이러쿵저러쿵 말이 많아집니다. 지금 저도 한 마디 거들고 있죠? 하하하.

자, 상상을 좀 해보겠습니다. 기독교를 사교로 몰아붙인 로마 지배층의 눈길을 피해 사람들이 무덤 같은 으슥한 곳으로 모입니다. 예수의 제자들이 나타납니다. 요즘 벌어지는 탄압 소식이 신도들로부터 나오겠지요. 그러면 많은 문제들이 생깁니다. 그러면 그 문제들을 대처하는 방안을 강구하게 됩니다. 그때 제자들이 누구의 말을 해줄까요? 내 생각은 이러하니 이렇게 해봅시다! 이렇게 말할까요? 그렇지 않을 겁니다. 예수님은 이렇게 말씀하셨다, 그러니 그에 근거해서 우리는 이렇게 하는 게 좋겠다, 고 말할 겁니다.

살아생전에 예수 곁에서 스승의 말을 직접 들은 제자들은 그것을 듣지 못한 사람들에게 예수의 말을 전할 겁니다. 순전히 자신의 기억에 의존해서 예수를 떠올리고 그의 말을 생각해낼 것입니다. 사람들은 그 말을 들으면서 안도하고 위로 받고 돌아가겠지요. 이런 모임이 거의 매일 이루어집니다. 그러면 어떤 일이 발생할까요?

전달되는 예수의 말이나 그 모임의 흐름에 일정한 형식이 발생할 것입니다. 서로 인사를 나누고 요즘 돌아가는 세상 얘기를 하고, 그에 따른 고민거리를 털어놓고, 그 고민을 해결할 방안을 찾을 것입니다. 그때 사람들은 예수의 제자를 돌아봅니다. 예수의 제자는 살아생전에 예수가 한 말 중에서 그 고민에 가장 가까운 말씀을 이야기해줍니다. 그러면 그에 따라 자신의 행동원칙을 정합니다. 그리고 서로를 격려하며 헤어집니다. 어쩌면 이 중에는 다음날 로마병사에게 잡혀서 원형극장의 사자 밥 신세가 될지도 모를 사람도 있겠지요. 이런 절박한 마음으로 헤어집니다.

동일한 형식이 반복되면 어떤 일이 생길까요? 이제 사람들이 이야기를 전달하는 과정에서 어느 부분이 감동을 자아내는지 드러납니다. 그러면 그 부분을 아주 치밀하고 섬세하게 표현합니다. 그러면 사람들이 더욱 감동하죠. 말하자면 이야기하는 중에 줄거리가 생기고 강조점이 나타나는 것입니다. 어떻게 강조하고 어떻게 전달하느냐에 따라서 사람들의 반응이 달라진다면 그 이야기를 전하는 사람은 어떻게 될까요? 틀림없이 이야기를 전달하는 구성방식과 형식에 대해 고민할 겁니다. 우리가 옛날이야기라고 듣는 신화 전설 민담은 모두 이런 전달 방식으로 만들어진 이야기들입니다. 게다가 당시 사람들은 글자를 거의 몰랐습니다. 그러니 글자를 모르는 사람들에게는 누군가 말해주거나 읽어주어야 합니다.

예수의 제자들이 살아있을 때는 예수의 말을 직접 전달했겠지요. 그런데 예수의 제자들까지 죽고 나면 어떻게 될까요? 이제 그때부터는 예수의 말을 잘 전할 수 있는 사람이 제자를 대행하게 됩니다. 베드로나 바울이 여러 교회에 전한 편지는 누군가 갖고 가서 읽었을 것입니다. 말하자면 그런 식입니다. 그러자면 그들이 읽어야 할 교재가 필요하고 최대의 감동을 이끌어낼 수 있는 읽는 방법이 필요합니다. 우리나라의 판소리도 그런 고민 끝에 나온 위대한 예술 갈래입니다. 전라도 말의 억양이 마치 노래하는 듯한 느낌이 있는데, 그것을 극대화하여 가락을 넣은 것이 바로 판소리입니다.

근대문학을 공부하다 보면 전기수라는 용어가 나옵니다. '기록물을 읽어주는 늙은이'라는 뜻입니다. 이게 뭐냐 하면, 춘향전이나 심청전, 흥부전 같은 소설을 읽어주는 사람을 말합니다. 조선 후기에는 이런 사람들이 나타나서 한 직업으로 정착합니다. 이들은 어느 집에 초청을 받아서 유장한 목소리로 소설을 읽어줍니다. 그 보상으로 쌀이나 돈을 받아서 생활하죠. 그런데 이들이 읽을 때 지금 교과서 읽듯이 읽겠어요? 상황에 따라 마치 연극하듯이 감정을 넣어가며 읽을 겁니다. 그걸 듣는 사람들은 마치 등장인물이 눈앞에 살아있는 듯한 착각을 하면서 감동을 하겠지요.

그래서 조선 후기에 이로 인한 살인사건도 일어납니다. 약방에서 전기수가 이야기를 읽어준 모양인데, 약을 썰던 사람이 흥분하여 작두날로 전기수를 찍어 죽였다는 이야기입니다. 이 전기수 같은 사람이 초기교회에서도 필요했을 것임은 어렵지 않게 짐작할 수 있습니다. 그렇다면 지금의 예배형식이나 성경이 왜 생겼는지도 짐작해볼 수 있겠네요! 전기수들이 읽을 교재가 성경이고, 그것을 읽는 상황에 차례를 정하여 시행한 것이 예배형식이었던 겁니다.[4]

그러면 이 형식은 어떻게 만들어졌을까요? 하늘에서 뚝 떨어졌을까요? 아니면 기독교인들이 창작을 했을까요? 창작하기는 어려웠을 겁니다. 그리고 굳이 그럴 필요도 없었을 겁니다. 예컨대 가족회의를 한다고 할 때 그 형식은 어떻게 하면 될까요? 학교 다니는 아이가 있으면 그 아이가 학교에서 하는 학급회의의 형식을 따르면 될 것입니다. 굳이 새로운 형식을 만들 필요가 없죠. 그걸 만드느니 차라리 준비하는 데 더 정성을 쏟으면 되죠. 초기교회도 이렇습니다.

그러면 어디서 형식을 빌려올까요? 그런 고민도 할 필요가 없습니다. 로마에는 수많은 신들이 있고, 그런 신들을 섬기는 예배형식이 거리마다 차고 넘칩니다. 사람이 신으로부터 축복을 받기 편한 어떤 형식이 로마에는 일반화되었습니다. 그 형식을 빌리면 예수의 말씀을 전하기도 편하고 사람들도 감동하기 좋습니다. 그것이 오늘날의 예배형식으로 굳어졌다는 것입니다. 기독교가 교조화 되고 이교도들 욕을

---

4)   김용옥, 『기독교 성서의 이해』, 통나무, 2007.

많이 하면서 자신은 그들과 차별화를 많이 하는데, 사실은 기독교의 예배형식이 자생한 것이 아니라 그런 이교도들의 형식을 빌려온 것입니다.[5] 그리고 한참 후대에 다른 종교를 비판했지, 로마시대 기독교란 수많은 종교 중의 하나일 뿐이었고, 로마 사람들은 별로 관심도 없었습니다.

그런데 이렇게 종교가 형식화 되면 위험에 빠집니다. 예수의 참 말씀이 중요한 게 아니라, 예배 하는 순간의 감동이 더 중요해지는 겁니다. 예수의 참 말씀과 형식이 뭐가 다르냐고 되묻는다면 할 말 없지만, 사람이 진리를 안다는 것과, 어떤 형식을 진행하면서 느끼는 기쁨은 반드시 일치하지 않습니다. 앞서 말한 위안으로 그칠 가능성이 아주 많습니다.

그리고 콘스탄티누스 황제 이후 공인된 기독교가 수많은 혜택을 로마 정부로부터 받음으로써 이런 우려는 훨씬 더 강하게 현실화됩니다. 예수의 말씀이 궁금하고 진리에 목말라서 찾아오는 것이 아니라, 로마 정부가 기독교인에게 베푸는 여러 가지 혜택 때문에 개종하는 사람들이 어마어마하게 불어납니다. 얼나가 중요한 게 아니라, 제나의 위안이 중요한 사람들이 절대다수를 이룰 때 그 종교에 어떤 변화가 일어날지는, 이제 그 후의 기독교 역사가 말해줄 것입니다.

불교도 비슷합니다만 그래도 기독교보다는 조금 낫습니다. 부처

---

5)   티모시 프리크 · 피터 갠디, 『예수는 신화다』(승영조 옮김), 미지북스, 2009.

가 죽은 후에 사람들이 스승의 말을 기억하는 게 조금씩 다 달라서 혼란이 일어나기 시작합니다. 그러자 제자들이 꾀를 내죠. 즉 살아있는 제자들을 한 곳으로 모이게 해서 부처의 행적을 따라 자신의 기억을 떠올려서 공개하는 것입니다. 그래서 그 자리에 있는 사람들이 동의하면 그것이 부처님의 말씀이라고 확정을 짓는 것이죠. 그래서 나타난 것이 『아함경』이라는 경전입니다.[6]

불경에는 〈아문여시(我聞如是)〉라는 말이 많이 나타납니다. '나는 이렇게 들었다'는 말입니다. 그러나 500년쯤 지나서 불교는 뜻밖의 위기에 처합니다. 인도 사람들이 불교를 믿지 않고 힌두교를 믿는 것입니다. 힌두교는 세상의 모든 존재가 신이라고 생각하는 종교입니다. 그래서 이런저런 신들에게 빌면서 자신의 안녕을 구하죠. 방법도 간단하고 단순하여 생활 속에서 쉽게 실천할 수 있습니다. 반면에 불교는 상당히 딱딱합니다. 자신이 스스로 구해야 하는 수행이 남아있죠. 그래서 인기를 점차 잃어갑니다.

이럴 무렵에 불교 내부에서 혁신운동이 일어납니다. 경전에 얽매일 게 아니라 부처님의 참 뜻이 무엇이지를 아는 게 중요하다는 것이죠. 그래서 대승불교가 나타나 경전을 재해석합니다. 그리고 예배방식을 도입합니다. 힌두교처럼 하는 것이죠. 그 와중에 창시자인 부처는 신으로 격상됩니다. 그래서 오늘날 우리가 절에서 보는 예불방식이 불교로 들어오는 것입니다. 불교의 유명한 경전 『반야심경』도 이

---

6)   불전간행회, 『아함경』, 민족사, 1994.

때 나타난 경전입니다. 부처님이 살아생전에 직접 한 얘기가 아닙니다.[7]

그렇지만 세월이 흐르면서 이런 몸부림도 힘을 잃습니다. 결국은 인도에서 불교가 사라지죠. 인도에서 더 이상 부처님 말씀이 불을 밝히지 못한다고 판단한 달마는 동쪽으로 갑니다. 중국으로 가서 선종을 열고 1조가 되죠. 그리고 6조 혜능에 이르러 불교는 중국에서 불법을 활짝 꽃피웁니다.[8] 이것을 특히 선불교라고 합니다. 부처님의 사상이 중국의 도교사상에 영향을 받아서 형성된 불교입니다. 이렇게 해서 불교는 초기불교 중심의 소승불교와 선불교의 대승불교로 나뉩니다. 동남아시아의 불교를 소승이라고 하고, 동북아시아의 불교를 대승불교라고 합니다. 방법상의 차이일 뿐, 부처의 깨달음을 전한다는 점에서는 다르지 않습니다.

7)   박영호, 『다석사상으로 본 불교 반야심경』, 두레, 2001.
8)   박영호, 『다석사상으로 본 불교 금강경』, 두레, 2001.

Chapter 5

철학

철학이란 무엇인가

철학이란 그리스어로
필로소피(philosophy)라고 합니다.
이것은 philos(사랑)+sophia(앎)의
구성이라고 하죠. 그런데 이걸
서양과 제일 먼저 접촉한 일본에서
철학(哲學)이라고 옮깁니다. 얇은
밝을 철, 처음니다. 밝은 학문이다?
그러니까 생각이 밝게라든
총민스러운 정신을 밝게
정리해준다는 뜻이겠지요.

01

철학의
말뜻

먼저 철학이라는 말의 뜻부터 알아봅니다.

철학이란 그리스어로 필로소피(philosophy)라고 합니다. 이것은 philos(사랑)+sophia(앎)의 구성이라고 하죠.[1] 그런데 이걸 서양과 제일 먼저 접촉한 일본에서 철학(哲學)이라고 옮깁니다. 哲은 '밝을 철' 자입니다. 밝은 학문이다? 그러니까 생각이 덜 정리된 혼란스러운 정신을 밝게 정리해준다는 뜻이겠지요. 그렇지만 이런 뜻인지는 모릅니다.

당시에 동양에서 쓰던 말과는 상관이 없는 이상한 용어로 옮긴 것입니다. 우리에게 익숙한 근대 학문의 이름들이 모두 이 모양입니다. 과학, 기하학, 수학, 물리학⋯⋯. 학문을 뜻하는 學에 억지로 갖다 맞춘 듯합니다. 과학의 과(科)는 나무를 가리키는 그루나 가지를 뜻하는

---

[1] 스털링 P. 램프레히트, 『서양철학사』(김태길 윤명로 최명관 공역), 을유문화사, 1984; 김려수 차인석 한전숙, 『철학개론』, 한국방송통신대학, 1984; 요슈타인 가아더, 『소피의 세계』, 1-3(장영은 옮김), 현암사, 1994.

말입니다. 분류학에서 온 것일까요? 기하(幾何)는 지오메트리의 소리를 따서 적은 것입니다. 이런 식입니다. 그렇지만 우리는 아직도 뜻 모를 이런 이름들을 쓰고 있습니다.

소피스트

철학은 종교와 어떤 차이일까요? 철학과 종교는 어떤 점이 다를까요? 철학은 생각의 규칙이고, 종교는 실천의 강령입니다. 철학은 가만히 생각해보면 책상머리에 앉아서 머리칼을 쥐어뜯으며 생각을 마치 기름짜내듯이 뽑아내는 것 같습니다. 반면에 종교는 아무 생각이 없어도 오직 기도하면 만사가 해결되는 듯한 느낌을 줍니다. '철학', '종교'라는 말들이 주는 느낌이 그렇습니다. 실제로 그럴까요? 먼저 그리스 시대의 소피스트에 대해서 좀 알아보겠습니다. 이들로부터 서양철학이 시작되었으니, 철학을 이야기하는 마당에 당연히 이들을 불러와야지요.

소피스트들은 무엇을 했을까요? 자기가 생각하는 어떤 주장을 사람들에게 설명했고, 사람들은 그에 대해 질문을 하고 반박을 하며 말싸움을 했습니다. 이른바 논쟁을 했다는 것이죠. 그러면 그들에게 의식주는 누가 제공했을까요? 이에 대해서는 말이 없습니다. 그냥 광장에 모여서 서로 자기주장을 펼쳤다, 그도 아니면 돈 많은 사람들이, 아무 짝에도 쓸모없는 주제를 가지고 논쟁을 벌이는 이빨꾼들에게 숙식을 제공했다? 이렇게 되는 겁니다. 참 이해할 수 없는 일이죠. 이것이 우리가 학교에서 배운 철학의 수준입니다.

과연 그랬을까요? 소피스트들은 밥 처먹고 할일 없이 말싸움이나 하던 그런 한심한 존재들일까요? 당연히 그렇지 않습니다. 소피스트 들은 이 세상에 대해서 처음으로 자신의 궁금증을 공개하고 다른 사 람과 의견을 나눈 사람들입니다. 이런 행동은 큰 용기를 필요로 합니 다. 이 세상은 얼마나 넓은가? 우리가 디딘 이 땅은 어떤 모양인가? 둥 근가, 네모난가? 사람은 죽으면 어디로 가나? 저 하늘은 왜 땅으로 떨 어지지 않나? 그리고 어떻게 사는 것이 행복한 것인가? 진리란 무엇인 가? 아름다움이란 무엇인가? 사람은 꼭 밥을 먹어야 하나? 법을 안 지 키면 안 되나? 이 세상을 이루는 가장 작은 물질은 무엇인가? 신이란 도대체 무엇인가? 이런 질문은 끝이 없습니다.

그렇지만 아무도 그에 대한 시원한 답을 주지 않았습니다. 어떻게 해야 합니까? 생각을 하고 공부를 해야 합니다. 그래서 나름대로 결론 에 이르면 그것을 사람들에게 가르치는 것입니다. 그 가르치는 현장 이 바로 아카데미아입니다. 오늘날 대학이라고 우리가 쓰는 그 용어 가 바로 이들 용감한 소피스트들에게서 나온 것입니다. 그 말이 그럴 듯하면 사람들이 몰려듭니다. 그리고 배웁니다. 삶에 관한 실천의 학 문이면 그가 말하는 대로 따라합니다. 철학은 이런 과정에서 나타난 그들의 생각과 논리를 말하는 것입니다.

이들이 단순히 논리만 제안해놓고 그냥 그렇다는 식의 탁상공론 만 했을까요? 그렇지 않습니다. 생각이 결정되면 그것은 곧 사는 방식으로 연결됩니다. 무소유가 올바른 삶이라고 결론을 내면 자신의 모든 재산을 버리고 혈혈단신 홀로 사는 길을 기꺼이 택합니다. 그리고 자신의 스승을 따라 똑같은 삶을 삽니다. 이런 사람들이 소피스트입니다. 말하자면 생각을 실천하는 사람들입니다. 이런 사람들이 떼를 이룹니다. 같이 살고 같이 공부하죠.

그렇게 해서 공동체가 결성이 되면 어떤 일이 벌어질까요? 규칙이 생기고 믿음이 생깁니다. 한 가지 믿음으로 일정한 규칙을 지키며 실천하는 집단을 우리는 뭐라고 부르나요? 그게 종교집단 아닌가요? 그렇습니다. 소피스트들은 책상머리에 앉아서 되도 않은 생각이나 털어놓고 마는 이빨꾼들이 아니었습니다. 그들은 각기 삶의 올바른 기준을 놓고 그것을 실천하려는 종교집단에 가까웠습니다.

이런 종교 행태를 가장 잘 드러낸 집단이 피타고라스 학파입니다. 이 사람들은 수학을 가르치는 교사들이 아닙니다. 이 세상을 구성하는 원리는 수이고, 그 수는 하늘이 준 것이기 때문에 오류가 없습니다. 반면에 사람은 얼마나 오류투성이입니까? 이 세상이 움직이는 방식은 신이 철저하게 계산한 것이고, 그 셈법의 비밀을 밝혀내는 것은 바로 숫자인 것입니다. 그러니 수를 신이 준 유일한 세상의 비밀이라고 여기고 그것을 섬기며 그 비밀을 밝히기 위해 행동하는 것입니다. 그러기 위해서 끊임없이 수학을 공부했고, 엄격한 절제생활을 했습니다. 감정에 휘둘리는 것은 수의 엄정한 논리와 위배되는 것이니 함부로 휘둘리지 않은 냉정하고 절제된 생활을 추구했습니다.

유출설을 주장한 플로티노스 학파도 마찬가지입니다. 이 세상은 신이라고 하는 일자(The One)로부터 나왔다는 것입니다. 그 일자는 명상과 수련을 하면 확인할 수 있다고 믿고 혹독한 수행을 했습니다. 그래서 플로티노스는 몇 차례나 그 신인 일자와 합일을 이루는 경지를 경험하고 제자들에게 보였다고 합니다. 견유학파도 마찬가지죠. 그들은 소유하지 않는 것이 가장 큰 행복이라고 여겼습니다. 그래서 모든 것을 다 버리고 술통을 집 삼아서 거기서 거지처럼 살아갔죠. 그러면서 물질에 휘둘려 감정을 낭비하면서 사는 사람들을 우습게 여겼습니다.

알렉산더가 디오게네스를 찾아가서 도와줄 게 없느냐고 묻자, 햇볕이 가려지니 좀 비켜달라고 했다죠. 우리는 이런 사람들을 소피스트라고 하면서 그들이 남긴 생각의 조각들만 조금 알고 탁상공론을 했다는 식으로 오해합니다만, 그들은 앎을 실천하는 종교인들 비슷한 처지였습니다. 게다가 같은 소피스트였던 소크라테스가 이들을 좋지 않게 묘사한 흔적들만 플라톤과 아리스토텔레스의 글들에 남아서 그 후의 학자들은 이들의 사상을 좀 낮게 보는 경향이 강했습니다.

그렇지만 이들을 오늘날의 우리 사회에서 찾아보자면 1980년대 운동권과 비슷한 면이 있습니다. 1980년대는 대학생들이 세상을 바꾸겠다는 일념으로 마르크스 사상을 받아들여서 각종 조직을 만들고 그것을 실천하기 위하여 학업을 버리고 현장 노동자로 공장에 몰래 취업하기도 했습니다. 정말 열정의 시대였죠. 그보다 앞선 1930~40년대에는 사회주의자들이 그랬습니다. 그리스 시대에는 소피스트들이 그런 열정과 노력으로 무리를 형성하면서 자신들이 생각하는 우주와 인

생에 대한 궁금증을 사람들에게 묻고 답하고 나름대로 설명을 내놓고
그에 따라 실천을 하던 논쟁의 시대였습니다.

03

제자백가

그리고 이런 상황은 동양도 마찬가지입니다. 주나라가 망한 이후 시작된 춘추전국시대에 수많은 사상가들이 나타나서 자신의 생각을 펼칩니다. 그들을 우리는 제자백가라고 합니다. 여러(諸) 스승(子)과 그를 따르는 수많은(百) 사람들의 떼(家)라는 뜻입니다. 이런 사람들이 어떻게 살았는가 하는 것은 『논어』를 보면 쉽게 알 수 있습니다. 『논어』는 공자가 죽은 후에 그의 제자들이 생전의 스승님 말씀을 모아놓은 것입니다. 거기에 보면 수많은 사람들이 묻고, 스승인 공자가 대답을 합니다. 그런 문답을 하면서 자신의 생각을 받아서 써줄 군주를 찾아서 중원 천지를 떠돌아다닌 것입니다.

이때 공자는 수레를 타고 다녔습니다. 그래서 철환(轍環)이라고 하죠. 그런 중에 죽을 고비도 여러 번 넘기죠. 이런 상황을 보면 이들은 한 스승을 중심으로 수많은 제자들이 떼거리를 이루어 공동생활을 한 것임을 알 수 있습니다. 그리고 자신을 받아줄 군주가 나타나면 그의 허락 하에 자신의 생각을 실천하는 것입니다. 이것이 춘추전국시대의 여러 학파들이 살아가는 방식이었습니다.

이렇게 한 무리를 이루어 공동생활을 하는 사람들을 묶은 말이 가(家)입니다. 家는 가족이라는 말입니다. 한 부모 밑에 모여 사는 형제라는 뜻이죠. 그 때의 부모란 스승일 것입니다. 그래서 그 스승을 가리키는 말이 자(子)입니다. 스승을 '자'라고 하고 그를 따르는 공동체를 '가'라고 하는 것입니다. 따라서 춘추전국시대의 어떤 학파에는 모두 '가'라는 이름이 붙고, 그 '가'를 창시하여 이끄는 사람에게 '자'라는 명칭이 붙습니다. 그래서 우리가 아는 춘추전국시대의 학파들에는 모두 그 창시자의 이름을 빌어서 무슨무슨 가라고 이름 붙이는 경우가 대부분입니다. 유가, 묵가, 법가, 음양가, 오행가, 종횡가…… 이런 식이죠.

그런데 '자'는 있는데 '가'는 없는 특이한 사례도 있습니다. 노자와 장자가 그런 경우입니다. 왜 그럴까요? 가만히 보면 이들은 어떤 주장을 했다기보다는 다른 사람들의 주장을 반박하고 비아냥거리는 논법을 펼쳤습니다. 노자의 경우, 다른 학파들이 무얼 한다고 주장을 하면 그건 부질없는 짓이고, 자연의 본성을 해치는 일이라고 쏘아붙입니다. 장자는 한 발 더 나아가 교묘한 논리로 그들의 허점을 짚어주며 비아냥거리기까지 하죠. 그래서 떼를 이루지 못하는 것입니다.

무슨 목적이나 의도를 가지고 모이는 것이 당시의 학파이고 사람들인데, 노자와 장자는 그런 모임 자체를 부정하고 비난하는 것입니다. 그러니 노자나 장자의 논리를 따르는 사람은 있을 수 있어도 그들이 모여서 무엇을 하자고는 하지 못합니다. 그것 자체로 자신들의 주장에 어긋나는 '짓'이기 때문입니다. 그래서 노자와 장자는 '가'를 이루지 않고 학설을 만들어 세상을 어지럽히는 수많은 '가'들을 비난합니다.

이들이 떼를 이루어 '가'를 이루는 것은 후한 때의 황건적 난으로 나타나는 오두미교 같은 도가사상입니다. 이런 흐름을 보일 때 비로소 도'가'라는 이름이 붙습니다. 기존의 학설과 논리를 쳐부수려는 의도로 생긴 이론이기 때문에 역사시대에 접어들어 큰 농민반란이 일어나면 반드시 그 행동을 정당화하는 이론의 뒤에는 노장사상이 깔려있습니다. 독립운동가 신채호 선생이 중국에서 한때 무정부주의에 가담한 적이 있어서 그들의 선언문을 대표집필하기도 했는데, 서양에서 들어온 이 무정부주의의 기치에도 기실은 체제를 부정하는 노장 사상이 깔려있습니다.

춘추전국시대에 가장 강력한 결속을 보여준 학파가 묵가입니다. 이들은 박애주의를 주장하고 실천했다고 학교에서 배우는데, 어느 정도냐면 예수도 저리 가라 할 만큼 철저했습니다. 이들의 주장은 간단합니다. 세상에 남이란 없다! 모두가 형제고 모두가 가족이다! 이것입니다. 자신이 가진 것을 모두 나누어주고 약자의 편에 서서 강자와 맞서 싸웁니다. 그래서 비밀결사를 조직하고 강자들에게 맞서 싸우기 위한 각종 전략과 전술, 싸움기술까지도 배웁니다. 이것이 잘게 찢어진 여러 나라에서 서로를 집어삼키려는 어지러운 춘추전국시대에 어떻게 영향을 발휘할지는 쉽게 예상되는 일입니다.

이들은 가장 강력한 힘을 가진 존재로 떠오릅니다. 그렇지만 이들은 약한 자의 편에 서서 싸웁니다. 그 약자가 누구인지를 묻지 않습니다. 그래서 어느 강대국이 어느 성을 치려고 한다는 소문이 돌면 이들은 공격 받을 성으로 갑니다. 그래서 각종 무기와 전략 전술까지 그들에게 알려줍니다. 그들은 대단한 능력과 경험을 지닌 사람들이었기 때문에 이들이 지킨다는 소문이 돌면 공격하는 측에서 전쟁을 포기할 정도였습니다. 그런 모습을 조금 엿볼 수 있는 영화가 중국에서 만든 〈묵공〉입니다. 한국의 영화배우 안성기도 출연했죠.

이런 다양한 주장들은 춘추전국시대가 끝나면서 몇 가지 방식으로 정리됩니다. 중국의 춘추전국시대를 끝낸 사람은 진나라의 임금 정(政)입니다. 나중에 중국을 통일하고서는 호칭을 바꾸죠. 황제라고. 황제라는 말은 이 사람이 처음 쓴 말입니다. 황과 제를 겸한다는 뜻이죠. 그런 존재의 처음이기 때문에 시황제라고 이름을 붙였습니다. 황제가 되고 나서는 새해의 기준까지 바꾸었습니다. 그래서 새해 1월을 정월이라고 지금도 부르는데, 그 '정'이 시황제의 이름에서 온 것입니다.[2] 놀랍죠?

> **이삭** 황(皇)은 3황을 뜻하고 제(帝)는 5제를 뜻합니다. 3황은 전설 속의 천지인 3황을 말합니다. 사람들에게 처음으로 사냥과 불을 가르친 태호 복희(太昊伏羲), 몸은 뱀이고 머리는 사람이었다고 합니다. 사람들에게 농사짓는 법을 가르친 염제 신농(炎帝神農), 약초를 분류하느라고 독초를 많이 먹어서 쇠머리가 되었다고 합니다. 사람들에게 집짓는 법과 옷 짜는 법

---

2) 박시인, 『알타이 인문연구』, 서울대학교출판부, 1985.

을 가르치고 수레를 만들어준 황제 헌원(黃帝軒轅), 헌원은 특히 중국인들이 자신의 조상으로 여기는 사람입니다. 글자를 처음 썼고 천문과 역산을 시작하고, 의료의 체계를 놓은 사람입니다. 5제는 다음과 같습니다. 황제의 뒤를 이은 아들 소호 금천(少昊金天), 이 소호의 조카인 전욱 고양(顓頊高陽). 소호의 아들 제곡 고신(帝嚳高辛). 그리고 요임금과 순임금입니다. 역사시대로 접어들기 전 중국의 초기문명을 이끈 사람들입니다. 중국의 역사는 하 은 주 3나라로부터 시작된다고 보는 것이 역사학계의 통설입니다.

시황제가 되기 전의 진왕이 선택한 방식은 병사들을 뽑아서 로봇 군단 같은 살인기계를 만드는 것이었습니다. 그러자면 원칙과 기준이 서릿발처럼 서야 합니다. 이런 생각을 하는 왕에게 가장 필요한 학파는 누구일까요? 당연히 법가일 것입니다. 일정한 원칙과 기준을 세워놓고 그것을 어기면 아주 혹독하기 그지없는 벌을 가하는 것입니다. 그러면 사람들은 무서워서 반드시 지키려고 하죠. 그런 기반 위에서 군대를 강화시킵니다. 그러면 그 군대는 정말 판타지 전쟁영화에나 나오는 기계 같은 전사가 됩니다. 그 강력한 군사력을 바탕으로 수많은 나라를 하나씩 점령합니다. 결국은 모든 나라를 점령하고 중국을 처음으로 통일합니다. 그런데 통일을 하고 나면 사정이 조금 달라집니다. 나라가 망하느냐 흥하느냐를 결정하는 중요한 시기에는 한 사람의 실수가 뜻밖의 큰 결과를 불러오기 때문에 그에 대한 보상과 징벌도 분명할수록 기틀이 바로 섭니다. 그러나 통일한 후에도 그렇게 다스리면 사람들은 너무하다는 생각을 하게 됩니다. 적도 없는 상황에서 보초 서다가 졸았다고 사형을 당하면, 법이나 원칙상으로는 그렇다고 쳐도 인정상으로는 '그거, 참 너무 하네!' 하는 마음이 생기는 거죠. 전쟁 중에는 명령하는 사람의 말을 무서워해야 하지만, 전쟁이 끝난 뒤에도 무서워한다면 그 무서움의 값어치가 없다는 것이죠.

그래서 법은 법대로 시행하되 사람의 실수를 너그러운 마음으로 보아주는 것도 필요하다는 생각에 이릅니다. 이때 등장하는 것이 유가의 학설입니다. 유학은 왕도정치의 이념을 현실 속에서 실현하는 것을 주장한 학파입니다. 왕도정치란 왕이 하늘을 대신에서 백성을 다스린다는 원리이죠. 그러니 왕 된 자는 단순히 법을 지키는 수호자가 아니라 백성에게 아버지 같은 통치자가 되어야 한다는 것입니다. 이것이 한나라 때에 접어들면 제국의 통치이념으로 자리 잡습니다.

얘기가 길어졌습니다만, 세상에 대한 궁금증을 나름대로 답한 생각의 틀이 철학이고, 그 철학이 처음으로 꽃피운 시대는 소피스트 시대와 제자백가의 시대라는 것입니다.

04

말씀과
빛

「요한복음」을 보면 "태초에 말씀이 있었다. 그 말씀은 빛이었다"는 구절이 나옵니다. 이게 무슨 말일까요? 말씀이 빛이라니! 우주가 창조될 당시에 말을 했다는 말인가? 말을 한다고 해서 우주가 창조되는가? 이런 생각들이 퐁, 퐁, 퐁, 떠오를 겁니다. 실제로 「창세기」에서는 "빛이 있으라 하니 빛이 생겼다"고 했습니다. 그리고 순서대로 하나님이 말로 모든 것을 만들었습니다. 말이 곧 존재가 되었다는 것인데, 쩝!, 이걸 믿어야 하나요? 믿어야 합니다! 실제로 그렇습니다. 이것은 그냥 단순히 비유나 예를 들어서 한 말이 아닙니다. 말이 곧 신의 뜻이고, 우주 그 자체입니다. 황당하다고요? 그렇게 생각하는 것이 당연합니다. 그리고 그래야 합니다. 지금은 철학시간이니!

그러면 하나씩 풀어갑시다. 말과 빛의 공통점이 무엇일까요? 먼저 빛을 보겠습니다. 빛은 어둠과 짝을 이루는 말입니다. 해가 지고 불이 꺼진다고 생각해보십시오. 아무것도 안 보입니다. 눈앞의 사물이 갑자기 사라집니다. 불을 켭니다. 만물이 눈앞에 나타납니다. 그러면 불이 꺼졌을 때 눈앞에서 사라진 세상만물은 정말 없어진 것일까요? 켜보면 알겠지만, 사실은 그렇지 않습니다. 바로 조금 전의 모습과 똑같이 나타나죠.

만약에 불이 꺼졌을 때 누군가 물건을 치운다면 어떻게 될까요? 보는 사람은 그 물건이 없어진 줄 모르고, 여전히 거기 있다고 믿을 것입니다. 그리고 빛이 닿지 않는, 그늘로 가려진 건물의 옆 부분이나 뒷부분에는 어떤 일이 벌어졌는지 모를 것입니다. 우리가 '세상이 있다, 건물이 저렇게 생겼다'라고 생각하는 것은 그것을 우리 눈에 비쳐주는 빛이 있기 때문입니다. 존재를 우리에게 전해주는 빛이 사라지는 순간, 모든 것들이 알 수 없는 상태가 됩니다.

'알 수 없다'는 것은 '없다'는 것과는 다릅니다. 그렇지만 빛이 사라져서 세상이 보이지 않으면 없는 것과 거의 비슷합니다. 보이지 않는 것 앞에서는 판단할 수도 없고 행동할 수도 없기 때문입니다. 이렇게 '없는 것'과 '알 수 없는 것'은 다릅니다. '알 수 없는 것'을 무엇이라고 할까요? 있기는 있는데, 그것이 어떤 상태인지 알 수 없는 것은 도대체 무엇이라고 불러야 할까요? 굳이 이름을 붙여보자면 '혼돈'이라고 할 수 있겠지요.

왜 이런 일이 벌어지냐면 사람은 주로 시각에 의존해서 움직이고 살아가기 때문입니다. 빛이 전해주는 사물의 위치를 보고서 공간 배치를 파악하고 사물과 겹치지 않도록 제 몸을 움직이기 때문입니다. 그렇지만 처음부터 이랬던 것은 아닙니다. 갓난아기는 태어나자마자 보는 것이 아닙니다. 보는 것을 차차로 배웁니다. 손발만 겨우 꼼지락

거리는 갓 태어난 아이의 천장에 모빌을 달아주는 것은 그 첫 번째 훈련입니다. 아무 것도 보이지 않는 눈동자에 초점 맺는 걸 배우고, 엄마와 교감을 통해서 사물을 보는 방법을 하나씩 배우는 것입니다. 그러면 그 훈련에 따라 골의 대뇌피질에서 빛깔을 감각으로 받아들여서 인식하는 부분이 발달하기 시작합니다. 요컨대 시신경으로 들어오는 빛이라는 자극을 사람의 필요에 따라 분석하고 판단하는 기능이 형성되는 것입니다.

이것은 타고나면서 만들어지는 것이 아니라 훈련해야 하는 것입니다. 빛을 시신경으로 받아들이는 기능은 타고나지만, 그것을 정보로 이용하는 기능은 점차 배우는 것입니다. 만약에 장님이 수술을 해서 빛을 볼 수 있다면 눈을 뜨는 순간 세상을 볼 것 같지만 그렇지 않습니다. 전혀 보지 못합니다. 수술로 눈을 뜬 사람이 사물을 분간하려면 한 동안 적응훈련을 해야 합니다. 이런 사례는 실제로 영국에서 있었던 이야기입니다. 빛과 보는 것은 다른 것입니다. 빛으로 나타난 다양한 사물을 모양 별로 빛깔 별로 쓰임 별로 나누고 가르는 훈련이 필요한 것입니다.

말은 어떨까요? 말도 똑같습니다. 태어나면서부터 말을 할 수 있는 것이 아니고, 자신도 모르는 사이에 배우는 것입니다. 맨 처음 흐릿한 화면에 나타나는 존재를 '엄마'라고 부르고, 그 옆에 있는 또 다른 험상궂은 남자를 '아빠'라고 부르는 것은, 모두 배워서 그렇게 된 것입니다. 그러니까 아기는 커가면서 자신에게 필요한 말들을 배우고 그것으로 뜻을 나타내는 것입니다. 그러면 이때 말이 지닌 기능은 무엇일까요? 왜 사물마다 생각마다 말을 붙일까요? 그것은 세상에 불을 켜는 것과 똑같습니다. 그 말을 붙여서 다른 것과 그것을 구별하려는 것입니다. 이것과 저것이 다르고, 저것이 그것과 다르다는 것을 가르려는 것입니다. 만약에 지금까지 존재하지 않던 것들이 눈앞에 나타나면 어떻게 될까요? 당황할 겁니다.

예컨대, 스페인 사람들이 처음 남미에 도착했을 때 원주민들을 가장 놀라게 한 것은 스페인 사람들이 탄 말이었습니다. 원주민들로서는 난생 처음 보는 짐승이었던 겁니다. 그 동물이 어떤 성질을 띠는지 어떤 짓을 하는지 전혀 알 수 없는 상태에서 그 동물을 대하는 원주민들의 머릿속은 아주 혼란스러웠을 겁니다. 마치 불 꺼진 곳에서 생전보지도 못한 존재가 불쑥 나타났을 때와 똑같았을 겁니다. 어둠 속에서 짐작할 수 없는 이상한 것이 불쑥 나타나면 우리는 그것을 뭐라고 부르나요? 이렇게 말할 겁니다.

"귀신이야!"

아메리카 원주민들에게 말이 그랬습니다. 말로 표현할 수 없는 것들이 나타나면 사람은 당혹스러워합니다. 그것에 대한 정보가 없기 때문이지요. 그것에 대한 정보가 없다는 것은 그에 대한 대응방식을 모른다는 것이고, 위험에 노출된 것입니다. 길 잃은 숲에서 불마저 꺼진 것과 다를 게 없습니다. 우리는 빛 자체를 쓰는 것이 아니라, 그 빛이 사물에 부딪혀서 되비쳐오는 '빛깔'을 쓰는 것입니다. 그 빛깔을 시신경으로 인식하여 정보를 분석하고 판단하는 것입니다. 우리가 쓰는 말이 그렇습니다. 이미 어디선가 나타나서 현실 속의 수단으로 쓰이는 것이 바로 우리가 쓰는 말입니다. 빛깔과 같은 것이죠.

빛깔에 해당하는 것이 '말'이라면, 빛에 해당하는 것은 무엇일까요? 그것이 바로 '말씀'입니다. 빛은 사람이 인식할 수 없습니다. 생각으로는 짐작할 수 있죠. 사람이 인식하는 것은 '빛깔'입니다. 우주 허공에서 날아든 '빛'이 사물에 부딪혀서 나타난 현상입니다. 우리가 쓰는 말도 '우리가 모르는 그 무엇'인가가 현실의 어떤 것들에 닿아서 만들어진 것입니다. 그렇다면 그렇게 하는 그 어떤 존재가 있음을 우리는 생각할 수 있고, 그것은 우리가 끝내 알 수 없는 '얼'과도 같은 것입니다. 바로 그런 '얼'을 '말씀'이라고 한 것입니다. 사물과 현상 이전, 모든 존재들에 앞서서 엄연히 존재하지만, 5감의 밖에 있어서 뭐라고 말할 수는 없는 그것! 그것을 굳이 말로 나타내자니 이렇게 되는 겁니다. '빛'이고, '말씀'이고, '얼'이라!

자, 이제 말씀과 빛이 같은 것임은 알 수 있겠죠. 그러면 말씀을 빛이라고 한 이유도 알게 되었을 것입니다. 빛이 있어야 세상의 사물을 분간할 수 있는 것처럼, 말이 있어야 비로소 사람은 생각하고 이치를 분간할 수 있습니다. 생각은, 세상에는 없고 사람에게만 있는 것이라고 앞선 강의에서 말했는데, 기억이 날 것입니다.

갓 태어나서 말을 배우지 못한 아기들은 아직 동쪽이나 뒤, 옆, 위, 어제 같은 것을 알지 못합니다. 아이들에게 '어제'나 '내일'이란 없습니다. '오늘, 사이, 꿈, 사랑' 같은 것들도 커가면서 배우는(!) 것입니다. 바로 이것이 하나님이 말씀을 사람에게 주었다는 것이고, 태초에 있었다는 말씀은 바로 이런 생각의 질서를 말하는 것입니다. 빛이 그 자체로 사람에게 의미 있는 것이 아니라, 빛에 비춰진 사물이 그런 모양을 지니고 있다는 것을 사람이 배워야만 비로소 의미를 띠는 것입니다.

영화를 생각하면 쉽게 이해할 수 있죠. 영화 속의 장면은 모두 실제로 있는 것이 아니라 빛깔이 만드는 허구입니다. 그렇지만 그 영화를 보는 사람들은 그 속으로 빨려들어 현실과 똑같이 느끼고 생각합니다. 말 또한 이와 똑같습니다. 말은 자연계에 존재하는 것이 아니라 오직 사람의 머릿속에만 존재하는 것입니다. 그렇기 때문에 말은 정신현상이고, 그 정신을 가닥가닥 나누어 서로 뜻을 전하는 데 쓰는 규칙은 사람에게만 있는 능력입니다. 그래서 말씀이라고 한 것입니다.

그 말씀 이전엔 무엇이었을까요? 말씀은 태초에 있었다고 했는데, 그러면 태초 이전은 무엇이었을까요? 사람이 말로 가를 수 없고 알 수도 없는 그 무엇이 무엇일까요? 그 무엇을 무엇이라고 표현할 수 있을까요? 굳이 해보자면 '혼돈' 정도가 아닐까요? 그러니까 태초 이전에 있던 것은 '없는 것'이 아니라 '있기는 있지만 무엇인지 알 수 없는 것', 즉 '혼돈'이라고 추정할 수 있습니다. 그러면 다음과 같은 우화가 왜 생겼는지도 어렵지 않게 알 수 있을 것입니다.

남해의 임금은 숙(儵)이고, 북해의 임금은 홀(忽)이며, 중앙의 임금은 혼돈이다. 어느 날 숙과 홀이 혼돈의 땅에서 만났는데, 혼돈이 후한 대접을 했다. 숙과 홀은 혼돈의 환대에 보답하기 위해

논의를 했다. "사람에게는 일곱 구멍이 있어 보고 듣고 먹고 숨 쉴수 있다. 하지만 혼돈에게는 구멍이 없으니 그에게 구멍을 뚫어주자." 이에 둘은 날마다 구멍 하나씩을 뚫었는데, 7일이 되자 혼돈은 죽고 말았다. (『장자』, '응제왕')

자연계에는 빛이 있는 것처럼 사람에게는 말이 있습니다. 빛으로 드러나지 않은 것들은 존재하지 않듯이, 사람에게 말로 드러나지 않은 것들은 존재하지 않는 것이나 마찬가지입니다. 우리는 수많은 공기를 날마다 마시지만, 그 공기 알갱이 하나하나에 대해서 뭐라고 하지 않습니다. 그러므로 그 공기 알갱이들은 '있지만, 없는' 것과 마찬가지입니다. 있으면서도 없는 것들이 온 세상에 가득합니다. 말이란 그것들 가운데서 남에게 꼭 전달해야 할 때 생깁니다. 그렇게 해서 인류는 수백만 년 동안 이 세상의 모든 사물에 이름을 붙여왔고, 자신들의 생각에 이름을 붙여왔습니다.

사람은 태어나면서 앞선 사람들이 만들어놓은 그 말을 배우는 것입니다. 그러니까 말이란 생각의 규칙이라고 할 수 있습니다. 마치 지도와 같아서 이런 말을 의지하지 않고서는 남에게 내 생각을 전달할수 없습니다. 말이 없다는 것은 지도 없는 밀림 속에 떨어진 것과 같습니다. 따라서 말이란 생각의 규칙이고, 철학이란 바로 이런 규칙을 찾아보는 '짓'입니다. 그러므로 철학의 문제가 마지막에는 '말'의 문제로 돌아옵니다.

인류가 이런 확신을 갖고 말을 철학의 근본문제로 삼게 된 것은 사실 그리 오래되지 않았습니다. 2차 세계대전 때 포로로 잡혔던 비트겐스타인이라는 사람이 "철학이란 말의 개념규정에 지나지 않는다"는 선언을 했는데, 그때부터 언어철학이라는 것이 등장했고, 후설의 현상학과 함께 현대철학의 두 갈래로 자리 잡았습니다. 그것이 분석철학입니다. 말을 쪼개어본다는 뜻입니다.

말을 쪼개본다? 언뜻 보면 간단할 것 같은데, 그렇지 않습니다. 문제는 말을 한 가지 뜻으로 쓰는 것이 아니라 사람마다 다 다르게 쓰고, 또 상황마다 다르게 쓴다는 것입니다. 한 말이 무슨 뜻으로 쓰는가 하는 것을, 그 의미의 특징을 하나씩 잡아서 표기하는 방식이, 그 뒤의 철학과 언어학에 집중되었습니다. 그렇지만 언어학도 철학도 두 손 두 발 다 들었습니다. 처음에는 간단할 것 같았는데, 해보니까 쉽지 않은 것입니다. 그도 그럴 것이 말은 앞선 사람들이 쓴 똑같은 것을 다시 쓰지만, 그 상황에 따라 혹은 감정에 따라 뉘앙스가 다릅니다. 그 뉘앙스가 문제입니다. 뉘앙스는 말 속에 들어있는 것이 아니라, 그 말을 쓰는 상황 속에서 늘 새롭게 생기는 것이기 때문입니다. 그래서 사람마다 '같은 말'을 쓰면서도 뜻은 서로 다르게 쓰는 셈입니다. 이러니 답이 없지요.

그런데 사람이 말을 그렇게 쓰는 것은 그 사람이 어떻게 살아왔느냐 하는 것과 관련이 있습니다. 그러므로 그 사람이 쓰는 말은 곧 그 사람이라고 할 수 있습니다. 예컨대, 아침에 사람을 만나면 우리는 '안녕!' 또는 '잘 잤니?' 라고 하는데, 영어권 사람들은 '굿모닝!' 이라고 합니다. 굿모닝은 '좋은 아침'이라는 뜻입니다. 해가 반짝 하고 나도 굿모닝이고, 비가 구질구질 오는데도 굿모닝입니다. 악몽으로 시달린 아침에도 옆집 사람을 만나면 굿모닝이고, 부부싸움을 한 뒤에도 출근길에는 굿모닝입니다. 참 이해할 수 없는 얘기죠. 그러니까 이런 인사는 그 말이 지닌 본래의 뜻과는 상관이 없는 어떤 맥락의 새로운 뜻을 지니게 된 것입니다.

외국 사람들이 '안녕!'이라는 말의 뜻을 알면 더더욱 황당하게 여길 것입니다. 왜냐하면 안녕이란, '밤 사이 죽거나 다치지 않고 잘 살아 있었느냐'고 묻는 것입니다. 이게 무슨 끔찍한 말인가요? 우리 겨레는 수많은 외침을 당한 까닭에 생사여부를 확인하는 것이 거의 일상화된 것입니다. 그래서 생긴 인사말이 '안녕!'이죠. 이 얼마나 끔찍한 말인가요? 이런 의미는 낱말의 뜻만 봐선 알 수 없습니다. 그 말을 쓰는 사람들의 지난날까지 들여다봐야 알 수 있는 말입니다.

이 뿐만이 아닙니다. 말은 그 말을 쓰는 사람이 어떤 신분이며 어느 지역에 사는가 하는 것도 나타내고, 그 사람만의 특징도 나타냅니다. 그러다 보니 한 사회에서는 각기 다른 이런 말들을 조정하여 통일시키려는 일이 생기고, 그것이 표준어 제정으로 나타납니다. 이 표준어는 실제로 존재하는 것이 아니고, 수많은 신분과 계층, 개인 사이에 나타나는 말들의 뜻이 달라서 기준으로 삼아야 한다고 가정한 언어입니다. 우리나라의 경우 다음 3가지 기준이 제시되었습니다.

① 때 : 현대

② 곳 : 서울지역

③ 계층 : 보통사람(중인)

이 세 가지 규정만 보아도 우리가 쓰는 말에는 아무리 줄여 잡아도 세 가지 다른 특징이 들어있다는 뜻입니다. 여기다가 개인차와 문화의 차이까지 섞이면 언어는 그야말로 미세혈관이나 먼지처럼 복잡해집니다. 같은 말이라도 전혀 다른 뜻과 맥락이 작용한다는 말입니다.

언뜻 보아도 ③의 규정은 애매모호하기 짝이 없죠. 우리나라는 사—농—공—상 4계층으로 이루어졌는데, 이 중에서 보통사람인 중인이란 누구일까요? 과연 그런 사람이 있을까요? 언뜻 보면 가장 많은 수를 차지하는 농사꾼의 말을 기준으로 두어야 할 것 같은데, 이게 또 ②의 규정에서 덜컥 걸립니다. 서울에는 농사꾼이 없거든요. 그러면 서울의 중인이란 양반이 아니고 상인들입니다. 그리고 수많은 시골사람들이 올라와서 뒤섞였습니다. 도대체 서울의 중인이란 누굴 말하는 것일까요?

이 미칠 것만 같은 일을 제가 톡톡히 겪었습니다. 대한민국의 장정으로 태어난 저는 1981년 겨울에 입대했습니다. 일병 쯤 되었을 때 이빨이 아파서 군의관에게 갔습니다. 힘차게 거수경례를 하고 관등성명을 대고 용무를 말했습니다. 그랬더니 대위 계급장을 달고 있던 장교가 다가와서는 그 반짝이는 군화 코로 저의 '쪼인트'를 깠습니다. '쪼인트'란 무릎 밑 정강이의 딱딱한 뼈를 말합니다. 거기는 살이 없어서 무지하게 아픕니다. 억! 소리를 제대로 내지도 못하고 군기가 바짝 들어서 인상을 쓰는데, 그 군의관이 그러는 겁니다.

"네가 짐승이야? 이빨이라고 하게!"

어리둥절한 표정으로 바라보는 저에게 그 대위가 부연설명을 하더군요. 이빨은 짐승의 이고, 사람은 치아라고 한다고. 억울하지만, 뼈 아픈(?) 교훈을 얻고 돌아왔습니다. 그렇지만 이 사건은 제가 이빨에 대해 오래도록 생각하는 계기가 되었고, 몇 년 후 마침내 그 숙제를 풀었습니다. 제가 이빨을 짐승의 것이라고 한 그 대위의 말을 받아들일 수 없는 이유는 너무나 분명했습니다. 그 장교의 말을 인정하는 순간 우리 동네 사람들은 전부 짐승이나 쓰는 말을 쓰는 것이 되고 말기 때문입니다.

우리 동네는 약 25가구에 150명 정도가 되는 마을입니다. 충청남도 아산군 음봉면 산정리. 이 동네는 모두 4개의 작은 마을로 이루어졌고, 제가 사는 '산슴말' 주민들은 모두 농사꾼이었고, 그들은 수천 년 동안 자신의 조상들로부터 배운 말을 쓰고 살아 왔습니다. 그 중에 저도 포함된 것은 당연하죠. 그러니 제가 어떻게 그 군의관의 말을 인정하겠어요? 만약에 그것이 표준어고 실제로 우리말에서 그런 뜻을 지닌다면 저는 그 표준어를 바꾸고야 말 것입니다. 왜냐? 그게 잘못되었으니까! 우리 동네 어른들한테 배운 말을 잘못이라고 할 수는 없으니까!

이 글을 읽는 여러분의 부모님들 중에는 시골 출신도 많을 것입니다. 한 번 부모님한테 물어보십시오. 아마도 기억을 잘 더듬으면 제 말에 동의할 것입니다. 제 말을 부인하는 부모님이 계시면 허영기 그만 부리라고 한 마디 하십시오. 제가 다 확인해보고서 지금 여기서 말하는 것입니다. 여러분 부모님이 이빨을 짐승의 이에나 쓰는 말이라고 한다면 여러분 부모님은 우리말의 허영기로 가득한 사람입니다. 그렇지 않으면 자신의 신분을 부정하고 다른 고상한 계층으로 상승하려는 욕심을 부리는 사람입니다. 국어를 전공한 제가 깊이 연구한 결과이기 때문에 그렇습니다.

이빨 대신 치아라고 한다고 해서 신분이 고상한 상류층으로 올라가는 것이 아닙니다. 치아는 한자말이고, 순 우리말은 〈이〉입니다. '어금니, 앞니, 옥니, 뻐드렁니'……. 얼마나 아름다운 말인가요? '이'는 하나가 아니고 여러 개가 나란히 잇몸에 박혀있습니다. 웃을 때 드러나는 이의 모양은 가지런하여 보기 좋습니다. 보기 좋은 그 이의 모습은 하나가 아니라 여럿입니다. 그 여럿을 나타낼 때 쓰는 말이 바로 〈발〉입니다. 이빨의 옛말은 '잇발'이죠. 이와 같이 혼자서 따로 떼어내기 힘든 것들은 모두 '발'이라는 접미사를 붙였습니다. 그런 말들이 바로 '말발, 글월, 서릿발' 같은 것들입니다. 글월은 〈글발〉이었는데 비읍이 순경음화(ㅸ) 되면서 〈우〉로 변한 것입니다.

웃을 때 가지런히 드러나는 이들의 어깨동무! 그것이 '이빨'입니다. 얼마나 아름다운 우리말입니까? 실제로 이 이빨이란 말이 계층화에 휘말려서 상스런 말로 접어든 연대는 제가 '쪼인트'를 까이던 1980년대 무렵이고, 그 후로 계속 이 잔혹한 탄압이 시작되어 지금은 전국의 정말 많은 '우아하시고도 교양 있는' 분들의 말로 등극했습니다. 짐작컨대 아마도 치과 대학의 어떤 '점잖은, 아는 체하는' 교수님이 근거 없이 한 마디 하신 게 그의 충직한 제자들의 입을 거쳐서 사람들 사이로 퍼져갔을 것입니다. 그때 저를 걷어찬 그 장교가 어느 대학을 나왔는지 알 수 있다면 그 '이빨에 똥칠하기'의 원흉을 찾아낼 수도 있을 법한데, 현재로서는 알 수가 없습니다.

우리 겨레는 한반도와 만주라는 위치에 5천 년간 살았기 때문에 그 지역에 흩어져 살던 사람들의 언어가 통합되어 오늘날에 이른 것이 우리말입니다. 현재의 한국어에 희미하게 남은 말의 뿌리를 거슬러 가보면 6개 정도의 언어가 하나로 합쳐져서 오늘날의 우리말로 되었다는 것을 알 수 있습니다. 터키어, 몽골어, 퉁구스어, 길략어, 아이누어, 드라비다어가 그것입니다.[3] 이들이 2천 년 전에 원시 한어를 구성하고, 서서히 통합과정을 거쳐 오늘에 이른 겁니다.[4] 이런 현상은 우리나라 사람의 유전자 연구와도 거의 맞는 결론입니다. 우리나라 사람들은 70%가 북방인이고 20%가 남방인, 10%가 혼혈이라고 합니다. 이런 언어 밖에도 여러 언어의 흔적이 나타나지만 이들처럼 뚜렷하지는 않아서 이 정도로 정리해봅니다. 이런 말들의 흔적을 찾아내는 것은 그리 어려운 일이 아닙니다. 예컨대 머리를 뜻하는 말이 참 여러 가지입니다.

① 머리
② 대가리

---

[3]   강길운, 『고대사의 비교언어학적 연구』, 새문사, 1990.
[4]   이기문, 『국어사 개설』, 탑출판사, 1986.

③ 박

④ 골통

    적어도 네 가지의 자취가 나타나죠? 이렇게 서로 다른 언어를 쓰던 사람들이 섞이다가 역사시대로 접어들면서 지배층과 피지배층을 형성하게 되고, 그 영향으로 말들도 지배층의 언어가 고상하고 우아한 말로 자리 잡고 피지배층의 언어가 비천한 말로 자리 잡은 것입니다. 당연히 고대한국의 북방계 겨레가 끊임없이 한반도로 흘러들면서 지배층이 되었으므로 현재 가장 흔히 쓰이는 말인 '머리'는 북방계 언어라고 추정할 수 있습니다.

    반면에 서로 자격이 동등하게 결합한 말들도 있습니다. '팔—다리, 손—발'의 짝이 그렇습니다. 우리가 〈팔—발〉이나 〈손—다리〉라고 쓰지 않는 것은, 팔다리와 손발이 각기 짝을 이루는 한 언어라는 것을 보여주는 증거입니다. '팔—다리'라는 표현을 하는 부족과 '손—발'이라는 표현을 하는 서로 다른 부족이 동등한 자격으로 만나서 결합한 것이죠. 그래서 우아함과 비천함이 어느 한 쪽의 언어에 물들지 않고 지금까지 동등하게 쓰는 것입니다.

    우리나라에서 언어는 신분상승의 성향을 가장 빨리 담아냅니다. 특히 정권교체가 잦은데 그 영향이 바깥에서 오는 우리나라 같은 경우는, 될 수 있으면 우리말을 버리고 남의 말을 갖다 쓰려는 이상한 움직임을 나타냅니다. 제 겨레에게는 욕을 먹지만 큰 권력을 쥔 남의 겨레에게는 잘 보일 수 있는 것이지요. 옛날에는 한자말을 못 써서 안달이더니, 일제강점기에는 일본말을, 해방 후에는 러시아어와 영어를, 그리고 최근에는 중국어를 쓰지 못해 안달입니다.

우리나라의 최상류층 국회의원들이 쓰는 언어를 보면 참 안타깝습니다. 대정부 질문한다고 뉴스에 잠시 흘러나오는 그들의 말을 듣다 보면 우리말 학대현장을 보는 듯합니다. 이런 영향은 지난날 겪은 비극의 역사 때문에 잘못된 관행과 패배의식이 작용하여 형성된 슬픈 일입니다. 어쩌면 한국에서 철학을 한다는 것은 우리말의 이런 특징을 똑바로 알고 우리말을 우리 삶의 현장으로 고스란히 되돌리는 일일지도 모릅니다.

어떤 때는 말이 갑옷 같다는 생각이 들 때가 있습니다. 공고에 근무할 때의 일입니다. 그 공고에는 과가 넷이었습니다. 정보시스템제어과, 메카트로닉스과, 생산자동화설비과, 금형디자인과. 간단히 정보, 메카, 생산, 금형으로 불렀습니다. 앞의 세 과는 말만 다르지 모두 자동화와 관련된 내용이어서 비슷비슷합니다. 그런데 금형과는 쇳물을 녹여 붓거나 쇠를 깎는 작업이 주를 이루는 과입니다. 당연히 힘들죠.

그런데 이상하게도 금형과에 여학생들이 많습니다. 그래서 여학생에게 물어봤습니다. 너 왜 이 힘든 과에 왔냐고? 그랬더니, 디자인을 배우는 줄 알고 왔다는 겁니다. 헐! 그러니까 학생 모집요강에 보면 〈금형디자인〉이라고 쓰여 있으니까 디자인을 배우겠거니 하고 원서를 넣은 겁니다. '금형'은 보지 않고 '디자인'만 본 것이겠지요. 이게 그 학생 잘못일까요? 그 학생에게 혼란을 일으킨 학교의 잘못은 없는 걸까요?

2000년 전후 무렵에 전국의 실업계 고등학교에서 이름 바꾸기로 한동안 시끄러운 적이 있습니다. 그 전에는 '공고, 농고, 상고'라고 해서 이름만 들어도 뭐 하는 학교인지 알 수 있었습니다. 그런데 갑자기 실업계 고등학교가 특성화고로 바뀌면서 이름을 바꾸기 시작한 것입니다. 정보고, 인터넷고, 디지털고, 미디어고, 메디텍고……, 하는 식으로 말이지요. 그러니 이름만 봐서는 그 안에서 배우는 것이 도대체 무엇인지 모를 지경이 되었습니다. 그러니까 학생들은 이름만 봐서는 알 수가 없으니까 그 학교에 다닌 학생들이나 선생님들에게 물어서 확인해야 하는 지경에 이르렀습니다.

그러면 실제로 그 학교는 어떻게 되었을까요? 이름을 바꿈으로써 무언가 위상이 달라졌을까요? 실제로는 변화가 거의 없었습니다. 우리나라의 실업계 학교는 적성이나 희망 때문에 선택하는 것이 아니라, 거의 서열화가 완성된 상태에서 인문계에 갈 실력이 못 되어 가는 곳이 되어버렸습니다. 당연히 공부 안하고 말썽 피우는 아이들이 많이 가죠. 그러니 앞서 말한 그런 이름이 붙은 학교를 다닌다고 하면 사람들이 바라보는 시선부터 달라지는 것입니다. 그래서 이런 문제점을 극복하려고 말하자면 여러 실업계 학교 담당자들이 꾀를 낸 것입니다.

그렇지만 이름을 바꾸고 나서 그에 걸맞은 내용 변화가 없으면 어떻게 될까요? 그건 보나마나 알 수 있지 않을까요? 그렇습니다. 처음엔 반짝 효과가 나는듯하더니 몇 년이 지나자 그 학교는 어떤 학교라는 인식이 다시 자리를 잡았습니다. 내용을 바꿔보려고 이름을 먼저 바꾼 것인데, 이름이 바뀐 뒤에도 내용이 변하지 않으니까 바뀐 이름까지 옛 내용에 따라 다시 등급이 떨어진 것입니다. 내용을 바꾸지 못하면서 이름만 바꾼다는 것은 사실 사기 치는 것과 다르지 않습니다. 포장만 바꿔서 값을 올리는 상품이 많은데, 그런 것과 다를 바가 하나도 없죠. 아이들의 장래를 두고 하는 일에 장사꾼들과 똑같은 발상을 적용시킨다는 것이 참으로 가슴 아픕니다.

말의 이런 성질을 잘 알면서도 사람들이 자꾸 이름을 바꾸는 이유는 무엇일까요? 그것은 말에 잡힌 현재의 상황을 어떻게든 풀어보려는 몸부림입니다. 그런데 내용 변화가 없이 말을 바꾸는 것은 그런 몸부림에 거짓이 섞인 경우입니다. 그 거짓이란, 자신들이 무언가 새로운 일을 하고 있다는 '인상'을 남들에게 심어주려는 것입니다. 실제의 변화보다는 변화하는 것처럼 보임으로써 자신들이 무언가 일을 하고 있다는 것을 남에게 보여주고 싶은 것입니다. 그런데 장사꾼들처럼 그런 식의 자기광고를 해야 하는 사람들이 그런다면 이해할 수 있는 일이지만, 그럴 필요가 없거나 그래서는 안 되는 사람들이 그렇게 한다면 어떨까요? 그것은 반드시 면피용이고 책임회피용이 분명합니다.

정부에는 교육정책을 담당하는 부처가 있습니다. 맨 처음에는 문교부라고 했지요. 그러다가 교육부로 바뀌었고, 다시 교육인적자원부로 바뀌었다가, 지금은 뭐라고 부르는 것 같은데, 정확히 모르겠습니다. 하도 자주 바뀌다 보니 이름까지 잃어버렸습니다. 그렇다면 이름이 바뀐 그 만큼 내용도 바뀌었을까요? 과연 이름을 바꾸어야 할 만큼

정부부처의 하는 일이 실제로 달라진 것일까요? 전혀 그렇지 않습니다. 문교부라고 해도 아무런 문제가 없습니다. 그런데 바뀌었습니다. 왜 바뀌었을까요? 그것은 내용이 바뀌어서 그것을 담는 그릇인 언어가 바뀐 그런 것이 아닙니다. 우리가 무언가 큰 변화를 통해 월급 받을 일을 하고 있다는 것을 국민들에게 드러내고 싶은 겁니다. 이것이야말로 완전히 정치판의 장난질이지요.

문교부뿐만이 아닙니다. 정권이 바뀌면 정부부처 이름을 바꾸는 일이 제일 먼저 하는 일입니다. 간판 간지가 엊그젠데 정권이 바뀌면 또 간판 가는 행사 장면이 텔레비전에 나옵니다. 그 말의 현란한 춤을 한 번 구경해보시기 바랍니다.

- 상공부 → 동력자원부, 상공부 → 상공자원부 → 통상산업부 → 산업자원부, 지식경제부, 외교통상부(통상) → 산업통상자원부
- 농림부 → 농수산부 → 농림수산부 → 농림부 → 농림수산식품부 → 농림축산식품부
- 내무부 → 행정자치부 → 행정안전부 → 안전행정부
- 부흥부, 운수부 → 건설부, 교통부 → 건설교통부 → 국토해양부 → 국토교통부
- 문교부 → 교육부 → 교육인적자원부 → 교육과학기술부 → 교육부

내용이 달라지면 말은 저절로 달라집니다. 달라지지 말라고 해도 달라집니다. 말을 일부러 만들고 말을 억지로 꾸미는 사람들의 목적

은 그 말이 사람들 사이에서 유용하게 쓰이기를 기대하는 것이 아니라, 그것을 만들었다는 자신의 공로를 추키고 싶은 것입니다. 말에는 허영기가 있고, 그 허영이 현실을 짓누를 때 사람들은 언어의 혼란으로 큰 손해를 봅니다. 오늘날 도시에 들어서는 아파트 이름을 보면 여기가 영국이나 미국, 또는 파리 어디쯤이 아닌지 헷갈립니다. 아마도 몇 천 년 뒤에 이 도시를 발굴하는 고고학자들은 이곳을 미국이나 프랑스의 식민지로 판독할 것입니다. 틀림없습니다. 평양에서 나온 몇 가지 유물로 인해 그곳이 낙랑이었다는 것처럼. 우리는 황새울이나 복사골에서 살지 않고 리슈빌이나 첼시빌, 베르디앙 같은 데 삽니다.

제가 아파트 이름들에 대해 투덜거렸습니다. 이렇게 해놓으면 영어에 익숙한 우리는 기억할지 몰라도 영어를 모르는 노인들은 어떻게 집을 찾아오란 말이냐고 말이지요. 그랬더니 옆에서 제 말을 듣던 사람이 한 마디 하더군요. "노인들 못 찾아오게 하려고 이름을 그렇게 붙인 거야!" 허걱! 재치 있는 응대에 한참 웃었지만, 웃음의 뒤끝이 개운하지 못한 것은 어쩐 일일까요? 오늘날의 세태가 그렇게 되었기 때문이겠지요.

우리는 어째서 우리말을 버릴까요? 버려야 하는 사연이 사람들의 생각 밑에 살얼음처럼 깔려있습니다. 무언가 꿍꿍이가 있는 것입니다. 그 꿍꿍이는 자신을 어디론가 소속시켜 손해를 보지 않겠다는 것입니다. 말에도 짐승의 본능이 살아서 움직이는 것입니다. 그리고 그런 생존 본능의 흐름을 주도하는 것이 '짐승의 우두머리 되기 놀이'인

이른바 정치입니다.

정치인들은 말 뒤로 자신을 숨깁니다. 허황된 말을 해서 분쟁을 만들고, 그런 분쟁을 통해서 자기가 취할 이익을 도모합니다. 보통 편을 갈라서 그 한 쪽에 서죠. 갈라진 그 한 쪽에서 제가 우두머리 노릇을 못할 것 같으면 다시 쪼갭니다. 그러다보니 내용의 변화 없이 말만 바꾸어서 상황을 반전시키려는 짓을 많이 합니다. 정권이 바뀔 때마다 가장 많이 나오는 말이 개혁입니다. 이런 식으로 지난 30~40년 동안 우리는 개혁을 해왔습니다. 그렇지만 그것은 개혁이 아니라 땜질이나 '눈 가리고 아웅'이었음을 온 국민이 압니다. 왜냐하면 그렇게 개혁을 해댔으면 지금쯤 우리 사회는 천국의 입구에 들어섰어야 하기 때문입니다.

그렇지만 갈수록 삶이 고달프고 팍팍해지는 것을 보면 지난 50년간 떠들어온 개혁이 어떤 것인가를 잘 알아볼 수 있는 일입니다. '개혁'(改革)이 아니라 '개가죽'(犬革)이었다는 말입니다. 그러면서도 개혁이라는 말은 날마다 뉴스를 탑니다. 개혁이란 판을 갈아치운다는 말입니다. 완전히 새로운 판으로 짠다는 말이죠. 그래서 사람들은 무언가 새로운 것이 나올까 하고 솔깃하며 바라보는 것입니다. 그러니까 일을 추진하는 쪽에서는 사람들의 그런 관심을 끌어야 하는 것이고, 그래서 자꾸 그런 말을 쓰는 것입니다. 말과 내용이 서로 어긋나는 것입니다.

혁명이란 말은, 사회구조를 완전히 바꿀 때 쓰이는 말입니다. 단순히 정권이 바뀌는 것은, 밑바닥은 그대로 둔 채 간판만 바꾸는 것입니다. 이런 것은 혁명이라고 하지 않습니다. 우리가 산업혁명이라고 말하는 것은, 산업계에 일대 혁신이 일어났기 때문에 붙이는 것입니다. 역사상에서 혁명이라는 말이 붙은 경우는 아주 드뭅니다. 프랑스 혁명의 경우 절대 왕정을 무너뜨리고 일반 시민들이 권력을 잡았기 때문에 '혁명'이라는 이름이 붙었습니다. 말 그대로 혁명이었죠. 그리고 그 후에 혁명이라는 말이 붙을 수 있는 자격을 얻은 변화는 마르크스 이후 등장한 공산혁명이었습니다. 개혁이란 혁명과 비슷할 정도로 큰 변화를 일으켰을 경우에 붙이는 말입니다.

말은 의사소통의 도구이기 때문에 쓰는 사람이나 듣는 사람이나 모두 그 뜻을 정확하게 써야 합니다. 그 뜻을 애매모호하게 만들어서 자신에게 유리한 의미를 부여하여 일그러뜨리면 언어를 쓰는 사람들은 혼란에 빠지고, 그 혼란 속에서 사람들은 공동체의 위기를 겪게 됩니다. 그래서 국가에서는 언어정책을 일관되게 추진하는 것입니다.

말이 단순히 의사 전달만 하는 것 같지만, 사람의 모든 욕망이 부글거리며 떠오르는 곳이어서 '짐승'들의 장난이 또한 설쳐대는 곳이기도 합니다. 그러므로 한 사회에 정의가 바로서는 데는 말이 먼저 올곧게 서야 합니다. 정치가 말장난을 하면 그 나라는 망조가 든 것입니다. 그러니 가장 올바른 정치란 말장난 하는 자들부터 몰아내는 일이 아닌가 합니다.

자로가 공자에게 물었다. 위나라의 재상이 된다면 가장 먼저 무엇을 하시겠습니까? 그러자 공자는 "반드시 이름을 바로잡겠다 (必也正名乎)"고 했다.

이 이야기를 들은 자로는 자기 스승을 비아냥거립니다. 공자는 화를 벌컥 내지요. 나이를 먹어갈수록 공자의 마음에 공감이 되는 것은 어쩐 일일까요? 공자가 오늘 저녁 9시 뉴스를 본다면 까무러칠 것입니다.

Chapter 6

몸

몸이란 무엇인가

사람은 엄마의 뱃속에서 10개월
동안 자라다가 세상으로 나옵니다.
이때 아이의 생명을 주관하는 존재를
동양에서는 '삼신할매'라고
했습니다. 동양이라고 했는데, 사실
다른 나라는 잘 모르겠고,
우리 조상들의 생각을 말한 겁니다.
그렇지만 다른 나라도 이름이
다를 뿐 매한가지일 것입니다.

01

몸의
말뜻

먼저 몸이라는 말에 대해서 알아봅니다. 몸의 말뜻에 대해서 찾아 보니 앞서 본 다른 말들과는 달리 이거다 하는 것이 별로 없습니다. 우리와 같은 알타이어족인 터키어, 몽골어, 퉁구스어에서도 대체로 비슷한 발음입니다. 그래도 쉽게 연상할 수 있는 것은 '모으다'의 명사형인 〈모음〉이겠죠. 불교에서는 '지─수─화─풍'을 모아놓은 것이 사람의 몸이라고 하니, 자연으로부터 특별한 모습으로 모아놓은 것이라는 뜻이겠지요. 좀 어설퍼도 깊이 알 방법이 없으니 이 정도로 마무리합니다. 하하하.

동양에서
보는 몸

몸이 생기는 과정부터 알아보겠습니다. 부모님의 사랑으로 난자와 정자가 만납니다. 아버지의 정자가 어머니의 난자 속으로 들어가면서 꼬리를 자르죠. 난자와 정자가 한 덩어리가 되는 그 순간부터 세포분열을 시작합니다. 제일 먼저 만드는 것이 무엇인가요? 골(腦)입니다. 먼저 머리를 만든 다음에 등뼈를 만듭니다. 그리고 등뼈에 매달린 각종 장기를 만들고 근육을 만들고 살을 만들고 살갗을 만들죠.[1] 이런 순서로 진행됩니다.

이 과정을 보면 '몸'이 '모으다'에서 온 말임을 실감합니다. 어머니의 뱃속에서 아기는 계속 어머니의 그 어떤 것들을 끌어다가 붙이고 불리면서 제 몸뚱이를 완성해나갑니다. 모든 동물은 만드는 과정이 거의 비슷합니다. 그래서 모든 짐승들이 태어나는 과정은 비슷하고 특히 형체를 막 만들기 시작하는 시점으로 가까이 갈수록 하등동

---

1)　권오길, 『인체기행』, 개정 증보판, 지성사, 2000.

물이나 고등동물이나 모양이 비슷합니다. 우리가 과학책에서 보는 올챙이와 개, 사람의 형성과정을 보여주는 그림이 서로 비슷하다는 것을 확인시켜 주죠. 그러다가 출생의 시간으로 갈수록 각 개체의 특성이 또렷이 나타납니다.

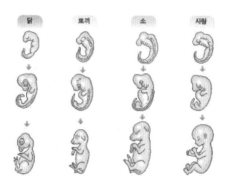

사람은 엄마의 뱃속에서 10개월 동안 자라다가 세상으로 나옵니다. 이때 아이의 생명을 주관하는 존재를 동양에서는 '삼신할미'라고 했습니다. 동양이라고 했는데, 사실 다른 나라는 잘 모르겠고, 우리 조상들의 생각을 말한 겁니다. 그렇지만 다른 나라도 이름이 다를 뿐 매한가지일 것입니다. 삼신할미는 10개월이 되어도 안 나가려는 아이를 발로 뼁 걷어차서 내보냅니다. 그때 얻어맞은 자국이 엉덩이 근처에 남아있습니다. 그것을 몽골반점이라고 한다는데, 도대체 어떤 놈이 붙인 이름인지 모르겠습니다. '몽골'이라니!

어쨌거나, 그때 무정하게 그냥 내보내는 게 아니라 몸속에다가 배터리 하나를 넣어줍니다. 수명 120년짜리 배터리를 하나 받고 엄마의 몸 밖으로 나온 아기는 큰 소리로 울죠. 사실은 '운다'고 표현했지만,

허파 뚫리는 소리죠. 허파로 숨을 쉬느라 내뱉는 것이죠. 그러면 그 순간부터 120년짜리 배터리는 카운트다운에 들어갑니다. 이 배터리는 사람이 어찌할 수 없습니다. 타고났습니다. 그래서 사람이 어찌할 수 없는 것이기 때문에 선천지기라고 합니다.

선천(先天)이라고 하는 걸 보니, 후천도 있겠네요. 그렇습니다. 후천도 있습니다. 사람이 태어나면 어떻게 하죠? 엄마의 젖부터 찾습니다. 젖을 먹다가 미음을 먹고 미음을 먹다가 죽을 먹습니다. 그리고는 곧 밥을 먹고, 나중에는 비행기와 자동차를 빼고는 못 먹는 것이 없는 엄청난 식성을 자랑하는 어른으로 자라죠. 왜 먹나요? 기운 차리려고 먹죠. 그러니까 사람은 음식을 먹어서 기운을 흡수한다는 얘기인데, 이렇게 입으로 들어오는 기운을 후천지기라고 하는 것입니다.[2]

결국 사람은 두 가지 기운으로 사는 셈입니다. 삼신할미가 준 배터리 기운과 입으로 먹어서 만드는 기운, 두 가지죠. 삼신할미가 준 배터리는 사람이 어찌 해볼 도리가 없습니다. 그렇지만 입으로 먹어서 만드는 기운인 곡기는 사람 하기에 달렸습니다. 곡기가 몸에 제대로 들어오지 않으면 사람은 배터리를 씁니다. 그래서 사람이 120년 수명을 타고나지만 사람마다 제 명에 죽는 사람은 거의 없습니다. 대부분 그 절반만 살다가 죽는 것을 한 생이라고 보았고, 최근에는 의약기술의 발달로 20년 정도 더 연장되었지요.

120년에서 40년을 제대로 살지 못하는 것은 곡기를 몸에 제대로

---

2) 정진명, 『우리 침뜸 이야기』, 학민사, 2009.

공급하지 못하기 때문입니다. 왜 못할까요? 옛날에는 곡식이 부족해서 그랬지만, 요새는 굶는 사람도 없는데 120년을 못 삽니다. 그것은 스트레스 때문입니다. 굶는 사람은 거의 없지만 살기 위해 몸부림치다보니 그 스트레스로 인하여 곡식을 몸에 맞는 기운으로 바꾸어서 들이는 비위가 제대로 작동하지 않는 것입니다. 이 비위가 제대로 작동하려면 두 가지가 맞아 떨어져야 합니다. 머리에서 스트레스가 없어야 하고, 아랫배에서 배터리가 제대로 작동해야 합니다. 그러니까 사람의 몸은 전기와 석유 두 가지로 굴러가는 자동차라고 보면 되겠습니다. 평상시에는 기름을 때서 굴러가다가 기름이 떨어지면 전기로 굴러가는 것이죠.

그런데 전기와 기름이 동시에 작용해야만 가장 좋은 운전상태가 된다는 말입니다. 기름이 타는 데 전기가 불꽃을 퉁겨주어야만 완전연소가 되는 이치죠. 기름이 타도 전기가 움직이지 않으면 불완전연소가 되어 효율이 떨어집니다. 그래서 120년을 주행하지 못하고 중간에 폐차장으로 직통하는 것입니다. 120년을 제대로 주행하려면 기름이 제때에 제대로 들어와야 하고, 그 기름을 완전연소 하도록 전기가 슬그머니 흘러주어야 합니다.

기름에 해당하는 곡기는 입으로 들어와서 위장과 비장을 거쳐 몸으로 들어갑니다. 그렇다면 삼신할미가 준 배터리는 어디에 저장됐을까요? 이에 대해 대체로 말들이 많습니다. 2천 년 전에도 이것을 놓고 의원님들이 말싸움을 벌였습니다. 그 중에서 사람들이 가장 그럴싸하다고 여기는 것은 콩팥입니다. 즉 콩팥에다가 그것을 충전해두었다는 것이죠. 그런데 콩팥이 어디에 있나요? 몸의 아래쪽 배꼽 뒤편에 있습니다. 2개죠. 그래서 그 2개 사이의 어떤 곳에 삼신할미가 준 배터리의 기운이 서려있다고 보았습니다. 그것을 유식한 말로 옛날 의원님들은 〈신간동기〉라고 했습니다. 『황제81난경』을 쓴 편작이라는 의원의 말입니다.[3] 콩팥 사이에 보이지는 않지만 살아 움직이는 기운이 있다는 뜻입니다.

그러면 그 기운이 입으로 들어온 곡기를 잘 태우도록 해주려면 어떻게 해야 할까요? 곡기에다가 산소를 만나게 해서 거기다가 전기로 불꽃을 일으키는 겁니다. 산소는 어디로 들어오나요? 허파로 들어오죠. 입으로 들어온 곡기와 허파로 들어온 천기(하늘의 기운)를 삼신할미가 준 배터리로 불꽃을 붙여주는 것입니다. 그러면 기운이 돌면서 사람의 온몸을 살아 움직이게 만듭니다. 이것이 몸속에서 벌어지는 일을 바라본 동양 사람들의 생각이었습니다.

사람은 온열동물입니다. 온열동물은 바깥의 온도에 영향을 받지 않고 일정한 온도를 유지하는 동물들입니다. 생물체의 진화과정에서 가장 늦게 나온 방법이고, 그런 만큼 하느님이 발명한 최고의 걸작입니다. 쉽게 생각하면 마치 몸이란 보일러 같다고 보면 됩니다. 사람의 몸뚱이는 파충류와는 달리 환경과 동떨어진 존재입니다. 그래서 일정한 온도를 유지하려면 두 가지를 갖추어야 합니다. 뜨거워지면 식혀야 하고 차가워지면 데워야 합니다. 덥히는 것은 염통이 맡고, 식히는

---

[3]   진월인, 『난경입문』(최승훈 옮김), 법인문화사, 1998.

것은 콩팥이 맡습니다. 염통은 위에 있고 콩팥은 밑에 있습니다. 그러니까 위는 뜨겁고 아래는 차갑습니다. 이것을 순환시켜주어야 합니다. 이것이 잘 되면 위는 서늘해지고 아래는 아랫목처럼 따뜻해집니다.

이 상태가 잘 되는 사람이 바로 아기들입니다. 아기들은 이마는 서늘하고 아랫배는 따뜻합니다. 보일러처럼 이렇게 돌아가는 원리를 어려운 말로 수승화강(水昇火降)이라고 합니다.[4] 물은 올라가고 불은 내려온다는 뜻입니다. 자연계와는 정 반대죠? 자연계와 정 반대로 되어야만 생명이 유지됩니다.

그런데 이 수승화강이 몇 가지 기운으로 이루어진다고 했죠? 세 가지라고 했습니다. 입으로 들어온 곡기와 허파로 들어온 천기, 그리고 곡기와 천기에 불꽃을 퉁겨주는 전기. 그런데 사람은 살면서 스트레스를 받습니다. 그러면 머리가 아파지죠. 머리가 아파지면 어떤 일이 일어날까요? 사람의 몸뚱이 전체를 조절하는 보일러 조작 장치는 머리에 있습니다. 머리에서 알아서 감지해서 자동으로 조절합니다. 머리가 맑지 않으면 이 보일러의 성능이 떨어집니다. 그러면 최적의 상태일 때 100으로 태워지던 곡기가 95, 90, 85로 줄어듭니다. 그런데 몸에서 필요한 에너지는 언제나 써야 하죠. 그러면 콩팥에 저장된 삼신할미의 선물을 가져다 씁니다. 머리에서 문제가 생기면 아랫배인 콩팥에서도 문제가 생긴다? 당연한 얘기죠.

그것은 조금만 관찰하면 쉽게 알 수 있습니다. 걱정 근심이 없는

---

4) 정진명, 『(개정증보판) 한국의 활쏘기』, 학민사, 2013.

상태의 몸은 아랫배를 들썩이면 숨쉬기를 합니다. 그렇지만 걱정거리가 생겨서 정신이 바짝 긴장하면 어깨가 굳으면서 아랫배가 움직이지 않고 가슴만 움직이며 호흡합니다. 아랫배 호흡이 가슴 호흡으로 올라오는 것입니다. 그것이 심해지면 나중에는 어깨를 들썩이며 겨우 숨 쉽니다. 이게 몸에 어떤 영향을 끼칠까요? 산소를 제대로 공급하지 못하는 결과를 불러옵니다. 산소가 적게 들어오면 어떻게 될까요? 입으로 들어온 땔감은 충분한데 산소가 적으면 역시 타지 않습니다. 불완전 연소가 된다는 말입니다. 그을음만 많이 나고 효율이 떨어지죠.

따라서 몸이 건강하여 보일러가 잘 작동하려면 호흡을 잘 해주어야 하고 머리를 맑게 해주어야 합니다. 그렇게 하려면 숨을 아랫배로 쉬어야 합니다. 그래야 전기 불꽃이 잘 생겨서 완전연소가 됩니다. 머리에서 자동조절 장치를 하는 것은 얼(神)이라고 합니다. 그러면 삼신할미가 준 그 배터리를 뭐라고 할까요? 불거름(精)이라고 합니다. 얼과 불거름을 합하여 한자말로는 정신(精神)이라고 합니다.

이것을 보통 마인드(mind)나 스피릿(spirit)이라고 번역하는데, 좀 문제가 있습니다. 신은 마인드나 스피릿과 비슷하지만, 정은 다릅니다. 그것은 일종의 정신 에너지라고 할까요? 신이 작용할 때도 에너지가 필요할 것 아닙니까? 그때 드는 에너지가 바로 정입니다. 정이 없으면 신이 움직이지 않습니다. 精이란 한자는 '쌀 미'(米) 자와 '푸를 청'(靑) 자를 합친 글자(이런 걸 한자의 육서법에서 형성이라고 합니다)입니다. 벼가 이삭을 내밀어서 껍질을 만든 다음에 그 안에다가 정기를 채워서 쌀을 만드는데, 아직 벼의 푸른 빛깔이 가시지 않는 상태에서 쌀을 만들기 위해 모이는 기운을 나타낸 말입니다.

우리말의 '불거름'은 다른 데서는 쓰지 않고 오직 활터에서만 쓰는 말입니다. 활터에서는 단전호흡의 원리로 활쏘기를 합니다. 이것이 양궁과 국궁이 다른 점입니다. 그래서 옛날부터 방광 언저리에서 생기는 기운을 나타내는 말로 '불거름'이라는 말을 써왔습니다.[5] 거름은 자양분이니, '불거름'이란 불을 일으키기 위한 밑거름이라는 뜻입니다. 한자의 精에 정확히 대응하는 말입니다.

이와 같이 머리를 맑게 하고 아랫배를 충실하게 하여 몸이 최적의 상태로 되는 것을 옛 사람들은 추구했습니다. 그리고 그것이 가능하다고 보았고 방법을 연구했습니다. 그래서 나온 것이 양생술입니다. 이런 방법으로 수련을 하면 몸이 점차 태어날 때의 상태로 돌아간다고 합니다. 실제로 도가에서는 이런 방법을 수행하여 몸이 어린 아이의 상태로 돌아간 사람도 있다고 합니다. 〈동방불패〉라는 영화에서 여배우 임청하가 맡은 동방불패라는 교주는 원래 처음에 남자였는데 수련하느라고 내공을 너무 높여서 여자로 변했다고 합니다. 웃기는 얘긴가요? 그럼 웃어야죠. 하하하.

---

5)   정진명, 『고려침경 영추』, 학민사, 2014.

03

동서 의학의
차이

동양과 서양은 사람의 몸과 병을 보는 관점이 다릅니다. 서양의학은 해부학을 바탕으로 이루어졌고, 동양의학은 증상학을 바탕으로 이루어졌습니다. 해부학은 주검을 갈라서 그 안을 들여다보는 것입니다. 왜 들여다볼까요? 작동원리를 알아내려는 것입니다. 그러니까 해부를 해서 그 안의 구조를 살펴보고 작동원리를 알아내려는 태도는, 사람을 기계로 보았다는 말입니다. 실제로 서양의학에서 하는 일은 그 발상이 카센터에서 하는 일과 다르지 않습니다. 고장 난 곳은 부품을 갈고, 갈 수 없으면 잘라내는 것입니다.

그러나 동양의학은 증상학을 바탕으로 재구성된 학문입니다. 증상학이란 몸에 어떤 증상이 나타난다는 것을 관찰한 결과입니다. 증(證)이란 몸에 나타난 증상과 그것으로 인해 환자가 느끼는 상황을 말하는 것입니다. 이런 독특한 시각은 사람을 보는 동양사회의 독특한 세계관 때문에 형성된 것입니다. 춘추전국시대는 엄청난 전쟁을 치룬 시대이기 때문에 얼마든지 사람을 해부해볼 기회가 많았습니다.

그렇지만 진나라가 제국을 통일하면서 유학이 통치이념으로 자리 잡습니다. 그러자 사람의 몸을 신성하게 보고 함부로 다루지 못하게 합니다. 부모가 준 몸을 함부로 대하는 것은 효에 어긋난다는 것입니다. 그래서 몸을 마구 째거나 갈라볼 수 없자 겉으로 나타나는 증상과 환자가 호소하는 것을 보고서 질병의 상태를 이해한 것입니다. 물론 해부 그 자체를 아예 하지 못한 것은 아니지만, 그것이 몸을 보는 주된 방법이 되기는 어려운 사회 환경이었다는 것입니다. 이렇게 해서 형성된 것이 바로『황제내경』이라는 동양의학의 바이블입니다.

　　사람의 몸을 해부학으로 볼 때와 증상학으로 볼 때의 가장 큰 차이점은 무엇일까요? 주검과 산 사람은 무엇이 다를까요? 서양의학에서는 다를 바가 없습니다. 동양의학에서는 완전히 다릅니다. 그러면 이 둘을 다르게 하는 요인을 동양의학에서는 반드시 찾아냈을 것입니다. 그것이 무엇일까요? 바로 〈기〉입니다. 그래서『황제내경』은 기에 대한 이야기로 가득 찼고, 동양의학에서는 기의 흐름을 인체의 비밀을 이해하는 가장 중요한 개념으로 설정했습니다. 한의원에 갔을 때 손목을 내놓으라고 하고 맥을 짚는 것이 바로 기운을 확인하려는 것입니다.

　　그런데 기 얘기를 하면 서양의학에서는 미신이라고 몰아붙입니다. 손목을 짚어서 어떻게 몸의 상태를 아느냐는 것이지요. 입증불가능은 과학이 아닙니다. 그런 점에서 진맥은 과학이라고 할 수 없습니다. 그것은 짚는 사람의 감각에만 의존합니다. 어떤 기준을 두고서 객관화시킬 수 없습니다. 과학이 아닌 것은 무엇입니까? 미신입니다. 미신이란, 의혹이 가득한 믿음이라는 말입니다. 한 마디로 믿을 수 없다는 뜻이죠.

서양의학은 그렇게 공격했고, 동양의학은 그렇게 공격당했습니다. 결과는 서양의학의 완판 승이죠. 한의사들조차 맥의 원리를 아는 사람이 거의 없습니다. 그래서 서양의학에서 쓰는 각종 최첨단 기기를 활용합니다. 동양의학사 2천년 역사상 가장 심각한 위기가 닥쳐왔습니다. 서양의학의 위대함 때문이기보다는 몸을 바라보는 관점을 잃은 동양의학 자신의 문제입니다.

> **이삭** 기(氣)는 뭐라고 우리말로 옮길 방법이 없습니다. 그냥 기운이라는 말입니다. 워낙 우리 삶 속에 깊이 들어와서 우리에게 익숙한 말입니다. 예컨대, 기지개 켠다는 말이 있습니다. 기지개는 '무지개'와 같은 짜임을 지닌 말이죠. '무지개'는 〈물+지개〉의 구성인데, 물방울이 둥근 지게문처럼 7가지 빛깔을 반사한다는 말입니다. 기지개는 기운을 펴려고 온몸을 지게문처럼 내뻗는 것을 말합니다. '기가 막힌다, 허기진다, 기 싸움' 같은 말에서 그 흔적을 찾아볼 수 있습니다. 기는 우리의 일상생활에서 굉장히 그리고 흔히 쓰이는 말이었습니다.

서양의학에서는 날마다 병명을 붙이기 바쁩니다. 새로운 병을 찾아서 자신의 이름을 붙이는 것을 의사들이 필생의 목표로 하기도 합니다. 밤하늘에서 새로운 별을 찾아서 자신의 이름을 붙이려는 천문학자들과 다를 바가 없습니다. 크론 씨 병, 버거 씨 병, 알츠하이머, 루

푸스······. 날마다 새로운 병이 병원에서 그것을 발견한 의사의 이름을 달고 탄생합니다.

그렇지만 동양의학에서는 병이 따로 있다고 믿지 않습니다. 기운이 어느 한 곳으로 몰려서 문제가 생긴다고 봅니다. 기운이 몰리는 것은 몸이 균형을 잃은 까닭입니다. 마치 시소가 한 쪽으로 기운 것과 같죠. 그러니 그 기우뚱한 불균형을 바로잡아주면 된다는 것이고, 이것저것 따질 것 없이 그 균형을 잡아주는 모든 수단을 치료라고 봅니다. 스트레칭, 안마, 침, 뜸, 약, 마사지······. 모두가 치료 방법에 해당합니다.[6]

그러면 병이 불균형에서 발생한다고 했는데, 무엇의 불균형인가요? 5장6부의 불균형입니다. 이 관점은 2천 년 전에 형성됩니다. 그때 의원들이 수많은 논쟁을 거쳐서 도달했고, 이후 2천 년간 아무도 이 의견에 토를 달지 않았습니다. 그리고 2천년 동안 사람의 모든 병을 다스려왔습니다. 그런데 겨우 200년 전에 동양으로 들어온 서양의학이 갑자기 2천년 동안 이어진 이 믿음과 방법을 미신으로 둔갑시킨 것입니다. 이제는 미신이 된 5장6부는 무엇을 말할까요? 다음입니다.

	목	화	토	금	수
장(음)	간	심	비	폐	신
부(양)	담	소장 삼초	위	대장	방광

---

6) 　　정진명, 이법방의론편, 『황제내경 소문』, 학민사, 2015.

병은 이것들의 불균형으로 생기는 것이고, 그 불균형을 바로잡으면 병은 낫는다는 것입니다. 예컨대 어떤 사람이 편두통이 왔다, 그러면 편두통은 심장과 담의 불균형으로 생기는 병이라고 봅니다. 그리고 심장과 담의 관계를 해소시키는 처방을 합니다. 그러면 편두통이 뚝 그칩니다. 편두통은 현대의학으로는 불치병입니다. 그렇지만 침을 3개만 놓으면 30분 만에 아픔이 사라집니다.

기왕 얘기 나온 김에 한 발짝 더 나갈까요? 병원 의사들이 배꼽을 잡고 깔깔거리며 비아냥거리는 것이 있습니다. 침에서 사용하는 경락이 그렇습니다. 경락은 마치 신경계통처럼 온몸에 기운이 흐르는 통로가 있다는 가상의 선입니다. 그 선을 따라서 혈이 기차역처럼 늘어섰습니다. 그 혈에 침을 찔러서 병을 고칩니다. 그런데 이 경락은 모두 어디에서 흘러나오느냐면 5장6부에서 흘러나옵니다.

예컨대 소화불량은 위장의 문제 아니겠습니까? 소화불량 때문에 고생하는 사람에게 위장에서 나온 경락의 어딘가에 침을 놓으면 소화불량이 해소될 것입니다. 가장 많이 쓰는 곳이 무릎 조금 아래의 바깥쪽에 있는 삼리라는 혈입니다. 여기에 침을 찔러놓으면 잠시 후에 그 윽! 하고 트림을 합니다. 의사들은 우연의 일치라고 합니다. 그리고 우연이 아니라고 하면 입증해보라고 합니다. 위장의 기운이 이리로 흘러서 그 길목을 침으로 자극한 것이라고 대답하면 깔깔거리고 웃습니다. 그런 미신을 누가 믿느냐면서. 동양과 서양은 이제 서로 대화할 방법도 마음도 잃어버렸습니다.

이삭 침 얘기가 나오니 생각나는 게 있습니다. 4관입니다. 4관은 손발에 한 군데씩 모두 네 군데 혈을 말합니다. 옛날에는 시골마다 침놓는 할아버지들이 한둘 꼭 있었습니다. 그래서 4관 할아버지라고 불렀습니다. 동네 사람이 아프면 우선 병원으로 가기 전에 이 할아버지를 찾아갑니다. 그러면 할아버지는 손발에 하나씩 침을 놓습니다. 그러면 병이 낫죠. 그런데 웃기는 건 모든 병에 처방이 같습니다. 어떤 병으로 찾아와도 손발에 4군데만 놓습니다. 그런데도 낫습니다. 이 할아버지의 동네 병 치료율은 80%에 육박합니다. 10명 중에 7~8명이 낫습니다. 이 할아버지한테서도 낫지 않으면 그때 비로소 읍내의 병원으로 갑니다. 4관은 합곡과 태충이라는 혈입니다. 그곳에 침을 찌르면 모든 병에 좋습니다. 이 혈은 이름에서 알 수 있듯이 대문의 빗장이라는 말입니다. 몸의 원기를 회복시키는 혈입니다. 어느 한쪽으로 기운이 쏠린 것을 온몸에 고르게 펴는 것입니다. 그래서 어느 병이든 다 듣는 것입니다. 참 신기합니다. 그렇지만 요즘 이렇게 했다가는 의료법에 걸려 옥살이 합니다. 백성들 스스로 잘 치료하며 살아가던 것을 의료법이 막고 있습니다.

사다리 '사다리'라고 한 곳은 일단 건너뛰고 나중에 보라고 했죠. 말 들으세요. 하하하. 장부의 특징을 살펴보겠습니다. 이것을 살펴보다 보면 5장 6부라는 말이 우리에게 얼마나 친숙한 말인가를 알아볼 수 있습니다. 먼저 맘에 안 드는 사람을 만나거나 내키지 않는 상황을 맞닥뜨리면 우리가 쓰는 말 중에 뭐가 있죠? '비위가 상한다!' 이것이 바로 동양의학의 용어입니다. 앞의 표를 보면 비는 장(음)에 속하고, 위는 부(양)에 속하죠. 음식물을 몸으로 들이는 통로를 가리킨 말입니다. 그리고 가슴이 철렁 하고 놀라면 뭐라고 하죠? '간담이 서늘하다!'고 하죠. 그 간담도 바로 앞의 표에 있는 그대로 음양의 짝입니다. 이와 같이 우리가 일상에서 쓰는 말에는 의학 용어가 꽤 많이 있습니다. 허파와 큰창자의 관계를 보죠. 둘 다 몸속의 찌꺼기를 내보내는 노릇을 합니다. 큰창자는 음식찌꺼기를, 허파는 공기 찌꺼기인 이산화탄소를 내보내죠. 콩팥과 오줌보는 물을 걸러 몸 밖으로 내보내는 기능을 담당합니다. 심장과 소장은 각기 피와 음식을 보내는 긴 대롱입니다.

5장과 6부는 서로 짝을 이룹니다. 마치 부부관계 같습니다. 그래서 그 기능도 짝을 이루어 제 노릇을 맡습니다. 그런데 잘 보면 음인 장으로 분류된 것들을 보면 공통점이 있습니다. 한 번 태어나면 평생토록 쉬지 못한다는 것입니다. 반면에 6부로 분류된 것들은 일이 있을 때만 움직입니다. 밥통도 밥이 들어올 때만 일하죠. 다 그렇습니다. 그래서 장과 부는 모양도 다릅니다. 5장은 모두 주머니 모양으로 생겼는데, 6부는 대롱처럼 생겨서 한쪽으로 들어와서 다른 쪽으로 나가는 모양입니다. 앞의 표가 대충 얽어맨 것 같지만, 사실은 이와 같이 2천 년 전의 동양 사람들이 자세히 관찰하여 얻은 결과입니다.

3초는 좀 독특합니다. 초(焦)는 불태운다는 뜻입니다. 이것은 몸을 덥히는 기능이 몸의 상 중 하에 있다고 보고서 그 기능에 맞춰 만들어낸 개념입니다. '개념'이라고 하는 것은, 실제로 어떤 모양이 있는 장기가 아니라는 뜻입니다. 실제 모습은 없는데 기능이 있습니다. 사람이 온열동물이기 때문에 온도에 민감한데 그 온도 변화에 가장 민감한 반응을 보이는 것이 바로 이 삼초입니다. 그리고 삼신할미로부터 받은 배터리의 기운을 5장6부에 각기 나눠서 전달해주는 노릇을 합니다. 삼초의 기운이 5장6부의 각 경락으로 전해지는 혈을 특별히 원혈(原穴)이라고 하여 침꾼들이 중요하게 여깁니다.

04

몸을 보는 눈,
음양오행

2천 년 전 동양의 의원들이 5장6부라는 결론에 이른 것은 머릿속으로만 막연히 생각하거나 얼렁뚱땅 실험해봐서 된 것이 아닙니다. 그런 결론을 내는 데는 그럴 만한 원칙이 있고 원리가 있습니다. 그러면 2천년 동안 변하지 않은 결론을 낸 원리가 무엇이냐? 바로 음양5행이라는 철학이론입니다. 이 원리가 동양사회 밑바탕에 마치 타래방석처럼 깔려있고, 사람들의 머릿속에 거미줄처럼 쳐져 있습니다. 우리는 현대교육을 받으며 그것을 모두 잃어버린 것입니다. 잃어버렸을 뿐만 아니라 미신이라는 혐의까지 덧씌워서 그렇게 사는 사람들을 비아냥거립니다. 그러면 동양 사람들이 무질서한 세상을 얼마나 독특한 시각으로 보면서 슬기를 발휘했는지 몇 가지 예를 들면서 설명하겠습니다.

1. 하늘은 둥그나 땅은 모났다 : 천원지방

이렇게 말하면 요즘 교육받은 사람은 대번에 웃습니다. '땅이 모났나고? 땅이 네모란 말이냐?' 하면서 말이죠. 그리고 수천 년간 그렇게 살아온 제 조상을 향해 무식하다고 비아냥거립니다. 제 얼굴에 침 뱉기임을 알면서도 말이죠. 그런데 잘 보면 사람들이 웃는 이유는 '하늘이 둥글다'는 말 때문이 아니라 '땅이 모났다'는 말 때문입니다. 그렇다면 하늘이 둥글다는 말인가요? 아마도 그렇게 막연히 생각하기 때문에 그에 대해서는 토를 달지 않는 것일 겁니다. 그렇죠?

그러면 하늘이 둥글다는 표현에 대해서는 뭐라고 안 하면서, 땅이 모났다는 말에 대해서는 그 이유를 알아보기도 전에 비웃는 것은 제대로 된 태도라고 할 수 있을까요? 그러니까 그런 태도는 자신의 생각에 맞지 않는다는 어떤 전제를 너무 확신하기 때문에 오는 것입니다. 그렇다면 하늘이 둥글다는 말에 대해서는 왜 그냥 넘어갈까요? 과연 하늘이 둥근가요? 그렇지 않습니다. 하늘이 둥글다는 사람들의 말은 정말 막연한 추정에 지나지 않습니다.

오늘날 과학지식 특히 천문학이 가르쳐주는 하늘은 결코 둥글지 않습니다. 우리가 보는 태양계부터가 어디까지 이어졌는지 분명하지 않고 태양계는 우리 은하의 가장자리에 있으며, 우리 은하의 위치도 우주 전체의 위치에서 볼 때 중앙에서 한 뼘 정도 떨어져 있습니다. 그리고 우주 자체가 팽이나 원반 모양으로 납작합니다. 하늘이 어째서 둥글다는 말입니까?

사람들이 '하늘은 둥글다'는 말에 토를 달지 않고 넘어가는 이유는 허공 때문입니다. 상하좌우로 둘러봐도 아무것도 없다면 그것은 끝이 없을 것이니, 더 이상 우리의 생각이 가닿지 못하는 어떤 경계를 상정하게 마련이고, 지금 내가 선 곳으로부터 사방으로 똑같은 거리에 있다는 상상을 하고는 그러니까 '둥글구나!' 하고 막연히 추정하여 그 말에 동의하고 마는 겁니다. 이 얼마나 엉성한 상상입니까? 그게 과학의 정신이란 말입니까?

과학이 알려주는 하늘은 결코 둥글지 않습니다. 그런데도 둥글다는 주먹구구 추정에 대해서는 토를 달지 않고, 그 뒷부분에 땅이 모났다는 말에만 토를 다는 것은 어딘가 좀 어리석다는 생각이 들지 않나요? 그건 좀 이상합니다. 철학을 논하고 과학을 배우는 자세는 아닐 듯합니다. 그런데도 그렇게 하려 드는 것은 동양인의 사고는 무식하다는 막연한 전제가 대뇌피질의 한 구석에서 가만히 작동하기 때문입니다. 그것을 동양의 서양 콤플렉스라고 하면 어떨까요? 하하하.

동양에서 하늘이 둥글다고 말하는 것은 그런 추정으로 막연히 내린 결론이 아닙니다. 우리 눈앞에 펼쳐지는 엄연한 사실을 토대로 말하는 것입니다. 어떻게? 밤하늘을 보고서 내린 결론입니다. 어떻게? 밤하늘을 향해서 카메라를 고정시킵니다. 그리고 10분 간격으로 조리개가 잠시 열렸다 닫히도록 장치해놓고서 집으로 들어가 잠을 잡니다. 다음날 필름을 인화해봅니다. 그러면 어떻게 될까요? 별들의 자취가 둥글게 나타날 겁니다. 하늘의 어느 한 곳을 중심으로 둥글게, 둥글게 동그라미를 그릴 겁니다. 마치 컴퍼스로 돌려서 그린 듯이 말이지요.

그러면 컴퍼스의 쇠꼬챙이가 찍는 곳에 별이 하나 있겠지요? 그게 무슨 별이죠? 북극성입니다. 모든 별들은 북극성을 중심으로 하루에 1바퀴 돕니다. 원의 반지름이 큰 것도 있고 작은 것도 있고 중간 것도 있지요. 별들이 무수히 자취를 남깁니다. 북극성에서 멀어질수록 반지름이 커지고, 북극성에 가까울수록 반지름은 작아집니다. 밤하늘의 그 수많은 별들이 자신의 궤적을 원으로 남깁니다. 그러면 그것을 밑에서 바라보는 사람들은 하늘을 어떻게 인식할까요? 우리는 지금 사진에 찍힌 평면의 무수한 원들을 보지만 그것을 밤하늘에서 직접 올려다보는 사람들은 그 모습을 어떻게 느낄까요?

반지름이 작게 도는 것이 있고 크게 도는 것이 있다면 틀림없이 그것은 빙글빙글 도는 공처럼 느껴질 것입니다. 이것이 하늘이 둥글다는 인식입니다. 얼마나 실감나고 확실한 모습인가요? 막연히 허공이기 때문에 허공은 둥글 거야, 하고 내린 엉성한 결론과는 다릅니다. 이토록 확실한 감각과 분명한 믿음으로 내린 결론입니다. 서양의 논리가 오히려 동양의 논리만 못하지 않은가요?

땅은 모났다는 결론도 마찬가지입니다. 내가 여기에 있습니다. 사방으로 지평선이 보입니다. 그러면 나는 거기서 어떻게 방향을 잡아서 움직일까요? 당연히 밤하늘의 별자리를 기준으로 방향을 정할 것입니다. 그러면 그 무한한 벌판에서도 헛갈리는 일 없이 다른 사람들과 약속을 정하고 만날 수 있습니다. 내가 한 곳에 서면 전후좌우가 생기고 동서남북이 생기는 것입니다. 해는 동쪽에서 뜨고 서쪽으로 진다는 것은 만고불변의 진리입니다. 땅이 모났다는 것은 그런 만고불변의 진리를 바탕으로 내린 결론입니다.

이게 왜 틀렸다고 생각합니까? 지동설 때문이겠죠? 어설픈 지식이 사람을 등신으로 만듭니다. 지동설이라는 것을 우리가 우리 눈으로 봅니까? 그것은 진리일지 몰라도 우리의 삶과는 동떨어진 것입니다. 우리가 그것을 알고 그것이 진리라고 믿어도 아침에 해는 동쪽에서 뜹니다. 그리고 우리는 그에 맞춰 밥 먹고 학교 가죠. 학교 갈 때는 동서남북이 있어야 가는 것입니다. 요컨대 땅이 모났다는 것은 지구가 네모났다는 얘기가 아니라 방향이 있다는 말입니다. 그 당시 사람들이 언제 지구를 돌아봤겠어요? 설령 지구를 한 바퀴 돌아보고 지구가 둥글다는 사실을 알았어도 지구가 둥글다고 말하지는 않았을 것입니다. 삶 속에서 땅은 동서남북 네 방향의 기준으로 존재하는 것입니다.

자꾸 서양의 시각으로 동양을 바라보니까 끝없이 논란만 일어나는 겁니다. 상대를 이해하려면 그들이 왜 그렇게 보는가 하는 것부터 알아보려고 해야 합니다. 여성의 문제를 여성의 시각으로 먼저 보아야만 문제도 풀리는 법입니다. 남성의 시각으로 전제를 해놓고서 여성에 대해 말하면 서로에게 남을 것이라고는 상처밖에 없습니다. 지금 서양은 동양에 대해 그런 식입니다. 그렇기 때문에 서양인이 다 된 우리는 동양인으로 살며 아무런 문제가 없던 우리 조상들을 비아냥거리며 바라보는 것입니다. 가장 불행한 조상은 멍청한 후손을 둔 이들입니다.

2. 음은 고요하나 양은 움직인다 : 음정양동

음양론은 세상 만물을 두 가지로 짝을 맞추어 보는 것입니다. 그래서 움직임이 활발한 것을 양이라고 하고, 움직임이 별로 없고 고요한 것을 음이라고 합니다. 이 관계는 반드시 고정된 것이 아니고, 서로 상대성을 이룹니다. 하늘과 땅을 보겠습니다. 하늘은 당연히 양이고 땅은 음입니다. 아까 살펴보았듯이 땅은 가만히 있는데 하늘은 움직입니다. 그러니 땅은 음이고 하늘은 양이죠. 이런 이치로 세상을 보는 것입니다. 동지는 음이고 하지는 양입니다. 식물은 음이고 동물은 양입니다. 머리는 양이고 몸통은 음입니다. 머리는 하늘을 닮아서 둥글게 생겼고, 몸통은 땅을 닮아서 네모 비슷이 생겼습니다. 그래서 그렇게 분류합니다. 머리가 큰 사자는 양이고, 몸통이 큰 영양은 음입니다. 대가리가 큰 상어는 양이고, 배가 볼록한 복어는 음입니다. 5장은 음이고 6부는 양입니다. 이런 식으로 나누어서 그 관계를 살펴보고 이용하는 이론입니다.

예컨대 어떤 사람이 몸통에 비해 머리가 큰데 우울증이 걸렸다? 그러면 어떻게 처방할까요? 간단합니다. 활동성이 강한 운동을 시키는 겁니다. 마라톤이라든지 격렬한 격투기라든지 하는 것 말이지요. 왜냐하면 머리 큰 사람은 양에 해당되고 양에 해당하는 것은 활발한 활동입니다. 이런 사람이 우울증에 걸린 것은 활동을 제대로 하지 않기 때문이죠. 그러니 몸을 활발하게 움직이면 우울증도 저절로 사라질 것입니다. 실제로 우울증은 자기 생각이 많고 방구석에 처박혀 제 생각만 말똥구리처럼 돌리는 사람이거든요. 우울증은 음의 성질이 강하죠. 그러니 양의 활동을 활발하게 해주는 겁니다. 이렇게 균형을 맞춰주는 것이죠.

음양은 둘입니다. 이 둘을 다시 더 쪼개면 넷이 되겠죠? 그래서 음양론은 2의 제곱으로 전개해나갑니다. 2, 4, 8, 16, 32, 64 …. 이런 식입니다. 2는 음양이고, 4는 4상이며, 8은 8괘, 이것들을 겹치면 64 대성괘가 됩니다. 주역이 전개해나가는 방식입니다. 그런데 이렇게 되면 홀수가 어디 발붙일 곳이 없게 됩니다. 그래서 홀수로 전개시키는 방법도 개발합니다. 맨 처음의 홀수는 3이죠. 세상의 이치가 3으로 이루어졌다는 것입니다. 천지가 음양인데, 여기에 사람이 있어야만 우주가 온전해진다는 식입니다. 그래서 천지인 3재를 갖추어야 한다고 하죠. 그래서 음양론은 2의 배수로 무한대로 뻗어가기도 하지만 음과 양이 각기 천지인과 만나서 3의 배수로 되는 3양3음으로도 발전합니다. 이런 이론들이 나중에 한의학에서 몸을 설명하는 근거와 학설로 자리 잡습니다.

3. 5행론

5행론은, 음양론의 연장입니다. 음양론이 세상사의 이치를 둘로 설명하는 것처럼 5행론은 5가지로 설명하는 것입니다. 음양론은 균형의 문제라고 했듯이, 5행론도 균형의 문제라는 점에서는 똑같습니다. 음양을 다시 둘로 나누면 넷이 되는데, 어떤 경우에는 저절로 5가 됩니다. 예컨대 방위 같은 경우 '동—서—남—북'이라고 하면 그것을 정하는 중심이 있어야 합니다. 그러니까 저절로 중심이라는 개념이 가세하여 다섯이 되고, 이렇게 된 것을 모두 합하여 5행의 특징으로 설명합니다. 계절도 그렇습니다. '봄─여름─가을─겨울'이라는 네 계절에는 환절기가 끼어있죠. 그래서 그 환절기를 합하여 5계절로 나눕니다. 세상의 존재들을 이렇게 5가지 원리로 엮어서 그 상호간의 관계와 균형을 이해해보려는 이론입니다.[7]

그런데 이 이론이 여러분에게는 낯설 것 같은데, 옛날에는 아주 흔하고 귀에 못이 박히도록 많이 듣던 얘기들이었습니다. 여러분도 잠시 후에 제 얘기를 듣다보면 아하! 하고 무릎을 탁 칠 것입니다. 5행의 흔적은 우리 생활 주변에서 얼마든지 볼 수 있습니다. 예컨대 요일에도 그게 있습니다. 해와 달을 가리키는 일요일과 월요일을 빼면 뭐가 있죠? 화요일, 수요일, 목요일, 금요일, 토요일이 있습니다. 이 '화─수─목─금─토'가 바로 5행입니다. 그리고 옛날에는 눈으로 확인할 수 있는 움직이는 별이 모두 일곱이었습니다. 해와 달을 빼면 다섯이죠. 이름이 뭘까요? 수성, 금성, 화성, 목성, 토성이죠. 이것도 5행의 이름을 갖다 붙인 것입니다. 달력에서 날마다 우리가 보는 것이 5행이고, 우리가 눈이 빠지라고 기다리는 것이 바로 토요일입니다. 그 토요일의 이름은 5행론에서 온 것입니다.

앞서 5장6부 표를 보여드렸는데, 이 표가 바로 5행론의 이론으로 작성된 것입니다. 이 표로 몸의 불균형이 어떻게 깨져서 병이 나타났나 하는 것을 보는 것입니다. 예컨대, 어떤 사람이 신장에 문제가 생겼다면 병원에서는 어떻게 하나요? 사구체신우염이다, 그러면 물을 걸

---

7)   殷南根, 『오행의 새로운 이해』(이동철 옮김), 법인문화사, 2000.

러내는 콩팥의 미세한 실핏줄에 염증이 생긴 것이므로 소염제를 처방합니다. 그런데 소염제라는 약도 결국은 콩팥에서 걸러내야 하므로 콩팥이 더 망가집니다. 신부전증으로 가죠. 그러다가 더 안 좋아지면 콩팥이 망가져서 떼어내고 맙니다. 콩팥이 둘이니 하나쯤 떼어내도 사는 데는 지장 없죠. 카센터에서 부품을 갈거나 떼어내는 것과 크게 다르지 않습니다. 해부학으로 바라본 의학이 반드시 도달하게 되는 결론입니다.

그렇지만 동양의학에서는 관계를 중시합니다. 콩팥이 문제가 생겼는데, 도대체 어느 관계가 무너져서 콩팥에 병이 난 것이냐? 바로 이렇게 묻는 겁니다. 콩팥에 원인 제공한 놈을 찾는 거죠. 가장 흔한 경우는 비장의 기능에 문제가 생겨서 그것이 콩팥을 압박하는 경우가 많습니다. 예컨대 당뇨가 와서 혈액이 탁해지면 콩팥이 부담을 느끼는 거죠. 그러면 원인제공한 놈인 비장을 건드려서 제정신 차리게 해놓으면 굳이 콩팥에 대해 어떻게 하지 않아도 콩팥의 병을 고칠 수 있다는 결론에 이릅니다. 그래서 비장과 콩팥으로 흐르는 경락과 혈에 침을 놓으면 신우염이나 신부전증 같은 경우는 아주 많이 좋아집니다. 신부전증의 경우 서양의학에서는 고칠 방법이 없습니다. 그렇지만 침으로 하면 의외로 잘 듣습니다. 이런 식입니다.

이삭 　비장은 지라를 가리키는 말인데, 동양의학에서는 이자인 췌장과 함께 뭉뚱그려서 가리키는 말입니다. 서양의학의 비장은 지라인데, 동양의학의 비장은 지라와 이자를 아울러서 가리키는 말입니다. 동양의학의 비장은 장기만이 아니라 그 장기를 포함한 어떤 기능을 모두 싸잡아서 가리키는 것입니다. 비장의 기능은 피를 만들고 피가 혈관 밖으로 넘치지 못하도록 하는 것입니다. 단순히 소화액을 분비하는 것과는 다르죠.

5행론은 나중에 동양철학에 엄청난 영향을 끼칩니다. 가만히 숫자를 보면 대체로 10진법이 가장 흔한 방법이고 분명한 셈인데, 그 반타작이 5죠. 이 5에다가 음양이라는 2를 곱하면 어떻게 될까요? 이게 바로 10이 되는 겁니다. 5행을 음양으로 튀기면 10이 되는 겁니다. 그렇다면 1부터 10까지, 혹은 1부터 9까지 어떤 질서를 만들어낼 수도 있을 것입니다. 예컨대, 이 5를 방위와 연결시켜본다든지 하는 식이죠. 숫자를 공간과 연결시키면 정말 재미있는 것들이 많이 나옵니다. 예컨대 다음과 같은 것이죠.

남

2

동 3　5　4 서

1

북

숫자에는 방향이 없습니다. 그런데 이렇게 방위와 한 자리에 놓으니 숫자에도 성질이 생깁니다. 북은 5행상 수(水)인데, 숫자 1도 수인 것입니다. 2는 화, 3은 목, 4는 금, 5는 토입니다. 숫자가 의미를 갖게 되면 우리가 날마다 마주치는 날짜에서도 그 의미를 찾아낼 수 있겠지요? 한 발 더 나아가 1부터 9까지 공간과 연결시키는 방법도 있습니다. 마방진이 그것입니다.

$$
\begin{array}{c}
\text{남} \\
4 \quad 9 \quad 2 \\
\text{동} \quad 3 \quad 5 \quad 7 \quad \text{서} \\
8 \quad 1 \quad 6 \\
\text{북}
\end{array}
$$

그러면 단순한 숫자에 성격이 부여됩니다. 5행으로 나눌 수가 있거든요. 1, 2, 9, 7이 각기 북동남서로 배치되었기 때문에 그 사이의 2, 4, 6, 8도 방위를 정해줄 수 있겠지요. 그렇게 해서 송나라 때에 이르면 이 두 가지 숫자 배치방식이 주역을 해석하는 대단한 이론으로 등장합니다. 하도(河圖) 낙서(洛書)라는 것이 바로 그것입니다.[8] 위의 두 숫자 배치를 그림으로 나타낸 것입니다. 단순한 수가 공간과 만나면서 아주 복잡한 원리를 나타내는 상징이 되었습니다. 그건 나중에 공부하지요.

> **이삭** 남남북녀라는 말이 있습니다. 보통 남자는 남쪽 사람이 우수하고 여자는 북쪽 사람이 예쁘다는 말로 이해하는데 그렇지 않습니다. 이 말은 음양5행으로 설명한 것입니다. 음양으로 볼 때 남쪽은 양이고 북쪽은 음

---

8)   『역학원리강화』;「주역 정의」.

입니다. 남자는 양이고 여자는 음입니다. 그러니까 균형을 맞추려면 음양을 갖추어야 합니다. 그래서 방위와 남녀를 음양으로 맞춘 것입니다. 그래서 남남북녀가 된 것이죠. 실제로 사람들이 이해하는 뜻하고는 거리가 멉니다. 동양철학의 용어입니다.

5행론이 확립된 것은 전국시대의 일입니다. 제나라의 추연이라는 학자가 처음으로 5행설을 제시하여 큰 인기를 얻습니다. 이 5행의 실마리를 찾아볼 수 있는 책은 『관자』입니다.[9] 사마천의 『사기』를 보면 원래 추연이 쓴 책이 있었다고 하는데, 전하지 않습니다. 그 후에 『여씨춘추』나 『춘추번로』 같은 책에서는 5행설이 굉장히 중요한 이론으로 등장합니다. 그리고 『황제내경』에서 완벽한 5행설이 정리됩니다. 추연은 원래 유학을 했는데, 사람들에게 인기가 없자 방향을 약간 바꾸어서 5행론을 주장했다고 합니다. 예상대로 대단한 인기를 얻었습니다.

---

9) 『관자』

05

경락

몸 이야기를 하면서 경락 얘기를 해야 하나 말아야 하나, 하는 갈등을 하다가 결국은 하고 맙니다. 서양의학과 동양의학에서 완전히 시각차를 드러내는 곳이 바로 경락이기 때문입니다. 따라서 이곳은 전문지식에 속하고 어려운 부분이니, 절대로 읽지 말고 건너뛰시기 바랍니다. 나중에 시간이 날 때 천천히 읽어보시기 바랍니다. 제 말 꼭 들으셔야 합니다! 이런 어려운 곳에 발이 묶이면 정작 중요한 진도를 못 나갑니다. 흥미까지 잃죠.

서양에서 사람의 몸속에 피가 흐른다는 사실을 안 것은 극히 최근의 일입니다.(17세기 윌리엄 하비) 그런데 동양에서는 2천 년 전에 알았습니다. 그리고 피의 흐름을 살펴보면 몸 전체의 건강을 알 수 있다고 믿었습니다. 손목을 짚어서 맥을 보는 것이 바로 그 전통입니다. 이것은 단순히 혈액의 흐름을 보는 것이 아닙니다. 혈액의 흐름이 지닌 기운을 보는 것입니다.

이런 발상은 아주 독특한 겁니다. 혈액과 그것이 흐르는 기운을 다르게 인식한 것입니다. 그래서 그렇게 흘러가게 하는 기운이 있다고 믿고 그것이 생명의 비밀이라고 여긴 것입니다. 동양의학에서 기를 그토록 중시한 것도 바로 이런 시각 때문입니다. 피는 물질이지만, 그 물질이 움직이도록 하는 보이지 않는 어떤 힘이 바로 생명의 본질이라고 생각한 것입니다.

경락은 바로 그런 기운이 흘러 다니는 어떤 통로입니다. 피가 핏줄을 따라 일정한 원리대로 흐르듯이, 기운도 그렇게 흘러 다니는 자신만의 통로가 있다고 믿은 것입니다. 실제로 몸 속 곳곳으로 흐르는 기운의 통로를 그림으로 그렸습니다. 그것이 경락도입니다. 서양의학에서 보면 완전히 미친놈 잠꼬대 하는 것으로 보입니다. 의료기기가 발달한 요즘에 어떤 장비를 들이대서 찍어도 그런 증거가 나타나지 않습니다. 그래서 서양의학에서는 기가 없다고 판단합니다. 없다고 생각하는 것까지는 좋은데, 없다고 생각하는 사람들을 미신 믿는 미친 사람으로 매도합니다.

문제는, 2천 년 전에 확립된 그 방법으로 사람들이 요즘도 침을 놓아서 병을 고친다는 것입니다. 예컨대 소화가 안 되는 사람이 있으면 병원에서는 소화제를 먹이지요. 위산을 억지로 분비시켜서 남은 음식물을 억지로 삭이는 것입니다. 그렇지만 침꾼은 무릎 조금 아래의 한 혈에다가 침을 찌릅니다. 그러면 잠시 후에 그윽! 하고 트림을 합니다. 얼마나 황당합니까? 그렇지만 어쩌겠요? 실제로 그렇게 하면 위장병이 고쳐지는 것을!

물론 서양의학의 시각으로 이런 현상을 보자면 신경학이라든가 하는 다른 여러 방법으로 설명할 수 있겠지요. 그렇지만 설명할 수 있다는 것과, 그런 계통을 알아서 일정한 원리에 따라 이용한다는 것은 차원이 다른 문제입니다. 조금만 더 살펴보겠습니다. 이 이론에 의하면, 피가 염통에서 나와서 온몸을 돌아 제 자리로 돌아오듯이, 기운도 하루 종일 돌고 돌아서 제 자리로 오는 순서가 있습니다. 다음과 같습니다.

폐―대장―위―비장―심―소장―방광―신장―심포―삼초― 담―간

그런데 이 기운은 이 순서에 따라서 하루에 온몸을 50바퀴 돕니다. 하루가 24시간이니까 1시간에 얼마나 도는가를 알려면 24로 나누면 되겠지요. 그렇게 하면 1바퀴 도는데 28분가량 걸립니다. 그래서 한의원에서 침을 놓고 2~30분가량 놔두는 것입니다. 하루의 첫 시작은 동양에서는 인시인 3시라고 합니다. 새벽 3시에 폐로 가서 위의 순서대로 돌아 새벽 1시에 간으로 돌아옵니다. 이렇게 시간을 따져보면 폐―대―위―비는 오전, 심―소―방―신은 오후, 포―초―담―간은 밤이 될 것입니다. 그러면 그 시간대에 몸에 병증이 나타나는 사람은 그 병의 원인을 쉽게 짐작할 수 있을 것입니다. 오전에는 소화 흡수를 담당하는 기능의 문제이고, 오후에는 온열을 유지하는 보일러 기능의 문제이고, 밤에는 혈액순환과 스트레스의 문제임을 알 수 있습니다.

이 세 가지는 몸의 세 정확히 맞아 떨어집니다. 인체는 크게 앞과 옆, 그리고 뒤 이렇게 세 방향으로 생각할 수 있습니다. 앞은 배, 뒤는

등, 옆은 옆구리 쪽이죠. 이 세 곳으로 경락이 지나갑니다. 폐─대─위─비는 앞, 심─소─방─신은 뒤, 포─초─담─간은 옆입니다. 손발에도 마찬가지입니다. 그래서 이를 경락의 3통로라고 합니다. 5장6부에서 각기 흘러나온 경락이 일정한 원칙에 따라서 손발로 흘러갑니다. 그 흘러가는 큰 가닥을 경(經)이라고 하고, 경에서 갈라진 작은 가닥을 락(絡)이라고 합니다. 합쳐서 경락이죠.

그러니까 이런 정보를 종합하면 마치 엑스레이로 찍듯이 몸을 들여다볼 수 있습니다. 옛말에 명의는 문지방을 넘어서는 사람을 척 보고 병을 안다고 했는데, 거짓말이 아닙니다. 예컨대, 에너지를 몸으로 들이고 내보내는 기능에 문제가 생긴 사람은 오전에 몸의 앞쪽으로 증상이 나타나고, 몸의 온열기능에 문제가 생긴 사람은 오후에 몸의 뒤쪽으로 증상이 나타나고, 스트레스로 인해 혈액순환 장애가 생긴 사람은 밤에 몸의 옆으로 증상이 나타납니다. 아침밥을 잘 안 먹고 다니는 사람은 어느 시각에 어느 곳이 아플까요? 답이 나오죠? 오전에 이마가 아픕니다.

이 3가지 통로는 바이오리듬과도 일치합니다. 바이오리듬은 몸속에 신체, 감성, 지성 리듬이 있어서 컨디션을 지배한다는 것이죠. 폐─대─위─비는 신체리듬, 심─소─방─신은 감성리듬, 포─초─담─간은 지성리듬과 짝을 이룹니다. 지성이 있다고 사람들의 존경을 받는 정치인이나 의사 같은 사회 상류층 사람들은 편두통을 많이 앓습니다. 이유가 나오죠. 편두통은 삼초와 담 경락에서 발생하는 것이고, 그 경락은 옆구리로 뻗어가며, 밤늦은 시각에 기운이 몰립니다. 하나를 알면 열을 내다볼 수 있습니다.

이와 같이 경락은 5장6부에서 나온 기운이 온몸을 거쳐서 손발로 뻗어가는 통로입니다. 과학으로는 밝힐 수 없으니 현재로는 가상의 선이라고 해야겠네요. 그렇지만 동양의학을 하는 사람에게는 정말 분명히 존재하는 것입니다. 그걸 믿지 않고서는 침을 놓을 수가 없겠지요? 그 안에서 벌어지는 아주 오묘하고 복잡한 이론은 나중에 관심 있는 분들이라면 공부할 수 있을 것입니다. 여기서는 12경락의 이름만이라도 한 번 구경하고 가겠습니다. 순서와 손발의 짝을 잘 보시기 바랍니다. 이름 붙이는 원리를 이해할 수 있을 것입니다.

수태음 폐경

수양명 대장경

족양명 위경

족태음 비경

수소음 심경

수태양 소장경

족태양 방광경

족소음 신경

수궐음 심포경

수소양 삼초경

족소양 담경

족궐음 간경

06

사람은
소우주

동양의 독특한 관점 중 하나가 사람을 소우주로 보는 것입니다. 소우주란 작은 우주란 말입니다. 이것은 큰 우주를 염두에 두고 한 말입니다. 큰 우주란 우리 눈에 보이는 밤하늘의 별나라를 말합니다. 그곳에는 해와 달과 5성, 28수와 은하수, 그리고 헬 수도 없이 많은 별들이 있죠. 그 중에서 우리는 지구에 올라탔습니다. 이 모든 것을 통틀어 우주라고 합니다. 그런데 이 우주는 가만히 있는 것이 아니라 움직입니다. 그러면서 네 철을 만들어내죠.

우리는 변화하는 그 한 가운데 있습니다. 그렇기 때문에 우리의 몸은 오랜 세월 그 속에서 환경에 적응하면서 살아왔고, 그러는 사이 우주의 특징을 빼닮았습니다. 머리는 하늘을 닮아 둥글게 생겼고, 몸통은 땅을 닮아 네모로 생겼습니다. 하늘에는 해와 달이 있으니, 사람에게는 두 눈이 있고, 1년은 365일이라서 사람 몸의 뼈도 360여개입니다.

그런데 이런 우습기까지 한 비유를 통해서 전하고자 하는 말뜻은 우주가 만드는 4철의 변화에 몸이 자동으로 적응하도록 설계되었고 장치되었다는 말입니다. 그래서 시시각각 우리의 몸은 우리가 어떻게 하라고 하지 않아도 알아서 지구 변화에 호응합니다. 지구가 도는 빠르기를 내 몸이 제대로 따라가지 못해서 그 발걸음을 맞추려고 한 바탕 소란을 피우는 것이 몸살입니다. 몸살이 환절기 때 걸리는 것은 바로 이 때문입니다.

그런데 이보다 더 중요한 것은, 소우주인 내 몸에 또 다른 우주가 들어있다는 것입니다. 몸만 보아도 그렇습니다. 생물학이 발달하면서 찾아낸 것들이기는 하지만 과학시간에 우리가 배우는 몸의 구조는 정말로 거대한 우주를 이룹니다. 세포가 75조 개이고, 신경전달물질도 그 수를 헬 수 없이 많으며 뇌 속에서 반짝이는 회로들이 하늘의 별 만큼이나 많습니다.[10]

우리 몸 자체가 큰 우주보다 더 복잡하게 구성된 정교한 기계이지만, 정신으로 들어가 보면 그 속에도 우주가 있습니다. 명상을 해보면 내 안에 우주만큼이나 큰 무한 허공이 존재하고 그 속에 무한한 이미지의 세계가 있습니다. 그 이미지를 파일삭제하면 밤하늘만큼이나 아름다운 별무리가 나타나고, 그 별무리까지 폴더삭제하면 우주의 본체가 비로소 드러납니다. 사람이 소우주라는 것은 그냥 좋아서 하는 말이 아니라, 이런 수행을 통해서 보고 깨달은 것을 나타내려는 말입니다.

---

[10]   앨리스 로버츠, 『인체 완전판』(박경한 권기호 김명남 옮김), 사이언스북스, 2012.

이런 것은 보여주고 싶어도 보여줄 수 없습니다. 자신이 스스로 찾아가서 보는 수밖에 없습니다. 경험주의나 주관주의, 신비주의라고 욕해도 어쩔 수 없습니다. 이렇게 말해줄 수밖에 없습니다. 그렇지만 여러분은 이렇게 말해주는 것에 대해서 고마워해야 합니다. 이렇게 말해주는 사람도 없었을 테니까요. 경험주의라 해도 모든 사람에게 두루 나타나는 일이라면 그냥 경험주의에만 머물지는 않을 것입니다. 스스로 달려들어서 해보지 않은 사람에게는 어떤 진리를 얘기해주어도 경험주의라고 지껄이고 말 것입니다. 입만 아프죠. 실천하지 않는 자에게 철학은 개뼉다귀 사용설명서에 지나지 않습니다.

Chapter 7

운명

운명이란 무엇인가

운명(運命)이란 무엇인까요? 운명은
높고 낮음을 뜻합니다. 덕이 높고 몸이
높으며, 지 각과 배울 운명이
운명이자 제 자리로 오는 것을
운명이라고 합니다. 좋은 것을 이루어
뜻입니다. 고정되어 운명이란
운고도 넓은 이라도 뜻이 아직도와
시작의 본성은 아직 멈추지 못 노릇이
습니다. 지말이 지든 과정이
그것이 곧 입니다.

01

운명의
말뜻

    운명(運命)이란 무엇일까요? 運은 돌고 돈다는 뜻입니다. 달이 지구를 돌듯이, 지구가 해를 돌듯이 돌고 돌아서 제 자리로 오는 것을 운이라고 합니다. 命은 목숨이라는 뜻입니다. 그렇다면 운명이란 돌고 도는 목숨이라는 뜻이겠지요? 사람의 목숨은 마치 쳇바퀴 돌듯이 돕니다. 사람이 사는 과정이 그렇다는 뜻입니다. 정말 그럴까요? 옛날에는 이에 대해 좀 의심을 했는데 요즘에는 전혀 의심하지 않습니다.

    바이오리듬이라는 게 있지요? 몸속에서 신체리듬, 감성리듬, 지성리듬이 서로 다른 주기로 돈다는 것 아닙니까? 어쩐지 감정이 잘 통제되지 않는 날이 있고, 글이 잘 써지는 날이 있고, 몸이 유난히 찌뿌둥한 날이 있습니다. 그게 바로 내 몸속에서 도는 어떤 주기 때문에 그런 것이군요. 그러면 이런 주기가 왜 생겼을까요? 그리고 무슨 뜻이 있을까요?

02

오늘
이 시각

2015년 1월 30일 오후 4시 18분.

이것은 무엇일까요? 제가 지금 이 글을 쓰는 날짜와 시각을 표시한 것입니다. 정말 황당하지요? 날짜를 앞에 놓고서 무엇이냐고 묻다니! 이 날짜와 시간이 무엇을 의미하는지 한 번도 생각해보지 않았을 것입니다. 그렇지만 사람이 쓰는 말인데 의미가 없을 수는 없습니다. 그러면 이제부터라도 한 번 생각해봐야 하지 않을까요?

2015라는 숫자는 무엇을 뜻할까요? 예수가 태어난 해를 기준으로 현재 지구가 태양의 둘레를 2015번째로 돌기 시작했다는 뜻입니다. 그렇죠? 놀랍지 않은가요? 우리가 무심코 쓰는 2015라는 숫자에 그런 뜻이 담겼다니! 그럼 4348은 무엇일까요? 단군 할아버지가 나라를 세운 뒤로 지구가 해의 둘레를 4348번째로 돌기 시작했다는 뜻입니다. 그래서 해(年)라고 합니다. 이건 사람들이 정한 것입니다. 그렇다면 지구가 해의 둘레를 돌기 시작한 것은 올해로 몇 번째일까요? 알 수 없습니다. 그걸 어떻게 알겠어요? 그렇지만 2015라는 것은 사람에게 분명한 의미가 있습니다.

1월의 1은 무슨 뜻일까요? 이것은 2015년이 시작된 뒤 달이 첫 번째로 지구를 돌기 시작했다는 뜻이죠. 달이 지구를 돌기 시작하면 어떤 일이 생기죠? 밤하늘을 보면 달의 모양이 조금씩 달라집니다. 완전히 둥글었다가 조금씩 살이 빠지기 시작해서 나중에는 완전히 사라졌다가 다시 살이 차오르죠. 그렇게 걸리는 시간이 1달가량입니다. 그래서 '달'입니다. '달'은 '돈다'는 뜻입니다. 기본형이 '돌다'죠. 옛날에 돌잔치를 할 때의 그 돌도 돈다는 뜻입니다. 그러면 달은 1년에 몇 번 정도 차고 기울까요? 12번 정도입니다. 맨 처음에 차고 기우는 달에 번호를 붙인 것이고, 차례로 2, 3, 4, 5 … 하고 주욱 붙어나가죠. 그러니까 2015 뒤에 붙은 1은 2015년이 된 지 이제 처음으로 달이 차고 기울기 시작했다는 말입니다.

그러면 30은 무엇인지 금방 알겠네요! 그렇죠? 뭔가요? 아하, 이것은 지구가 자전하는 데 걸리는 시간을 말하는 것이고, 그 시간은 달과 관계를 놓고 볼 때 달이 차고 기우는 차례의 맨 끝에 왔다는 얘기네요. 그럴 겁니다. 그래서 '날'이라고 합니다. 날(日)이란 하루해를 뜻합니다. 즉 지구가 한 바퀴 도는 바람에 해가 움직이는 시간을 말하죠.

그러면 고민에 빠집니다. 끝없이 되풀이되는 이 시간을 어떻게 표시해야 할까요? 지금 달력을 보면 날짜마다 숫자가 쓰여 있습니다. 보통 7일을 한 줄로 해서 배열했습니다. 달이 바뀌면 1부터 시작해서 그다음 날을 2로 표기하고, 해가 뜰 때마다 숫자를 하나씩 불립니다. 그리고 30일 정도를 한 달로 묶어서 그 달에도 숫자로 표시합니다. 1월 2월 3월 … 하는 식이죠. 그 옆에는 꼬부랑글씨도 있습니다. 서양 사람들이 그렇게 표시한다고 하는군요.

그러면 우리가 달력에 표시하는 이 버릇은 옛날에도 그랬을까요? 그렇지 않습니다. 옛날에는 날짜를 이렇게 숫자로 표시하지 않았습니다. 동양에서는 아주 독특한 방법을 썼습니다. 하루를 표시하는데 10진법과 12진법을 섞어 쓴 것입니다. 이렇게 섞어 쓴 이유는 간단합니다. 그냥 날짜로 1, 2, 3 … 하는 식으로 써놓으면 10진법이 계속 되풀이되기 때문에 해가 하루 떴다 지는 것만 보이지 달이 어떤 상태인지가 나타나지를 않습니다. 그렇지만 12진법까지 같이 써놓으면 달이 어떤 상태에 있는지 알 수 있지 않을까요? 그런 방법이 있을까요? 그래서 인류 최초의 무당 복희에게 전화를 해봤습니다. 그랬더니 '있다!'고 대답하더군요. 하하하. 제가 책을 몇 권 읽고 전화했을까요? 알아 맞혀 보세요.

> **이삭**
> 복희는 한자로 복희(伏羲), 포희(包犠), 복희(卜羲)라고 씁니다. 한 사람의 이름 같지만, 사실은 직책을 가리키는 말입니다. 羲는 제사 지낼 때 제물로 바치는 희생양을 말하는 것입니다. 伏은 엎드린다는 말이니, 제사 지낼 때 엎드리는 사람이라는 말입니다. 卜은 점친다는 말이니 볼 것도 없죠. 복희는 제사장을 가리키는 말이고, 우리 고대사회에서는 무당에 해당합니다. 무당은 '신의 뜻을 묻는 사람'이라는 순 우리말입니다. 〈묻+앙〉의 구조가 보이시죠? 〈묻〉은 '묻다'의 어근과 같습니다. 〈앙〉은 '마당,

봉당' 같은 말에서 보듯이 명사화접미사입니다. 그러니까 중국이나 우리 나라나 고대에는 모두 제사장이 왕을 겸했습니다. 신라왕을 가리키는 거 서간, 차차웅, 마립간 같은 말들이 모두 제사장을 가리키는 말입니다.[1)]

1)   정진명, 『우리 침뜸의 원리와 응용』, 학민사, 2011.

03
60간지

　　10이란 숫자는 사람이 셈을 헤아리는 방법에서 나온 것입니다. 물건을 하나 둘 센다든지 할 때 무엇을 이용하나요? 손가락을 이용하죠. 그래서 10진법이 인류에게 가장 많이 나타나는 셈법이 됩니다. 물론 10진법만 있는 것이 아닙니다. 5진법도 있고 2진법도 있습니다. 컴퓨터는 2진법을 이용하죠. 그렇지만 인류에게 가장 널리 쓰인 셈법은 10진법입니다. 해가 10번 떴다 지는 것을 기억하는 것입니다.

　　그렇게 세 차례 되풀이 하면 달의 주기와 얼추 맞죠. 그래서 10가지에다가 이름을 붙입니다. 순서를 정하는 겁니다. 어떻게 붙일까요? 동양 사람들은 아주 독특한 방법을 생각해냈습니다. 식물이 자라는 과정을 살펴보고서 그 모양을 흉내 내어 글자를 만들었습니다. 그것이 한자입니다. 그렇게 해서 찾아낸 한자말로 표기했습니다. 다음과 같습니다. 천간이라고 하죠.

　　갑 을 병 정 무 기 경 신 임 계

　　이것은 해가 뜨고 지는 것에다가 이름을 붙인 것입니다. 그런데 밤하늘에는 해보다 더 정밀하게 표정을 바꾸며 뜨고 지는 달이 있습니다. 30일 정도면 완전히 차고 기웁니다. 이 30을 위의 천간 10과 짝을 지우면 '상—중—하' 셋으로 엇비슷이 나뉩니다. 그래서 상순, 중순, 하순이라는 말이 나왔죠. 순(旬)은 열흘을 가리키는 단위입니다. 달의 되풀이를 10일 단위로 끊은 것입니다. 그런데 이 달의 규칙이 12로 된 것은 지구가 해를 한 바퀴 돌아서 제자리에 올 동안에 달이 차고 기운 숫자 때문입니다.

무한허공에서 떠도는 해가 어떻게 다시 제 자리로 돌아오느냐고요? 하하하. 그림자 길이를 보면 되지요! 1년 중 그림자 길이가 가장 짧은 날을 찾으면 해가 다시 제 자리에 돌아왔음을 알 수 있죠. 해가 다시 제자리로 오는 사이에 달은 12번을 차고 기웁니다. 그래서 12진법이 인류사회 공통으로 나오는 겁니다. 연필 1타스는 12개죠. 이것이 서양 사람들이 인식한 12진법의 흔적입니다. 이 12진법에도 이름을 붙여줍니다. 다음과 같습니다. 지지라고 하죠.

자 축 인 묘 진 사 오 미 신 유 술 해

그러면 날짜에 해의 움직임만 표시하는 것이 아니라 달의 움직임까지 표시할 수 있습니다. 어떻게? 날짜에 이 둘을 결합하여 이름을 붙이는 겁니다. 즉 첫날은 갑자, 둘째 날은 을축, 셋째 날은 병인……이런 식입니다. 이렇게 짝을 지워나가다 보면 지지에서 술과 해가 남습니다. 그러면 다시 천간과 차례로 짝을 지웁니다. 갑술, 을해…… 하는 식이죠. 이렇게 해서 순서에 따라 차례로 짝을 맞춰보면 모두 60개가 나옵니다. 그래서 우리는 이것을 첫 글자를 따서 60갑자라고 합니다. 한 번 써볼까요.

갑자 을축 병인 정묘 무진 기사 경오 신미 임신 계유
갑술 을해 병자 정축 무인 기묘 경진 신사 임오 계미
갑신 을유 병술 정해 무자 기축 경인 신묘 임진 계사
갑오 을미 병신 정유 무술 기해 경자 신축 임인 계묘
갑진 을사 병오 정미 무신 기유 경술 신해 임자 계축
갑인 을묘 병진 정사 무오 기미 경신 신유 임술 계해

그래서 매년 해가 바뀔 때마다 이 이름을 붙여주는 겁니다. 동양의 달력에 보면 반드시 이 60갑자 중의 어느 하나가 표시되었습니다. 가만 있자, 2015년 올해는 을미라고 써놨네요. 올해는 을미년입니다. 이 을미의 '을'은 해의 위치를 나타내고, '미'는 달의 위치를 나타내는 말입니다. 따라서 동양에서는 시간의 어느 시점이든 반드시 두 글자로 표시할 수 있습니다. 달도 그렇고 날도 그렇고 시간도 그렇습니다. 이렇게 시간을 천간과 지지로만 표시해놓은 달력이 있습니다. 그 달력을 만세력이라고 합니다. 시중의 서점에 가면 얼마든지 살 수 있습니다. 그러면 앞서 말한 시간을 동양의 60갑자로 표시해볼까요?

년 : 갑오
월 : 정축
일 : 병오

시 : 병신

이상한 게 있지요? 이런 거 빨리 발견하셔야 합니다. 아무 생각 없이 따라오면 공부가 늦습니다. 앞에서는 올해 2015년이 을미년이라고 했는데, 여기에는 갑오라고 표기했네요? 그렇습니다. 아직 설이 안 지났기 때문에 음력에서는 아직도 갑오년인 것입니다. 동양에서는 음력 설날을 기준으로 해서 해가 바뀝니다.

자, 연―월―일―시 4가지 시간이 글자 몇 개로 표시됐죠? 8자입니다. 어디서 많이 들어본 말 아닌가요? 어른들이 "어이구, 내 팔자야!" 하면서 탄식할 때 쓰던 말이 아닌가요? 그렇습니다. 4가지는 그 사람이 타고난 날짜와 시간을 가리키는 말(연―월―일―시)이고, 팔자는 이 연―월―일―시를 60갑자로 표기했다는 말입니다. 4가지는 그 사람의 삶을 결정짓는 중요한 기둥이라고 해서 4주라고 합니다. 4주8자는 바로 여기서 온 말입니다. 사실 4주와 8자는 동어반복이죠. 4주나 8자는 같은 말입니다. 날짜를 이렇게 표시해놓으면 우리는 이 시간에 태어난 사람의 성격을 어느 정도 알고 그를 바탕으로 그의 운명을 예측할 수 있습니다. 이런 학문을 명리학이라고 합니다.

명리학은 동양에서 한 사람의 운명을 예측하는 철학입니다. 그 이유는 앞서 말했습니다. 그냥 날짜로 표시할 때는 나타나지 않던 해와 달의 관계가 이 표시에는 나타나기 때문입니다. 날짜에 해와 달의 관계가 나타난다는 것은 이 시간에 해와 달이 어떤 형태로 지구와 관계를 맺고 있는가 하는 것을 암시해준다는 말입니다. 그 관계에 따라 이 사람에게 해와 달이 영향을 미치는 정도를 알아낼 수 있습니다. 당연히 그렇게 하는 데는 도구와 방법이 필요합니다. 마치 허파의 상태를 알려면 엑스레이를 찍거나 간의 상태를 알려면 초음파 검사를 해야 하는 것과 같습니다.

그러면 어떻게 볼까요? 그런 방법에는 몇 가지가 있습니다. 가장 간단한 방법은 음양론으로 보는 것입니다. 음양론은 벌써 배웠죠? 그러면 이 8자를 음과 양으로 나누어서 그 비율을 따져보는 겁니다. 이 8글자를 음과 양으로 나누는 방법은 나중에 알려드리겠습니다. 여기서는 바꾼 결과만 우선 보여드리도록 하겠습니다. 양을 +로 음을 −로 표시해 보겠습니다. 다음과 같습니다.

년 : + −
월 : − −
일 : + −
시 : + +

양(+)이 4이고, 음(−)도 4이네요. 그러면 이 시간에 태어난 사람은 음과 양이 서로 균형을 맞아서 조화를 이룰 것임을 알 수 있습니다. 사람이 다람쥐 쳇바퀴 돌듯이 운명을 돌고 돌아서 살아간다고 했는데 그 운명의 바퀴가 높을 때나 낮을 때나 크게 위험하지는 않다는 것을 보여줍니다. 음과 양이 어느 한 쪽으로 많이 쏠렸으면 운에 따라서 큰 영향을 받습니다. 그렇지만 이 사람은 4:4로 균형이 잡혔기 때문에 운이 기우뚱거려도 제 자리를 잘 잡을 것입니다.

음양론 말고 이 사주를 보는 또 다른 방법은 없을까요? 있습니다. 지금은 음양론으로 봤지만, 5행론으로 보는 방법도 있습니다. 5행론은 우리가 어디에서 많이 볼 수 있다고 했죠? 별 이름에서 볼 수 있다고 했죠! 그렇습니다. 옛날에 밤하늘에서 볼 수 있는 움직이는 별은 모두 5개였습니다. 당연히 어느 한 시각에는 그 5별이 위치한 자리가 있을 것입니다. 그렇다면 앞의 날짜와 시간에 5별의 위치가 정해졌겠지요. 5행으로 명리학을 보는 것은 바로 그 5별이 그 순간에 어떤 영향을 미치는가 하는 것을 알아보는 것입니다. 2글자로 표현되는 동양의 시간에는 5별의 위치도 들어있습니다.

그렇지만 그 별의 위치와 영향을 파악하려면 음양론의 경우처럼 엑스레이 같은 도구가 필요합니다. 이렇게 5별의 영향을 파악하는 장비가 바로 5행론입니다. 5행의 行은 별들이 뒤뚱거리며 걸어가는 모습을 나타낸 글자입니다. 어느 한 사람이 태어나면 그 사람이 태어난 그 시각에는 해와 달과 별의 위치가 새겨집니다. 그것들의 영향을 알아보는 것이 명리학입니다. 한 번 볼까요? 음양론의 경우처럼 5행으로 환산하는 공식은 나중에 알려드리겠습니다. 여기서는 일단 결과만을 놓고 한번 살펴보겠습니다. 5행으로 환산하면 다음과 같습니다.

년 : 목 화
월 : 화 토
일 : 화 화
시 : 화 금

화가 무려 5, 토가 1, 금이 2이네요. 한 눈에 보기에도 균형이 무너져서 한쪽으로 심하게 쏠렸지요? 음양론으로 볼 때는 균형이 잘 잡혔는데, 5행론으로 보니까 엄청 기우뚱거리네요. 이런 사람은 운명이 5행중에서 화의 기운이 이르는 시기에 닿으면 크게 고생합니다. 일생이 오르락내리락하면서 평안하지가 않죠. 아마도 롤러코스트를 탄 것처럼 심한 변화를 겪으면서 살 것입니다. 이런 식으로 4주 주인의 삶을 보는 겁니다.[2]

수업시간에 고전 작품을 읽다 보면 60간지로 표기한 시간이 나오고, 그 원리를 설명하다보면 저절로 4주 얘기도 나옵니다. 제가 아는 체를 하면 꼭 애들은 시험해 보려고 하고 하지요. 그러면 저는 교실 밖으로 나가면서 아이들더러 한 명의 생년월일을 칠판에 적어놓으라고 합니다. 저는 그 생일의 주인이 누구인지 모르지만 아이들은 알지요. 그 상태에서 제가 만세력을 펼쳐서 8자를 뽑아놓고 그 생일의 주인에 대해 설명합니다. 아이들이 탄성을 지릅니다.

10천간과 12지지의 음양 5행에 대해서 알아보겠습니다. 이곳은 사다리이니 어려우면 그냥 넘어가시기 바랍니다. 고집 피우지 말고. 먼저 10천간의 음양5행 표입니다.

---

2)   박주현, 『왕초보 사주학』, 동학사, 1997.

	목	화	토	금	수
음	갑	병	무	경	임
양	을	정	기	신	계

다음으로, 12지지의 음양5행 표입니다.

	목	화	토	금	수
음	인	사	진술	신	해
양	묘	오	축미	유	자

이렇게 분류된 것을 토대로 해서 해석하는 것입니다. 사물마다 개념마다 음과 양의 특징이 있고, 5행의 특징이 있습니다. 이 밖에도 세상의 모든 구성물을 5행으로 분류하여 이해하는 것이 5행가들의 생각입니다. 그것을 처음으로 분류한 것이 『황제내경』에 나옵니다. 다음과 같습니다.[3]

	목	화	토	금	수
방위	동	남	복판	서	북
색	파랑	빨강	노랑	하양	검정
들어가는 곳	간	염통	비장	허파	콩팥
열리는 구멍	눈	귀	입	코	2음
정기를 갈무리하는 곳	간	염통	비장	허파	콩팥
탈	놀람	5장	허뿌리	등	골짜기
맛	신만	쓴맛	단맛	매운맛	짠맛
종류	푸나무	불	흙	쇠	물

---

3)   정진명, 『황제내경 소문』, 학민사, 2015.

	목	화	토	금	수
집짐승	닭	양	소	말	돼지
곡물	보리	기장	피	벼	콩
응하는 것	네 철	네 철	네 철	네 철	네 철
위(하늘)	세성	형혹성	진성	태백성	신성
탈나는 곳	머리	맥	살	살갗털	뼈
소리	각	치	궁	상	우
숫자	8	7	5	9	6
냄새	누린내	탄내	향내	비린내	고린내

자, 위의 표에서 색깔을 보시기 바랍니다. 수로 가보세요. 그 밑에 뭐라고 쓰여 있나요? 검정이라고 쓰여 있습니다. 배터리를 저장하는 곳이 어디라고 했죠? 콩팥이라고 했습니다. 그러면 사람이 죽는다는 건 콩팥의 기운이 다했음을 뜻합니다. 그러면 콩팥과 검정으로부터 우리는 알아낼 수 있습니다. 죽음의 기운은 검정이라는 것을! 저승사자의 복장이 왜 검정색인지 알겠지요? 아울러 사랑이 왜 빨강과 관련이 있는지도 알 것입니다. 사랑은 심장이 뛰는 것이고 위의 표에서 심장은 빨강과 관련이 있다고 나오지요.

제가 아는 사람 한 분이 저승사자를 만난 적이 있습니다. 밤에 잠을 자다가 목이 말라서 거실로 나갔는데, 소파에 저승사자가 앉아있더랍니다. 텔레비전의 불빛이 번쩍이면서 그 검은 저승사자를 비추더랍니다. 깜짝 놀라서 털썩 주저앉았는데 그 저승사자가 달려와서 그러더랍니다. '아빠, 왜 그래?' 정신을 차리고 보니 딸이더랍니다. 대학생인 딸이 다음

날 연극에서 쓸 저승사자 복장을 한 번 입어본 것인데, 그 순간 아빠가 문을 열고 나온 것입니다. 얼마나 가슴이 철렁 했겠어요? 하하하. 재미있죠?

더 해볼까요? 허파가 안 좋은 사람은 피부 빛깔이 어떨까요? 아주 하얗습니다. 여자들이 백옥 미인이라고 좋아하는 그런 피부입니다. 왜 하얗냐고요? 저야 모르죠! 2천 년 전의 동양 의원들이 사람을 관찰하고서 얻은 결론입니다. 관찰 결과 그렇다는 걸 저더러 어쩌란 말입니까? 그런데 허파가 안 좋은 사람은 실제로 피부가 하얗습니다. 폐암으로 죽기 직전인 환자를 보면 살빛이 정말 백짓장 같습니다. 그리고 허파가 안 좋은 사람은 코가 안 좋습니다. 축농증 같은 것이 있습니다. 모두가 위의 도표대로 관찰한 것입니다. 위의 도표를 보면 이야깃거리가 정말 무궁무진하게 생깁니다.

04

시간과
질서

아침에 출근하려고 문을 열어보니 좀 쌀쌀합니다. 문득 갈등이 생깁니다. 여름 내내 입던 홑바지를 벗고 춘추복으로 갈아입을까? 아니면 아침에 춥더라도 낮에는 똑같이 더워질 테니 그냥 어제처럼 입고 나갈까? 아니야, 이제 나이 50줄이 넘었으니 좀 더운 게 낫지, 잘못하여 고뿔이라도 걸리면 좋을 게 없지. 춘추복으로 갈아입고 나가자. 이렇게 하여 출근할 때 입을 옷을 결정하고 그 옷을 입고 출근길 문을 나섭니다.

이런 일은 날마다 일어나는 것이 아니라 철이 바뀔 때 일어납니다. 이때를 환절기라고 하지요. 절기가 바뀐다는 말입니다. 며칠 후에는 사내인 나는 변화가 없는데 아가씨들한테 변화가 생깁니다. 복장은 똑같은데 목에 스카프가 둘려집니다. 얇은 천 한 조각이 목에 감깁니다. 그 얇은 천 조각이 뜻하는 바를 저는 젊어서 전혀 몰랐습니다. 여자들이 멋 부리느라고 패션 '질'을 하는 줄 알았습니다. 그런데 나이가 들고 보니 가을철로 접어들 무렵에 날씨가 하루를 사이로 갑자기 서늘해지는 한 시점이 느껴지더군요. 그때 옷을 바꿔 입을 정도까지는 안 되는데, 그냥 두기에는 몸이 불편한 만큼 기온이 떨어집니다. 그때 필요한 것이 바로 스카프나 목도리 같은 소품들입니다.

그러면 나이든 사람이나 연약한 여인들이 불과 하루 사이에 느끼는 이 온도의 감각은 무엇일까요? 도대체 왜 이런 일이 일어나는 걸까요? 날씨가 떨어져서 그런 거겠지요? 왜 날씨가 떨어질까요? 겨울을 향해 가기 때문이겠지요. 계절이 겨울로 간다는 건 무슨 뜻일까요? 그건 지구가 해의 둘레를 돌다가 자전축이 해와 반대방향으로 기울었음을 뜻합니다. 그러니까 어느 날 아가씨들이 얇은 천 조각 하나를 장롱 깊숙한 곳에서 꺼내어 목에 두르며 거울을 보고 매무새를 다듬는 것은, 지구가 여름에서 겨울로 넘어가기 위해서 방향전환을 시작했음을 뜻하고, 그에 따라 아주 작은 차이로 일조량의 변화가 생겨 그것이 불과 하루 사이에 몸이 느낄 만큼의 변화가 생겼음을 뜻하는 것입니다.

당연한 얘기라고요? 하하하. 그렇게 말하면 제가 할 말이 없네요. 그렇지만 평상시에 이런 생각을 하지 않고 사는 사람들이 정말 많습니다. 허긴 날마다 날씨 뉴스를 보면서 그런 생각을 일일이 하며 산다는 게 어쩌면 더 이상한 사람일지도 모르지요. 하지만 지금 철학하는 이 시간에는 그런 사람이 되어야 합니다.

1년이 4계절을 해마다 되풀이한다는 것은 어린 아이들도 한두 해만 살아보면 알 수 있는 일입니다. 아득한 옛날 사람이 석기를 쓰기 전에도 이런 정도는 알았을 것입니다. 그렇다면 1년을 주기로 벌어지는 태양의 운동을 지상에서 좀 더 정확히 아는 방법은 없을까요? 아주 간단한 방법이 있습니다. 1년을 살펴보면 해 뜨는 높이가 가장 낮은 때가 있고 가장 높은 때가 있습니다. 가장 낮은 때는 가장 춥고 가장 높은 때는 가장 덥습니다. 그러면 이것을 아주 정확하게 판단하려면 어떻게 하면 좋을까요?

여러분이 5만 년 전의 사람이라고 생각하고 한 번 헤아려보십시오. 마당에 말뚝을 하나 세워놓으면 됩니다. 말뚝 그림자가 마당에 드리우기 때문이지요. 1년 중 말뚝의 그림자가 가장 긴 때가 가장 추운 때요, 말뚝의 그림가가 가장 짧은 때가 가장 더운 때겠지요. 그러면 우리는 여기서 누구나 해의 1년 운동을 헤아리는 기준점을 잡을 수 있습니다. 해의 길이가 짧은 때가 좋을까요? 긴 때가 좋을까요? 긴 때가 표시하기 좋겠지요.

그래서 해의 그림자 길이가 가장 긴 때를 1년의 출발로 삼습니다. 그리고 이름 붙입니다. 뭐라고 이름 붙일까요? 겨울이 가장 깊어진 상태를 나타내는 말이 좋겠지요. 그것이 동지(冬至)입니다. 반대로 해가 가장 짧을 때는 뭐라고 부를까요? 앞의 경우를 보면 답이 저절로 나오네요. 하지(夏至)겠네요. 이렇게 해서 1년은 크게 둘로 나눌 수 있습니다. 동지와 하지를 2지라고 합니다. 이 사이로 오가며 해는 뜨는데, 뜨는 높이가 날마다 달라집니다. 아울러 밤과 낮은 길이도 달라지죠. 여름에는 낮이 길고 겨울에는 밤이 깁니다. 동지에는 밤이 가장 길고 낮의 길이가 가장 짧으며 하지에는 그 반대입니다.

충남 예산의 추사 김정희 고택에 가면 마당 한 가운데에 허리 높이의 네모난 돌기둥이 하나 서 있습니다. 자세히 보면 석년(石年)이라고 글씨가 새겨졌습니다. 바로 이것이 마당에 드리우는 해의 그림자를 관찰하려고 세워놓은 것입니다. 중국의 사서인 『삼국지』 '위서 동이전'에도 삼한의 무당들이 마당에 긴 장대를 세우고 끝에 북을 매달았다고 기록했는데, 바로 그것도 해의 그림자를 관찰하려고 한 것입니다. 이것이 역사시대로 접어들면 앙부일귀 같은 해시계로 발전합니다.

그런데 이렇게 나누고 보니 또 한 가지 지점을 우리는 쉽게 추측할 수 있습니다. 즉 하지와 동지 사이에는 밤과 낮의 길이가 똑같은 날이 있을 것입니다. 그때는 뭐라고 할까요? 분(分)이라고 합니다. 동지와 하지 사이를 나누었다는 뜻입니다. 계절로는 봄과 가을이지요. 그러면 이름도 '분'에다가 각기 계절을 붙이면 되겠네요. 그래서 춘분과 추분이 생깁니다. 그래서 이 둘을 함께 2분이라고 부릅니다. 그러면 우리는 지구가 해의 둘레를 도는 1년을 2지와 2분을 이용하여 4마디로 나눌 수 있습니다.

자, 우리는 지금 이것을 글로 설명하고 있습니다. 그렇지만 문자는 이집트 피라미드라고 해야 올려 잡아도 5천년이고, 중국의 갑골문이라고 해도 3천 년 전의 일입니다. 그렇지만 이런 관찰은 언제부터 했을까요? 아마도 몇 만 년, 아니 몇 십만 년 전부터 했을 것입니다. 수렵 채집을 하던 시절에도 1년의 주기가 주는 식량의 문제는 분명했을 테니까요. 그러면 이걸 어떻게 표시해야 할까요? 이렇게 질문을 해보면 막막한데, 사실 아주 간단한 방법이 있고, 그 방법에 대해서는 벌써 얘기했습니다. 언제? 바로 앞에서요. 그림자 얘기를 했잖아요? 그림자로 표시하면 됩니다. 어떻게?

해는 마당의 말뚝을 보면 말뚝 그림자가 가장 짧은 때와 긴 때 사이로 왔다 갔다 하니까 그 상태 그대로 그림자를 표시하면 됩니다. 그림자가 가장 짧은 때는 ▬▬로 그리면 되고, 그림자가 긴 때는, 가장 짧은 때의 곱절로 생각하고 길이를 2배로 그리면 됩니다. 이렇게 말이지요. ▬ ▬. 그러면 그 사이인 춘분과 추분은 어떻게 하죠? 이 그림자 길이를 겹쳐놓으면 되겠지요. 어떻게? 춘분은 ▬ ▬ 위에 ▬▬를 올려놓고, 추분은 그 반대로 하는 겁니다. 춘분과 추분은 낮과 밤의 길이가 같은 때이지만, 시간의 방향이 다릅니다. 춘분은 겨울에서 여름으로 가는 것이고, 추분은 그 반대입니다. 그러니까 춘분은 겨울을 나타내는 ▬ ▬을 밑에 놓고 그 위에 ▬▬을 놓으면 됩니다. 이렇게요.(☲)추분은 그 반대(☵)겠지요. 춘분과 추분을 이렇게 2줄로 표시해놓으면 하지와 동지도 그대로 둘 수 없습니다. 그래서 두 줄로 표시합니다. 이렇게 하면 되겠지요. 이렇게 해서 2분 2지를 부호로 표시합니다.

그렇다면 문자가 없던 시절에도 이런 식으로 1년의 중요한 마디를 얼마든지 표시할 수 있을 것입니다. 여기서는 2번만 겹쳤지만, 좀 더 잘게 나누려면 3번 4번 5번 6번 계속 벽돌쌓기를 하면 되는 겁니다. 3번을 쌓으면 이렇게 됩니다.

이거 어디서 많이 보던 거 아닌가요? 그렇습니다. 바로 주역의 괘입니다. 주역은 복희가 만들었다고 하는데, 주역이란 다름이 아니라 해의 1년 운동을 나누어 살펴본 것이고, 그것을 부호로 표시한 것입니다. 이런 방식으로 6차례 벽돌쌓기를 하면 괘는 64개가 나옵니다. 1년 365일을 64개로 나누면 이제 어느 정도 우리는 일정한 마디를 셈하면서 시간의 단위를 만들 수 있습니다. 그러니 해가 어디 쯤 오면 땅의 상태는 어떠하고, 그러면 그에 따라 사람은 어떻게 해야 잘 살아남을 수 있을 것인가 하는 것도 예측할 수 있습니다.

이 예측이 정말 중요해지는 것은 농사를 지으면서 본격화합니다. 모내기할 때 못자리를 5일만 늦게 해도 모의 상태가 굉장히 다릅니다. 씨를 뿌리는 것부터 그것이 자라 열매 맺는 과정을 살펴보면 그 변화의 마디가 얼마나 정확한지 절감하게 됩니다. 더우면 에어컨 틀고 추우면 보일러 돌리는 요즘 생활에서는 정말 감지하기 힘든 세계가 있습니다. 1년에 마디를 정해서 거기에 맞춰 농사짓는 일은 컴퓨터로 설계한 비닐하우스 농사보다 더 정밀하고 섬세한 관찰이 필요한 일입니다.

그렇다면 1년을 두고 벌어지는 시간의 질서와 계산방식에 대해 조금 더 자세히 알아보겠습니다. '자세히' 알아보는 것이기 때문에 관심이 없는 학생들은 지겨울 수도 있습니다. 그럴 때는 꼬치꼬치 따라오려고 하지 말고 그냥 넘어가시기 바랍니다. 나중에 시간이 나고 관심이 생길 때 보아도 되는 내용입니다. 이 긴 글 전체의 내용을 놓치지 않는 것이 더 중요합니다. 자칫 어려운 '부분'에 붙잡혀서 '전체'의 흐름을 놓치는 수가 있습니다. 그것은 정말 미련한 짓입니다. 이야기 전체의 큰 줄거리 안에서 부분이 존재하는 것이므로 부분보다는 전체의 흐름이 더 중요합니다.

오늘 하루해가 밝았네, 오늘이 2월 2일이지. 내일은 당연히 3일이겠지! 이렇게 여기는 것이 우리의 흔한 생각입니다. 그런데 시간을 좀 더 세밀하게 살펴보려고 하면 여러 가지 문제가 갑자기 복잡해집니다. 지금 우리는 지구가 해의 둘레를 돌 때 일정한 빠르기고 돈다고 생각하고 하루를 결정하는데, 코페르니쿠스가 알려주었듯이 사실은 그렇지 않습니다. 지구는 해의 둘레를 돌 때 등속도 운동을 하는 것이 아닙니다. 그것은 지구가 해의 둘레를 1년 내내 같은 거리의 원운동을 하는 것이 아니라 달걀처럼 타원운동을 하기 때문입니다.

그래서 타원의 가까운 곳에서는 느리게 돌고 타원의 먼 곳에서는 빠르게 돕니다. 게다가 1년이 365일로 딱 나누어지면 좋겠는데, 그렇지가 않습니다. 말뚝의 그림자가 가장 긴 곳에서 출발해서 1년 후 같은 그림자 길이로 돌아오는데 걸리는 시간은 현재 365.2422일입니다. 우리는 1년을 365일로 계산하는데, 이 계산에 의하면 1년에 0.2422일씩 남는다는 얘기죠. 0.2422일을 시간으로 환산하면 5시간 48분 45.3초가 됩니다. 이게 아무것도 아닌 것 같아도 계속 쌓인다고 생각해보세요. 언젠가는 24시간이 쌓일 것 아닙니까? 그러면 그때는 1년이 365일이 아니라 366일이 되는 해가 나온다는 얘깁니다.[4]

---

4) 서우선, 『변화를 이용하는 지혜 주역』, 문학아카데미, 1995.

자, 이제 인류가 어떤 고민을 해야 하는지 드디어 그 시간의 정체가 우리 눈앞에 나타났습니다. 이것을 어떻게 해결해야 할까요? 달력 만드는 문제를 지금 말하는 겁니다. 지금은 지구의 공전주기가 365.2422일이라는 정확한 수치를 알았지만, 세계제국의 기원을 연 로마시대만 해도 1년은 365일하고 6시간 정도라고 막연히 알았습니다. 그러니까 1년에 6시간 정도가 남는다는 계산이 나오죠. 그러면 4년에 한 번씩 24시간이 되어 하루가 생깁니다. 그래서 4년에 1번씩 하루를 더 넣었습니다. 그 흔적이 2월 달력에 나타나는 겁니다. 2월 달력은 보통 28일로 끝나는데, 요새도 어느 해 2월 달력에는 29일까지 나오는 경우가 있습니다. 이 로마력에 의하면 4년에 1번씩 그렇게 되겠지요.

그 이전의 로마력을 이렇게 바꾼 황제가 율리우스입니다. 율리우스는 이집트를 정복하고 아름다운 여왕 클레오파트라에게 빠져들죠. 이집트의 천문학자로부터 들은 이 계산법을 로마에 알려줍니다. 그래서 이 달력 계산법을 우리는 '율리우스력'이라고 부릅니다. 이렇게 해서 무리 없이 세상이 잘 돌아가고 있었는데, 로마 시절에 막연히 6시간 정도라고 생각했던 오차가 그 후 좀 더 정밀하게 계산해보니 5시간 48분 45.3초로 나타났고, 그 결과 11분 14.7초의 차이가 나게 된다는 사실을 알아냈습니다. 이 계산에 의하면 원래의 율리우스력과 실제 지구 공전주기는 2월 달력에 29일을 표시하는 횟수가 200년에 3번 정도 줄어듭니다. 2월 달력에 4년에 1번씩 29일을 추가하면 200년 만에 3일이 더 생긴다는 말입니다. 계산착오가 일어나죠.

이걸 정리하지 않으면 세상은 일대 혼란에 빠질 겁니다. 그래서 고민 끝에 1582년 교황청에서 새로운 방법을 제안합니다. 즉, 예수 탄생을 기원으로 하는 서력기원에서 4로 나누어지는 해에는 1년을 366일로 하는 것이 율리우스력인데, 100으로 나누어지는 해 중에서 그 나누어진 값이 다시 4로 나누어지지 않으면 그해는 1일을 추가하지 않는 방법입니다. 헐! 이 방법을 쓰면 400년에 3차례 윤년의 수가 줄어듭니다. 이것을 그때의 교황 이름을 따서 '그레고리오력'이라고 합니다.

그렇지만 이 방법도 완전한 해결책이 아니어서 1000년에 1차례씩 1일의 오차가 생깁니다. 그러니 서기 2582년에는 하루가 남아돌 것입니다. 그것을 달력의 어디에 끼워 넣어야 할지 온 인류가 머리를 맞대고 고민하게 될 것입니다. 그 희한한 장면을 눈으로 보는 즐거움을 누리려면 우리는 서기 2582년까지 살아남아야 합니다. 하하하.

사실, 여기까지만 해도 행복한 고민입니다. 정말 골치 아픈 고민은 이제부터 시작입니다. 지금까지도 골치가 아팠는데, 이제 더 아파진다니! 그러니까 이 부분은 읽지 말라고 제가 경고했잖아요! 말 안 듣고 여기까지 읽은 학생들은 지금 무릎 꿇고 손들고 반성해야 합니다. 이렇게 얘기해도 여기까지 따라온 놈(?)들은 이 뒷부분도 읽을 것임을, 제가 잘 압니다. 하하하. 쌤통이다! 이놈들.

1년은 12달로 나눕니다. 그래서 우리는 달력이라고 부릅니다. 그러면 왜 12달로 나누었을까요? 10달로 나누면 안 되나요? 안 될 것 없지요. 실제로 고대 로마에서는 10달로 나누었습니다. 그러다가 기원전 68년 누마 왕 때 12개월로 바꿨지요. 그러자니 달을 가리키는 말도

2개가 늘어났습니다. 12월을 가리키는 말이 December인데 이게 바로 숫자 10을 뜻하는 Deca에서 온 말입니다. 그러니까 맨 앞에 2달이 들어간 것인데, 그게 바로 야누스(Janus) 신과 정화의 신(Feburum)이 끼어든 겁니다. 새해의 첫 시작을 야누스로 정한 것은 재미있지 않나요? 야누스가 두 얼굴을 지닌 존재인데, 1월이야말로 해가 갈리는 시간이니 그 앞 해의 기운과 새로 오는 해의 기운이 엇갈리는 시점임을 나타내려고 한 것입니다.

그런데 동서양에서 똑같이 1년을 12달로 나눈 것은 이유가 있습니다. 지금까지 이 글을 따라온 사람들이라면 그 이유를 떠올리는 것은 간단하지 않을까요? 그렇습니다! 달 때문입니다. 달이 1년 동안 차고 기우는 횟수가 바로 12차례 정도입니다. 1년이라는 긴 시간을 단순히 여름과 겨울로 나눈다는 것은 너무 단위가 크기 때문에 무언가 좀 더 세분해서 실제 생활에 활용할 수 있으면 좋겠다는 생각을 누구나 하게 마련이고, 그때 밤하늘에서 정확하게 부풀고 줄기를 되풀이하는 달이 눈에 들어온 것입니다.

달이야말로 자연이 주는 시계 노릇을 톡톡히 합니다. 밤하늘만 올려다보면 우리는 지금 지구가 해의 어느 둘레를 도는지 어느 정도 헤아릴 수 있습니다. 그리고 달을 보는 데 훈련이 되면 날짜까지도 정확히 맞출 수 있습니다. 그 만큼 달은 쓰임에 참 좋은 규칙성을 지니고 그것을 사람들에게 보여줍니다. 그런데 이런 행복한 고민을 하는 순간에 엄청난 고민거리가 뒤따라옵니다. 문제는 달의 주기가 1년의 주기와 너무나 안 맞는다는 것이죠. 달의 주기는 29.5306일, 시간으로 치면 29일 12시 44분 2.9초입니다. 이것으로 지구의 1년 주기를 나눠 보면 10.8751일이 차이 납니다. 즉 3년만 되면 1달이 더 생긴다는 말입니다. 그래서 3년에 1번씩 1달을 더 끼워 넣습니다. 이것을 윤달이라고 하고 윤달이 들어간 해를 윤년이라고 합니다.

윤(潤)은 여유가 있다는 뜻입니다. 바쁜 세상살이에 날짜가 널널하다는 뜻이죠. 엉성하게 하니까 이렇지 좀 더 정확하게 계산하면 해와 달의 운동을 정확히 일치시키려면 19년에 7번 윤달을 넣어야 합니다. 이 원리가 알려진 것은 동양에서는 춘추시대(기원전 589년경)이고, 서양에서는 바빌론 시대 아테네의 메톤(기원전 433년경)이 정리하였습니다. 그래서 메톤 주기라고 합니다. 동양에서는 장법이라고 하는데, 이것은 한나라 황제인 무제 때 도입됐습니다.[5]

이상에서 살펴보았지만, 시간을 정한다는 것은 우주의 운행법칙을 관찰하는 능력이 있어야 하는 것이고, 그렇다고 해서 누구나 제멋대로 정할 수 있는 것도 아닙니다. 세계를 통치하는 기준을 정하는 일이기 때문에 세계의 지배자만이 할 수 있는 일이었습니다. 그런데 동양으로 오면 서양의 단순한 생활용도만이 아닌 신비주의까지 곁들입니다.

그게 뭐냐면, 동양 사람들은 옛날부터 하늘의 기운이 땅을 지배한다고 믿었고, 땅에 사는 사람들은 하늘의 기운을 받들어야 천수를 누

---

5)　김일권, 『동양 천문 사상 하늘의 역사』, 예문서원, 2007.

릴 수 있다고 생각했습니다. 목숨을 가리키는 말인 '천수'부터 벌써 천(天) 자가 들어가 있잖습니까? 그래서 해가 바뀌는 그 시간이 단순히 숫자의 구분이라는 의미만 있는 것이 아니라 실제로 하늘의 기운이 땅에 작용하는 어떤 것이 있다고 믿었습니다. 그래서 실제로 바뀌는 그 시간에 맞춰서 사람이 할 일을 해야 한다고 믿었습니다. 예컨대 기도를 해도 아무 때나 효과가 있는 것이 아니고 그 끗발이 가장 잘 날 '때'가 있다는 것입니다. 그것은 실제로 기운이 작용하는 어떤 생각을 전제로 합니다.

이렇게 세상을 보니까 서양에서는 생각지도 못한 아주 복잡한 문제가 생기는 것입니다. 서양의 경우처럼 단순히 숫자의 분할로 1년을 생각하면 좋은데, 1년이 바뀌는 시점과 하루의 24시간 중에서 전날과 다음 날이 바뀌는 시간이 일치한다면 더욱 끗발이 좋을 것이라는 생각을 하는 겁니다. 그러면 어떻게 되냐면 해와 달의 공전과 자전주기가 맨 처음 시작되는 어떤 시점이 단순히 한 해가 되풀이를 시작하는 그 시간보다 의미가 있다고 생각하는 것입니다. 그래서 하루의 첫 시간을 초하루와 동지가 시작되는 순간에 일치시키는 것이 중요해집니다. 나아가 여기에다가 60년마다 되돌아오는 갑자년의 시작까지 일치시킨다면 하루 시간, 달, 해, 60갑자가 일치하는 정말 특별한 시간이 생기겠지요.

이 해가 처음 시작된 것이 바로 한 무제 원년인 기원전 104년의 일입니다. 이를 〈갑자 야반 삭단 동지일〉이라고 합니다. 이름 참 어마어마하죠? 60갑자는 실제 행성간의 질서이기보다는 사람들이 부여한 의

미이기 때문에 동양의 시간에는 이와 같이 인문학의 관점이 깊이 개입되었습니다. 이 60갑자의 개입 때문에 이 '갑자 야반 삭단 동지'의 주기는 4617년이 됩니다. 그 주기의 첫 시작은 한 무제가 했으니, 그 무제라는 황제의 야심을 우리는 기가 차다는 마음으로 엿봅니다.

무제는 북방의 흉노를 서쪽으로 내쫓고 고구려를 멸망시킨 사람입니다. 서쪽으로 쫓겨 간 흉노족이 게르만족을 압박함으로써 게르만 민족의 대이동이 시작되어 결국은 로마의 운명까지 바꾸죠. 중국사에서는 참 대단한 인물이라고 할 수 있죠. 중국 사람들이 자신의 정체성을 한나라에서 찾는 것은 나름대로 이유가 있는 듯합니다. 고구려의 멸망을 조상의 역사로 배우는 우리에게는 참 화가 나는 일이죠.

05

시간과 공간

시간이란 존재하는 것일까요? 당연하다고요? 과연 그럴까요? 시간이 있느냐는 물음이 어리석다고 비웃으며, 아침에 해가 뜨고, 사람들이 출근하고, 점심이 되고, 저녁이 되면서, 시간이 흘러갑니다. 그리고 그렇게 하루를 되풀이하며 지내다보면 사람은 늙고 아이들은 커가죠. 그렇게 흘러가는 시간을 보면 시간이란 정말 강물처럼 흘러가는 객체구나 하는 확신을 갖게 됩니다. 커가는 아이는 시간이라는 강물 속에서 몸을 불려가는 것 같고, 꽃을 막 피우는 식물들을 보면 시간의 틈바구니로 그 작고 예쁜 꽃술을 들이미는 것 같습니다. 이 신비한 현상을 하느님이 준 기적으로 알지 않는다면 어떻게 설명할 수 있을까요? 이것이 문학이 오랜 세월 찬양하고 노래한 시간의 실상입니다.

그렇지만 우리는 철학하는 사람입니다. 이 환상을 걷어내지 않으면 시간의 실체는 끝내 알 수 없습니다. 환상을 걷어내기 위해 제일 먼저 해야 할 일이 '시간은 왜 생기는가?' 하는 것을 알아보는 것입니다. 왜 아침과 점심, 저녁이 생기면 하루가 돌아갈까요? 그것은 시간이 돌아가는 것이 아니라 지구가 해의 둘레를 돌며 자전하기 때문에 생기는 일입니다. 그렇죠? 이런 질문에는 딱 부러지게 대답해야 합니다. 분명하니까요!

자, 그러면 1년에 해를 한 바퀴 도는 지구가 아니라 248년 만에 한 번씩 해의 둘레를 도는 명왕성으로 가보겠습니다. 명왕성의 자전주기는 6.39일입니다. 여기로 가면 어떨까요? 우리가 생각하는 하루의 의미와 1년의 의미가 완전히 달라지겠죠? 명왕성에서 사람에게는 1년이라는 삶이 없을 것입니다. 새해는 영원히 오지 않을 것입니다. 공전주기가 248년이니 한생 80년밖에 못 사는 사람으로서는 새해를 맞을 방법이 없지요. 내 생에는 새 해를 보지 못할 것이니 손자대나 증손자 대에 가서 해를 맞는다면 세뱃돈이나 설날 같은 것은 아무런 의미가 없게 됩니다. 자전주기가 6.39일이니 아침 먹고 점심을 기다리자면 지구의 시간으로 최소한 하루하고도 반은 더 기다려야 밥이 나올 것입니다.

그렇지만 그렇게 늦기는 하더라도 시간은 있는 것 아니냐고 되묻는 사람이 있겠지요. 그리고 철학을 하는 중인 여러분은 그렇게 물어야 합니다. 이 명왕성은 2009년에 지구 행성으로부터 쫓겨났습니다. 그보다 더 큰 별이 발견되었기 때문이지요. 그렇다면 좀 더 먼 곳으로 가보겠습니다. 태양의 인력이 닿을 듯 말 듯한 거리까지 가보면 이제 그곳의 한 별은 움직이지도 않습니다. 저쪽 어느 한 구석으로부터 햇빛인 듯한 빛 한 가닥이 희미하게 도달할 뿐입니다. 움직이는 것도 없고 변화도 없습니다. 모든 게 가만히 있습니다.

거기에는 어떤 시간이 있을까요? 움직이지 않는 시간이 존재할 것입니다. 움직이지 않는 시간이란 것이 과연 시간일까요? 잘 생각해보시기 바랍니다. 왜 움직이지 않는 것은 시간처럼 느껴지지 않을까요? 흘러가지 않는 시간이란 무엇을 뜻할까요? 흘러가지 않는다는 건 정지했다는 얘기가 아니라 너무 길어서 영원히 변화를 보이지 않는다는 말입니다. 하루살이가 계절을 알 수 없듯이 사람이 지구 밖으로 나가서 태양계 변두리의 이런 공간에 놓이면 그때는 시간도 멈춰버린다는 얘기입니다. 말이 좋아서 멈추는 것이지, 시간이 사라지는 겁니다.

우리는 지구에 살면서 시간을 〈느끼는〉 것입니다. 느끼지 않는 시간은 존재하지 않는 것입니다. 그리고 인간의 관점을 조금 벗어나서 우주로 나가면 시간은 지구의 현실 속에서 느끼는 것처럼 존재하지 않습니다. 정확히 말하면 시간은 없다고 표현할 수밖에 없습니다. 그러니 시간의 변화를 느끼는 지구의 삶이 얼마나 축복받은 것인가 하는 것을 이런 상상력 실험을 해보면 어렵지 않게 알 수 있습니다. 기적은 우리 주변에서 날마다, 그리고 매 순간 일어나고 있는 것입니다. 그 기적을 아무것도 아닌 것으로 알고 사는 존재가 바로 여러분입니다.

그런데 이런 자명한 진리를 또 한 번 틀렸다고 깨우쳐주는 것이 학교 지식입니다. 우주가 빅뱅으로부터 시작해서 145억년에 이르렀다는 것이고, 그것이 현재의 우주라는 것이죠. 145억년이라는 시간이 흘러왔다는 것입니다. 이렇게 놀고들 있습니다. 그러면 학교에서 알려주는 대로 145억 광년을 가면 우주의 끝에 도달한다는 얘기네요? 과연 그럴까요? 우주의 끝이라는 것은, 우주의 시작과 중심이 있을 때의 얘기입니다. 우주의 중심은 어디인가요? 우주의 중심이 있기는 있나요? 그리고 145억년이라고 하는 시간과 지금 우리가 말하는 시간이 같은 것일까요? 이런 질문을 해보아야 합니다.

이런 추론을 통해서 시간은 존재한다고 확실하게 믿게 만들죠. 그렇지만 존재한다는 그 시간은 느낌이라고 말했습니다. 관념상의 시간은 사람들의 설정일 뿐 실제 사실과 일치한다는 것을 입증할 방법이 없습니다. 지금 우리는 그런 설정된 시간이 아닌 몸으로 느껴지고 추론되는 동양의 시간에 대해 공부하는 중입니다.

덧없이 흘러가는 이 시간에 마디를 짓기 위해 동양 사람들은 밤하늘을 관찰했습니다. 밤하늘에는 수많은 별들이 빛납니다. 그 별들은 대부분 캄캄한 어둠의 장막에 붙박여서 움직이지 않습니다. 1년 뒤에 돌아와서 보아도 그 자리에 있습니다. 그렇다면 밤하늘에 나타나는 별들의 무늬를 보고서 지금 지구가 어디쯤 왔는가를 알 수 있을 것입니다. 그것을 눈에 잘 보여주는 것이 별자리입니다. 특히 초원을 떠도는 유목민이나 바다를 항해하는 사람들에게는 지도와도 같은 것이죠. 그 중에서도 북두칠성은 북반구에서 한눈에 잘 보이는 뚜렷한 별입니다. 말하자면 이런 별자리들을 보면서 지구라는 배가 하늘의 어디쯤 가는구나 하는 것을 헤아려본다는 뜻입니다.

그러면 1년 동안 나타나는 별자리들을 몇 개로 나누면 이야기하기가 편할 것입니다. 몇 개로 나눌까요? 12개가 좋겠습니다. 왜냐면 앞에서 계속 얘기해왔듯이 달의 주기가 그렇기 때문입니다. 그래서 달이 한 번 차고 기울 때 하늘에 나타나는 별자리의 움직임을 보고 구역을 정해보는 것입니다. 그러면 정확히 12구역이 하늘에 나타날 것입니다. 어느 별이 나타나면 몇 월이 되었구나 하고 알 수 있는 것이죠. 이렇게 해서 하늘의 구역에 이름을 붙입니다. 어떻게 붙일까요? 벌써 우리는 알아본 적이 있습니다. 12진법이죠. 자―축―인―묘―진―사―오―미―신―유―술―해. 그리고 계절에 따라서 밤하늘의 별에 질서를 줍니다. 봄―여름―가을―겨울이라는 시간 개념에 따라 밤하늘도 4구역으로 나눕니다. 그리고 그 4구역에 방위를 정하고 별들의 위치를 선으로 그어서 그림으로 기억합니다. 그것이 바로 4신도입니다. 청룡, 주작, 백호, 현무죠.[6]

밤하늘에 뜬 별들에게는 이름이 있습니다. 그 이름을 한 번 알아보겠습니다. 수(宿)가 천자문에는 '잘 숙'이라고 나오는데, 잔다는 뜻으로 쓰일 때는 '숙'으로 읽고, 별이라는 뜻으로 쓰일 때는 '수'라고 읽습니다. 4방위별로 이런 별들이 떠 있습니다. 각기 7개씩이니 모두 28별입니다.

동방창룡수: 각(角), 항(亢), 저(氐), 방(房), 심(心), 미(尾), 기(箕)
남방주작수: 정(井), 귀(鬼), 유(柳), 성(星), 장(張), 익(翼), 진(軫)
서방백호수: 규(奎), 누(婁), 위(胃), 묘(昴), 필(畢), 자(觜), 삼(參)
북방현무수: 두(斗), 우(牛), 여(女), 허(虛), 위(危), 실(室), 벽(璧)

어려운 한자에 겁먹을 필요 없습니다. 그리고 굳이 알려고 할 필요도 없습니다. 나중에 시간이 날 때 한 번 관심이 있으면 동양의 별자리 공

6)   김수길 외, 『천문유초』, 대유학당, 2009.

부를 해보십시오. 심심풀이로. 그러라고 이렇게 자료 제공을 하는 것입니다. 참고로, 빛나는 별은 성(星)이라고 하고, 빛나지 않는 별은 진(辰)이라고 구별하기도 합니다.[7] 한자를 만든 사람들의 고민이 깊어지는 부분이기도 합니다. 빛나지 않는 게 별인가요? 하하하.

자, 지금 우리는 이상야릇한 이야기를 하고 있다는 것을 아셔야 합니다. 제 설명을 따라오는 동안 여러분은 신기한 일을 겪고 있는 것입니다. 지구가 해를 도는 1주기는 분명히 시간입니다. 그렇죠? 그런데 위에서 얘기한 밤하늘은 시간인가요? 공간인가요? 4신도 얘기에 이르러보면 분명히 공간 얘기죠? 밤하늘을 12등분하여 각 구역에 있는 별들을 그림으로 기억한다! 이게 공간 얘기 아닙니까? 그렇죠? 그렇습니다. 지금 우리는 시간 얘기를 하다가 갑자기 밤하늘의 공간 속으로 들어가 버렸습니다. 시간의 공간화죠.

그럼 왜 이 짓을 할까요? 이렇게 하면 눈에 보이지도 않고 만질 수도 없는 1년이라는 시간을 형식화하고 형상화할 수 있기 때문입니다. 형식화하고 형상화한다는 것은 그 속에 서린 질서를 찾아내는 훌륭한 방법입니다. 지구가 어느 별자리를 통과할 때 태어난 사람은 그 별자리의 운명을 어느 정도 지닙니다. 이건 요즘 많이 보는 점성술 아닌가요? 동양의 4주명리학도 이와 비슷합니다. 다만 그것을 들여다보는 도구로 인하여 훨씬 더 다양하고 정교하게 볼 수 있다는 장점이 있는

---

7)   소옹, 『황극경세서』(노영균 옮김), 대원출판사, 2002.

것일 뿐, 동서양의 점치는 법 모두 지구가 밤하늘을 여행하는 과정에서 그것이 사람에게 미치는 일들에 대해 예측하고 관찰하는 것입니다. 이상에 따르면 시간과 공간은 어찌 보면 같은 것을 다르게 인식하는 것일지도 모릅니다. 동양사회에서 벌어진 이 독특한 시각과 관점을 이해하는 것이 동양철학의 일이고 몫입니다.

지금 우리는 해로 인해 생기는 되풀이 주기와 달로 인해 생기는 되풀이 주기 때문에 이 고민을 하는 중입니다. 해를 기준으로 1년을 365일로 나누는 것을 양력이라고 한다면 달을 기준으로 1달을 30일 내외로 나누는 것은 음력이라고 할 것입니다. 그렇지만 이렇게 어느 한쪽을 택하면 지구에 사는 우리가 시간을 활용하기에 아주 불편합니다. 1년 단위로 꼭 필요한 일들이 있는가 하면 1달이나 하루 단위로 꼭 필요한 일들이 있거든요. 그러므로 우리는 1년 주기와 1달 주기가 될 수록 정확히 맞게 해놓아야만 생활에 지장을 덜 받습니다. 그래서 이 고민을 하는 것입니다.

달을 기준으로 날짜를 정하는 것을 음력이라고 하고, 해를 기준으로 날짜를 정하는 것을 양력이라고 합니다. 그러니까 지금 우리가 하는 고민은 음력과 양력의 톱니바퀴가 딱 맞도록 하려는 것이니 이름도 이 둘을 합쳐야 할 것입니다. 뭐라고 하면 좋을까요? 태음태양력이라고 합니다. 태음력과 태양력을 합친 말입니다. 음력과 양력이 똑같은 비율로 돌아가지 않기 때문에 그것을 맞추려는 고민을 하는 것입니다. 그리고 그것을 맞추려고 정말 많은 사람들이 정말 많은 이론과 주장을 내놓습니다.

하루하루 생활하기에는 음력이 편한데, 1년 주기에서 어긋납니다. 그래서 1년을 12달로 나누고 나머지 부분을 어떤 것을 기준으로 하여 짜 맞추는 방식이 태음태양력입니다. 먼저 해가 1년 뒤에 자기 자리로 돌아오는 데 걸리는 시간을 몇 개로 등분하여 나누고, 거기에 맞게 음력의 날짜를 짜 맞추는 방식입니다. 이렇게 하자면 기준이 필요합니다. 그래서 밤하늘의 별자리를 살피는 것이고, 그 구역을 12로 나누어 각기 이름을 붙였다고 했습니다.

그런데 하늘에는 어둠 속에 붙박인 별만 있는 것이 아니고 움직이는 별들이 있습니다. 지금은 망원경 때문에 많은 것들이 발견되었지만, 그 당시에는 7개였습니다. 해와 달이 가장 크고, 어두운 밤에만 보이는 별이 5개 더 있었습니다. 그래서 이름 붙였습니다. 금성, 수성, 화성, 목성, 토성이 그것입니다. 이 7개를 이름 하여 7요(曜)라고 합니다. 빛난다는 뜻입니다.

그런데 이 중에서 하늘의 12구역을 정확히 1년에 한 칸씩만 이동하는 별이 하나 있습니다. 목성입니다. 목성의 공전주기가 12년이기 때문에 이런 일이 일어납니다. 그래서 그 목성이 360도 중에서 각 30도로 배당된 구역에 들어설 때를 그 해의 첫 시작으로 삼는 기년법이 생겼습니다. 이것을 세성기년법이라고 합니다. 세성이란 목성을 말하는 것인데, 세(歲)가 바로 한 해를 말하는 말입니다. 태양 때문에 생기는 한 해는 연(年)이라고 하고, 세성 때문에 생기는 한 해는 세(歲)라고 합니다. 年이나 歲나 똑같이 '해'라는 뜻입니다.

이렇게 어느 것을 기준으로 해도 태음력과 태양력을 맞추는 데는 완전함이 있을 수 없습니다. 그래서 해가 도는 황도를 기준으로 해서 24등분을 하는 방법을 택하는 방식이 한나라 때 등장하여 확정됩니다. 그것을 24절월력이라고 합니다. 우리가 절기라고 할 때 기운이 변화되는 마디라고 한다고 했지요? 그 절기가 바로 24마디를 뜻하는 것이고, 2마디를 1달로 삼을 때 앞쪽을 절기(節氣) 그 뒤쪽을 중기(中氣)라고 합니다. 이렇게 해서 태음태양력을 지금까지 써오는 중입니다.

> 이삭
>
> 지구의 안쪽에서 도는 별들은 지구에서 볼 때 언제나 같은 방향으로 돕니다. 그러나 지구 바깥에서 도는 별들은 그렇지 않습니다. 물론 그 별들은 언제나 같은 방향으로 돌지만, 지구에서 볼 때는 그렇게 보이지 않습니다. 지구가 목성의 뒤를 따라갈 때는 목성도 같은 방향으로 가는 듯이 보이지만, 지구가 목성을 추월하면 그때는 목성이 지구와는 반대쪽으로 가는 것처럼 보입니다. 내 차가 옆 차보다 더 빠르게 달리면 옆 차가 뒤로 달리는 것처럼 느껴지는 것과 같습니다. 목성의 주기는 12년이기 때문에 이런 왜곡이 1년에 한 번씩 지구에서는 보입니다. 그래서 별들이 똑바로 걷는 것이 아니고 술 취한 사람처럼 왔다 갔다 하며 돈다고 옛 사람들은 생각했습니다. 그렇게 술 취한 사람처럼 비칠거리며 걷는 것을 나타내는 말이 행(行)입니다.[8] 그래서 5행이라고 한 것입니다.

설날에 대한 것을 마지막으로 이 시간에 대한 지루한 이야기를 마

8)　한동석, 『우주 변화의 원리』, 대원출판, 2008.

무리하겠습니다. 새해의 첫날을 우리는 설날이라고 합니다. '설'은 '크다, 우두머리, 처음'이라는 뜻의 우리말입니다. 풍물꾼들이 쓰는 말 중에 〈설장구〉라는 말이 있는데, 여기에 '설'의 흔적이 잘 남아있죠. 설장구는 장구를 잘 치는 우두머리를 뜻하는 말입니다. 그래서 설 장구라고 하면 장구의 달인이 되어서 자신의 가락으로 풍물꾼을 이끄는 우두머리라는 뜻이 있습니다. 장구잽이들로서는 그런 소리를 듣는 것이 필생의 영광이죠. 그를 위해서 장구채를 잡고 일생을 바치는 것입니다. '수리, 솔, 설, 수라' 같은 말들에서 그 흔적을 찾아볼 수 있습니다.

이와 같이 설날의 〈설〉은 1년의 우두머리가 되는 날이라는 뜻입니다. 즉 새 해의 첫날이죠. 이 새해의 첫날이 한 가지가 아니라 여러 가지입니다. 1달에 1번씩 차고 기우는 달을 기준으로 하면 1월 첫 아침인 원단(元旦)이 설날이고, 12절기로 한다면 봄이 시작되는 입춘이 설날이고, 해 그림자의 기준으로 보면 동지가 설날입니다. 또 서양에서 들어온 서양력에 의하면 1월 1일은 신정이라고 해서 우리의 전통 설인 구정과 구별하죠.

왜 이렇게 복잡한가요? 1년의 시작점을 어떻게 보아야 하는가 하는 것에 대한 견해가 달라져서 그렇습니다. 진시황의 이름은 정(政)입니다. 중국을 천하 통일한 진시황은 호칭부터 황제라고 고쳤습니다. 그리고 자신이 제1세 황제가 되었죠. 천하를 통일했으니, 세상의 모든 기준을 자신이 정해주어야 합니다. 도량형부터 역법과 정치제도까지 모조리 새 기준을 적용합니다. 그래서 그 전인 하 은 주 3왕조에서 쓰던 기준을 버리고 말뚝의 그림자가 알려주는 대로 해가 실제로 새롭게 시작되는 날을 한 해의 시작으로 삼았습니다. 그게 동짓날입니다. 그래서 동지에 시작된 그 날을 자신의 이름을 따서 정월(正月)이라고 했습니다. 지금도 우리가 새해 첫 달을 무심코 정월이라고 부르는 것은 그런 이유입니다. 政에서 '둥글 월 문(文)'을 떼버린 채로.

그런데 한 무제에 이르면 새로운 한 해의 시작을 봄의 기운이 완연해지는 입춘으로 삼습니다. 그래서 1년을 나타내는 4계절의 순서도 봄—여름—가을—겨울로 부르게 된 것입니다. 시황이 통치한 진나라 때는 4계절의 순서가 '겨울—봄—여름—가을'이었겠지요. 우리 풍속에 봄이 오면 입춘대길이라고 대문에 써 붙여서 봄이 오는 것을 기념하는 풍속도 바로 입춘 기준일로부터 온 것입니다. 아울러 24절기를 정리해보면 다음과 같습니다.[9]

4계	음력 절월				24절기	황경	날짜
봄	맹춘	인	정월	절기	입춘	315	2.4.
				중기	우수	330	2.19.
	중춘	묘	2	절기	경칩	345	3.6.
				중기	춘분	0	3.21.
	계춘	진	3	절기	청명	15	4.5.
				중기	곡우	30	4.20.
여름	맹하	사	4	절기	입하	45	5.6.
				중기	소만	60	5.21.
	중하	오	5	절기	망종	75	6.6.
				중기	하지	90	6.21.

9) 『하늘의 역사』

4계	음력 절월			24절기		황경	날짜
	계하	미	6	절기	소서	105	7.7.
				중기	대서	120	7.23.
가을	맹추	신	7	절기	입추	135	8.8.
				중기	처서	150	8.23.
	중추	유	8	절기	백로	165	9.8.
				중기	추분	180	9.23.
	계추	술	9	절기	한로	195	10.8.
				중기	상강	210	10.23.
겨울	맹동	해	10	절기	입동	225	11.7.
				중기	소설	240	11.22.
	중동	자	11	절기	대설	255	12.7.
				중기	동지	270	12.22.
	계동	축	12	절기	소한	285	1.6.
				중기	대한	300	1.21.

이삭   제가 가끔 사주를 들추는 경우가 있습니다. 학생들이 진로를 결정할 때 대부분 참고하는 것이 학교에서 실시하는 성격검사나 심리검사입니다. 이런 검사를 해보면 이 아이의 성향이 나오고 그에 따라 진로도 어렵지 않게 결정할 수 있습니다. 그런데 이런 성격검사를 했는데도 긴가민가한 학생이 꼭 나타납니다. 그럴 때는 제가 따로 부릅니다. 그리고는 4주를 펼쳐놓고 봅니다. 4주 본 결과를 얘기해주죠. 일생에 처음으로 만난 사주쟁이의 얼굴을 한 동안 똥그란 토끼 눈으로 쳐다봅니다. 4주명리학이 정교한 학문이고 예측률이 아주 높은 학문이지만 모든 것을 해결해주는 것은 아닙니다. 예컨대 가끔 비행기 사고로 몇 백 명이 한꺼번에 죽는 경우도 생깁니다. 그런 사람들의 4주에 과연 똑같은 죽음의 그림자가 드리

웠을까요? 알 수 없는 일입니다. 4주는 실제 그 자체가 아니라 실제를 해석하는 이론입니다. 이걸 잊지 마시기 바랍니다.

조선시대는 양반들이 주인인 사회였습니다. 양반이란 문반과 무반 2반이 있어서 양(兩) 반입니다. 이들을 등용하기 위해서 과거를 치르는데 각기 문과와 무과입니다. 이 시험을 통과한 사람이 조선을 움직이는 실세들입니다. 그런데 이들은 특별한 전문가가 아니고 정치가입니다. 그렇지만 세상은 정치로만 이루어지는 것이 아닙니다. 먹고 사는 현실세계의 물질문제와 사람의 운명을 해결하는 전문가들도 있기 마련입니다. 그래서 그런 전문가들을 따로 뽑았습니다. 이런 전문 기술자들이 치르는 시험을 잡과라고 합니다. '뒤섞일 잡(雜) ' 자를 쓴 것으로 보아 이를 중시했다는 느낌보다는 홀대했다는 느낌이 팍 옵니다. 실제로 이들 계층은 조선의 중간관리를 차지하는 계층이었습니다. 이들의 선발종목을 보면 다음과 같습니다.[10]

역 : 통역관. 한어, 몽골, 여진, 왜.

의 : 의원.

음양 : 천문, 명리, 풍수.

율 : 법률 검시.

이들은 특별한 전문지식 집단입니다. 그래서 조선시대 내내 양반의 밑

---

10) 이태진 외, 『역주 경국대전』, 한국정신문화원, 1995; 『속대전』, 아세아문화사, 1983.

에서 그들의 심부름꾼 노릇을 했습니다. 그렇지만 구한말에 이르면 이들이 그 특별한 재주로 경제를 장악하게 됩니다. 그래서 근대화 과정에 큰 영향을 끼칩니다.

역과 율을 뺀 나머지 의와 음양은 모두 음양5행을 바탕으로 해서 세계를 이해하는 방법입니다. 의원은 당연하고, 하늘의 별자리를 살펴 일식이나 월식 혹은 혜성의 출현을 관측하는 사람들, 그리고 4주명리[11], 풍수지리가 모두 같은 음양5행 이론을 특별한 영역에 적용시켜 발달한 학문입니다. 이 중에서 천문은 현재 현대천문학에 자리를 내주었지만, 나머지는 한의학, 명리학, 풍수지리학으로 살아남아 현대에도 우리의 삶에 강한 영향을 끼칩니다. 한의학이야 말할 것도 없이 도시 상가에 가면 한 건물에 간판이 두세 개씩 보입니다. 명리학은 철학관이라는 이름으로 도시의 깊은 골목에 자리 잡고 불안에 떠는 현대인들의 좋은 상담자 노릇을 합니다. 서양의 카운슬러 이론 전공자들이 한국에서는 크게 재미를 보지 못한답니다. 왜냐하면 카운슬러라는 것이 사람들의 불안한 심리를 상담하고 대안을 제시하여 안심시키는 것인데, 한국에서는 철학관이 그 노릇을 톡톡히 하거든요. 게다가 미래예측까지 해주니 일반 카운슬러 이론보다 한 발 앞서나가는 셈이지요. 풍수지리학은 날이 갈수록 발전하는 모습입니다. 1960년대 서양의 수맥탐지 기술인 엘(L)로드 사용법과 추 사용법까지 들어와서 이제는 공장을 짓는다든지 집을 지을 때 수맥을 탐사하는 일은 그 업계 업자들이 갖추어야 할 필수사항이 되었습니다.

---

11)   이석영, 『사주첩경』, 한국역학교육학원, 1969.

Chapter **8**

삶

삶이란 무엇인가

삶의 주인은 몸뚱이가 아니라
마음일 것입니다. 마음을 한자말로는
정신이라고 한다고 했지요? 정(精)은
늘거름이고 신(神)은 얼이라고
했습니다. 신 자체가 정을 바탕으로
한 것이기 때문에 동양에서 말하는
정신은 육체와 떨어질 수 없습니다.
뒤집어 얘기하면 마음을 다잡으면
몸까지 따라온다는 얘기입니다.

'삶'이란 말뜻부터 알아봅니다. '살다'의 명사형입니다. 죽음과 대비해보면 이 말의 독특한 의미를 알 수 있습니다. 죽음은 '죽다'에서 온 말인데, 〈죾〉이 아니고 〈죽음〉인 게 아주 이상하죠? 〈삶〉은 현재진행형의 의미가 강한데 〈죽음〉은 완료형의 느낌이 물씬 납니다. 하하하. 저의 개똥철학입니다. 과연 개똥일까요?

앞서 말했다시피 저는 충북예술고에서 국어를 가르치는 중등교사입니다. 수업시간마다 들어가면 반장이 일어나서 차려 경례를 합니다. 그러면 아이들은 "안녕하세요?" 하고 낭랑한 목소리로 인사합니다. 끝날 때도 마찬가지입니다. 끝날 때 아이들은 "감사합니다"라고 말합니다. 2009년도부터 저는 인사구호를 바꾸었습니다. 물론 제 수업시간에만 그렇게 하라고 합니다. 인사구호는 다음과 같습니다.

"주인이 되자."

지금까지 이 글을 읽어온 분들은 이 구호를 듣고서는 웃지 않으실 것입니다. 그런데 처음 이렇게 해보라고 하면 아이들은 이게 뭐야? 하는 표정으로 얼떨떨해하며 장난스레 웃기도 합니다. 그러면 첫 시간의 이상한 인사가 끝난 후에 아이들에게 설명을 합니다. 지금까지 해온 내용들입니다. 그러면 아이들은 내 말을 알아듣고 인사할 때 주인이 되자, 고 늘 말합니다. 아이들은 이 말을 하면서 스스로 제 삶의 주인이 되어간다고 저는 믿습니다.

사람으로 산다는 것은 주인이 된다는 말입니다. 내 삶의 주인이 된다는 것은, 짐승 노릇을 하지 않는다는 말입니다. 사람은 짐승으로 태어나기 때문에 짐승 노릇을 하면서 살아갑니다. 문명이라는 포장 속에서 살기 때문에 마치 자신이 짐승이 아닌 듯 착각하지만 내용을 잘 살펴보면 변형된 형태의 짐승살이를 하다가 갑니다. 그러면서 그것이 짐승살이인 줄도 모르고 살아가지요. 그렇게 한 생이 아무 생각 없이 흘러 다음 생으로 넘어가는 것입니다.

그렇다면 삶의 주인은 몸뚱이가 아니라 마음일 것입니다. 마음을 한자말로는 정신이라고 한다고 했지요? 정(精)은 불거름이고 신(神)은 얼이라고 했습니다. 신 자체가 정을 바탕으로 한 것이기 때문에 동양에서 말하는 정신은 육체와 떨어질 수 없습니다. 뒤집어 얘기하면 마음을 다잡으면 몸까지 따라온다는 얘기입니다. 짐승과 다른 사람의 삶이란 정신이 육체를 지배하는 것을 말합니다. 이게 어려울 것 같아도 그렇지 않습니다. 옛날에 살기 힘든 시절에는 모두 이렇게 살았습니다.

우리 어머니의 경우 20살 때 시집 와서 평생 농사일을 하며 사셨습니다. 옛날에는 해가 지면 바로 자고 해가 뜨면 바로 일어나서 밭으로 나갑니다. 그런데 여자들은 밤이 되어도 잘 시간이 없습니다. 호롱

불 밑에서 길쌈을 해야 합니다. 솜에서 실을 자아내어 그것을 베틀로 짜야 합니다. 그러면 어느 새 닭 우는 소리가 들립니다. 잠 한 숨 못 자고서 부엌으로 나가 아침밥을 짓습니다. 이런 식으로 잠 한 숨 못자는 일을 밥 먹듯이 하며 살아왔습니다. 그러다가 이제는 80살을 넘어 꼬부랑 할머니가 되어 저의 집에서 같이 살고 계십니다. 날마다 천국 같다고 말씀하십니다. 이렇게 살기 좋은 세상이 올 줄 몰랐다는 것이죠. 그 말을 듣고 있노라면 저는 어이가 없습니다. 세상 살기가 점차 힘들어지는데, 저의 어머니는 혼자서 천국에서 사십니다. 하하하. 저의 어머니 잘못인가요? 어쩌면 제 잘못인지도 모릅니다. 제가 정신을 덜 차린 것이겠지요.

요는, 정신이 살아있으면 몸이 그것을 따라온다는 얘기를 하고자 하는 것입니다. 동양에서는 이런 수련을 많이 했습니다. 불교에서도 몸을 혹독하게 단련시켜서 수행하는 가문이 있습니다. 몸이 딴 생각을 할 틈을 주지 않고 고달프게 하는 것입니다. 불교에서 힘써서 일하는 것을 울력이라고 하는데, 원래는 운력(運力)이라는 말에서 온 것입니다. 〈ㄴ〉이 뒤에 오는 〈ㄹ〉의 영향을 받아서 〈ㄹ〉로 변하는 바람에 울력이 된 것인데, 이것을 소리 나는 대로 적어서 울력(鬱力)이 된 것입니다. 별 다른 뜻은 없습니다.

이렇게 몸을 부리면 그것으로 번뇌가 사라진다는 주장이죠. 맞는 얘기입니다. 훌륭한 수행법입니다. 어쩌면 짐승들이 하는 싸움박질인 무예가 동양사회의 전통에 오래도록 남은 것도 그 용도를 바꾼 때문입니다. 동양에서는 무술을 수련의 방법으로 권장하기도 했습니다.

그래서 무술이 근래에 이르면 내공 수련의 수단으로 발전하여 태극권, 형의권, 팔괘장, 팔극권 같은 내가권 무술로 형성되죠.[1] 지금도 전 세계로 보급되어 적을 때려눕히는 수단이 아니라 자신을 돌아보고 내면을 이해하는 방편으로 수많은 사람들이 수련을 합니다.

무술을 하면 육체의 한계를 정말 또렷이 마주칩니다. 예컨대 영화에 나오는 기마자세 있죠. 모든 무술에서 다리의 힘이 기본이기 때문에 그것을 수련시키려고 많이 합니다. 그런데 그것을 해보면 정말 힘듭니다. 5분도 안 되어 다리가 후들거리죠. 처음 하는 사람은 10분을 넘기지 못합니다. 그런데 수련을 더 해가면 나중에는 버티는 시간이 점점 길어집니다. 사람이 힘들면 힘든 그 순간의 고통에만 집착하지 다른 생각을 전혀 하지 못합니다. 생각이 한 곳에 집중하는 것, 그것이 바로 정신수련의 포인트입니다.

무술은 바로 그것을 정말 또렷이 보여주는 방법입니다. 자신의 육체가 뛰어넘을 수 없는 한계에 부닥칠 때 몸의 한계를 넘어서게 해주는 것이 바로 정신입니다. 내가 이 한계를 넘어야 한다는 강한 집념을 지니면 몸이 정말 그 말을 듣는 순간이 옵니다. 온 몸에 희열이 돌며 소름이 쫙 돋지요. 이렇게 몸이 정신의 지배하에 놓여서 정신이 시키는 대로 할 때를 일러 한 한량은 〈육체를 정신화한다〉고 표현했습니다. 무술의 핵심을 잘 짚었습니다. 정곡을 찌른 말이죠.

---

1) 정진명, 『활쏘기의 나침반』, 학민사, 2010.

정곡을 찌른다는 것은 원래 활쏘기에서 온 말입니다.[2] 과녁이 옛날에는 헝겊으로 만들었는데, 한 곳만 집중해서 맞추다보니 그곳에 구멍이 뚫립니다. 가운데 부분이죠. 그래서 그곳에 다른 헝겊이나 가죽을 덧댑니다. 헝겊 덧댄 것을 정, 가죽 덧댄 것을 곡이라고 하는데, 이 둘을 합쳐 과녁의 가장 중요한 부분인 가운데를 정곡이라고 부르게 된 것입니다. 정곡을 찔렀다는 것은 가장 중요한 것을 가리켰다는 말입니다. 아울러 한량은 우리 사회에서 전통 활쏘기인 국궁을 하는 사람을 가리키는 말입니다. 조선시대의 무과 준비생을 한량이라고 했습니다. 문과 준비생은 유학이라고 했죠.[3] 앞의 말을 한 사람은 류근원 교두입니다. 청주에서 저와 같이 활 공부를 하는 친구(동접이라고 합니다)인데, 정말 활쏘기를 통해서 양생의 단계까지 이른 수련을 이룬 사람입니다. 옛날부터 우리나라는 활쏘기가 유명했습니다.

활쏘기를 깊이 해보면 중국의 내가권 무술에서 추구하고 성취한 세계가 우리의 전통 활쏘기에 다 들어있음을 알게 됩니다. 양궁은 서양식 스포츠라면 국궁은 내가권 원리가 두루 통하고 이루어진 심오한 양생의 세계입니다. 그리고 활쏘기를 해보면 지금까지 얘기한, 마음이 몸에 미치는 영향을 정말 잘 보여줍니다. 과녁을 마주하면 온갖 잡생각이 싹 사라지는데, 그런 집중력 때문에 활 본래의 목적인 자신을 성찰하는 일을 놓치고 과녁의 노예가 되어 삽니다. 과녁을 버린 활쏘기를 하면 과녁 너머에 또 다른 무한한 세계가 있음을 깨닫습니다. 우리나라의 전통 활쏘기에는 그

---

2)   정진명, 『(개정판) 우리 활 이야기』, 학민사, 2013.
3)   이성무, 『한국의 과거제도』, 집문당, 1994.

런 높고 깊은 경지가 있는데, 거기까지 닿은 사람을 아직 못 보았습니다. 그런 가운데 류근원 교두 같은 분이 있다는 것은 국궁계의 희망을 넘어서 우리 전통문화와 전통무예의 자랑이자 미래이기도 하다는 생각을 합니다. 이것도 개똥철학일까요? 하하하.

주인이 된다는 것은 이와 같이 정신이 육체를 지배하는 삶을 말합니다. 그런 삶에는 본래 '나'가 없습니다. 에고라고 할 수 있는 '나'가 없는 삶이 진짜 삶입니다. 사람의 몸은 하느님의 얼이 깃드는 그릇이나 수레입니다. 수레는 싣고 가는 존재입니다. 그런데 얼을 모르면 수레를 닦고 관리하느라고 허송세월을 합니다. 주인이 말고삐를 잡고 종을 제 말에 태워서 모시고 가는 꼴입니다. 먹고 싸우고 새끼 치는 것이 목적이고 존재의 이유인 몸뚱이를 주인으로 섬겨서는 안 됩니다.

그러므로 몸에게 너무 잘해주려고 할 게 아니라 정신이 무엇을 해야 하는가 하는 질문을 스스로 해야 합니다. 우리는 그것을 알아보기 위해 이 먼 길을 떠나온 것입니다. 오늘날 우리 사회는 몸이 주인인 사회입니다. 몸에 좋은 것이라면 전국, 아니 전 세계를 쏘다니며 찾아 먹고 마시고 입고, 합니다. 그런 몸의 욕망을 찬양하고 충족시키도록 하는 것이 잘 사는 삶이라고 웰빙 어쩌고, 하며 부추깁니다. 그러지만 그런 부추김의 의도는 분명합니다. 욕망을 자본주의로 편입시켜 상품으로 존재하게 하려는 것입니다. 그것이 자본주의 경제의 본질입니다.

사람은 자신의 의지와는 상관없이 운명이 있다고 했고, 그 운명에 대해서도 자세히 알아봤습니다. 그렇지만 그 운명도 정신이 살아있으면 어쩌지 못합니다. 짐승 삶의 욕망이 다 죽어서 텅 빈 마음엔 운명이 없습니다. 마음이 적연부동한 본체에 다다르면 그 사람의 4주8자도 어쩌지 못합니다. 운명을 두려워할 것이 아니라 그 운명을 맞아서 운명의 수레바퀴에 춤추는 나 자신의 욕망을 두려워해야 합니다. 삶이란 올바른 정신을 지니는 공부를 하는 과정입니다. 언제 완성될지는 아무도 모릅니다. 이생에 완성을 할 수 없을지도 모릅니다. 그렇지만 언젠가는 이루어야 할 꿈입니다. 이생에 이루지 못한다고 해서 꿈이 아닌 것은 아닙니다. 삶은 이 생으로 끝나지 않습니다.

Chapter 9

행복

행복이란 무엇인가

우리는 이미 행복의 답을 알고
있습니다. 짐승의 삶을 버리고
하늘의 얼을 안에 담은 참 사람으로
거듭나는 것입니다. 짐승의 몸뚱이로
태어났지만 참사람으로 살아가는
것이 행복입니다. 삶을 올바로 보고
무엇을 해야 하는가 묻는 삶을 사는 것이
우리의 목표입니다.
그것이 행복입니다.

앞서 명리학 얘기를 했습니다. 그런데 남의 사주를 보다가 이상한 것 한 가지를 발견하게 되었습니다. 8자를 뽑아놓고 보면 좋은 4주가 극히 드물다는 것입니다. 예컨대 사람들이 4주를 봐달라고 해서 4주를 뽑아보면 대부분 좋지 않습니다. 차마 얘기해주기 어려운 경우도 많습니다. 도대체 왜 이런 걸까요? 그러다가 나중에야 그 이유를 알게 되었습니다.

지극히 당연한 일입니다. 생각해보세요. 한 사회를 구성하는 사람을 100명이라고 할 때 이중에 상류층은 몇이나 될까요? 보통 20%죠. 더 줄이면 5% 정도. 4주가 정말 정교하여 잘 맞추는 신기한 예측방법이라고 한다면 이 통계수치에서 벗어날 수 없을 것입니다. 그렇죠! 그러고 보니 제가 본 많은 4주 중에서 제법 그럴듯하다고 한 숫자는 20% 정도였던 듯합니다. 그렇다면 그 반대로 아주 안 좋은 사주는 어떨까요? 그것도 마찬가지입니다. 아주 안 좋은 사주는 밑으로 20%를 구성하는 사람들의 사주입니다.

이런 현상들을 보면서 저는 4주가 미신이라고 하든 말든 정말 정교하고 정밀한 학문이라고 생각하게 되었습니다. 수치로 볼 때 물질에 심각한 문제를 느끼지 않는 행복한 사람은 사회의 20% 정도에 불과합니다. 그렇다면 나머지 80%는 불행할 것입니다. 먹고 싸우고 새끼 치는 운명에서는 그렇습니다. 그들 세계에서는 이 세상을 싸워서 이겨야 하고 어떻게든 살아남아야 할 것으로 알거든요. 세상이 조화나 사랑이 아니라 싸움과 뺏고 빼앗김으로 보는 '짐승'에게 가장 행복한 사람은 단 1명뿐입니다. 그래서 당신은 행복합니까? 이렇게 물으면 그렇다고 대답하는 사람은 많지 않은 것입니다.

도대체 행복이 무엇이기에 이렇습니까? 행복은 만족도의 문제이고, 만족도는 자기 혼자 있을 때 생기지 않습니다. 반드시 남과 비교할 때 생깁니다. 옆집에서는 하루에 두 끼니만 먹는데, 우리 집은 세 끼니를 먹습니다. 그러면 누가 더 행복하겠습니까? 당연히 세 끼니를 먹는 사람이 행복합니다. 그렇다고 해서 네 끼니 먹는 집을 부러워하지는 않습니다. 남을 의식하는 사람이 불행한 사람입니다. 남과 비교하면 자신의 장점이 아니라 단점이 보입니다. 자신에게 없는 것이 보입니다.

그렇지만 세상은 너무나 많은 것을 보여줍니다. 날마다 텔레비전이나 인터넷을 통해서 세상에 온갖 값진 물건과 희귀한 구경거리를 제공합니다. 그것들이 머릿속에 들어와 있으면, 자신의 현실이 자동으로 비교됩니다. 정보가 많은 사람은 행복할 수가 없습니다. 종종 못사는 나라 사람들이 잘 사는 나라 사람들보다 행복지수가 높은 경우가 나타납니다. 당연한 것입니다. 불행은 우리 곁에 실제로 존재하는 것이 아니라 사람들이 느끼는 결핍감입니다.

사람의 욕망은 먹고, 싸우고, 새끼 치는 일에 집중됩니다. 그것을 제대로 이루는 것이 행복입니다. 그렇지만 그것에 만족하는 일은 없습니다. 만족하지 못하면 자신이 불행해집니다. 짐승의 삶은 행복이 없습니다. 만족이 없기 때문입니다. 사람의 삶을 이렇게 놓고 보면 결코 행복할 수가 없습니다. 어느 순간 이룬 듯해도 다시 아무것도 아닌 것이 됩니다. 욕망은 바닷물 같은 것입니다. 마실수록 더욱 목마름이 심해집니다. 목마름은 채우는 것이 행복이죠. 채울 수 없는 것을 찾아 몸부림치는 것이 인간의 숙명입니다.

그렇지만 우리는 이미 행복의 답을 알고 있습니다. 짐승의 삶을 버리고 하늘의 얼을 안에 담은 참 사람으로 거듭나는 것입니다. 짐승의 몸뚱이로 태어났지만, 참사람으로 살아가는 것이 행복입니다. 삶을 올바로 보고 무엇을 해야 하는가 묻는 삶을 사는 것이 우리의 목표입니다. 그것이 행복입니다. 그 질문에 대해 자신의 안에서 울려나오는 소리에 귀 기울이는 것이 행복한 삶입니다. 수많은 종교 단체의 지도자들이 독신으로 사는 것은, 그것이 해결책이기 때문에 그런 것이 아닙니다. 독신으로 살면 앞서 말한 짐승의 세 가지 조건을 최소화할 수 있습니다. 먹는 문제 때문에 싸우고 새끼를 제대로 키우려고 몸부림치는 것이 사람들의 모습이 아니던가요? 독신으로 살면 그런 일들이 현저히 줄어듭니다.

그렇지만 그렇다고 해서 해결되지 않음은 독신으로 사는 사람들 자신이 잘 알 것입니다. 독신으로 하여 해결되는 일들도 있지만, 그로 인해 더욱 문제되는 것들도 있기 마련입니다. 사람이 왜 사는가, 어떻게 사는 것이 짐승의 삶을 버리고 참 사람으로 거듭 나는 것인가를 물으며 순간순간 깨어있지 않으면 진리를 이룬 듯 하다가도 어느 한 순간에 절망의 밑바닥으로 나뒹굽니다. 선사들이 늘 끼어있으라고 제자들에게 강조하는 것도 이 때문입니다.

그러므로 불행이나 행복은 밖에 있지 않습니다. 제 안에 있습니다. 그 기준을 밖에서 찾아 헤매는 사람보다 더 불행한 사람도 없는 법입니다. 재벌가의 사람들이 행복할 것이라고 믿는 것은 정말 순진한 착각입니다. 재벌가들은 돈이 많기 때문에 돈을 중심으로 인간관계를 맺습니다. 그들의 주변에는 그 돈을 훔쳐갈 사람들로 넘쳐납니다. 남들이 자신의 돈에 손을 대지 못하도록 하는 방법을 평생 연구하며 살아야 합니다.

그것을 행복으로 아는 사람이 있다면 행복이겠지만, 사람을 잃고 돈을 움켜쥔 채 사는 것은 마이다스의 운명과 다를 게 없습니다. 욕망에 홀리면 행복은 없습니다. 순간의 허무한 욕망이 그를 끌고 다니며 천당과 지옥을 롤러코스트처럼 오가며 보여줄 것입니다.

이삭　마이다스는 그리스 신화 속의 이야기입니다. 욕심이 많았던 그는 디오니소스에게 소원을 빌었는데, 그 결과 손에 닿는 모든 것들이 황금으로 변하게 됩니다. 처음엔 좋았지만 먹을 것은 물론 자신의 가족까지도 황금으로 변하자 후회합니다. 디오니소스에게 다시 간청하여 강물에 목욕을 하고 원래대로 돌아갑니다. 재미있는 것은, 나중에 음악의 신 아폴로에게 미움을 당하여 귀가 당나귀처럼 변합니다. 터번으로 가리지만 그것을 본 이발사가 답답함을 참지 못하여 땅에 구덩이를 파고 거기에다가 '임금님 귀는 당나귀 귀'라고 실컷 소리 지르고는 구덩이를 묻습니다. 그런데 거기서 자란 갈대들이 바람에 흔들릴 때마다 '임금님 귀는 당나귀 귀'라 고 하여 나중에는 온 세상 사람들이 다 알게 되었다고 합니다. 이와 똑같 은 이야기가 우리나라 설화에도 있으니 참 신기합니다.

Chapter 10

어떻게

어떻게 살 것인가

지금을 즐기지 못하는 자에게는
미래도 자기를 베풀지 않습니다.
삶에는, 시간에는 과거도 없고
미래도 없습니다. 지금 이 순간이
내것의 전부입니다. 잠시도 머물지 않은
이 순간을 붙어서 이야기로
만들어도 그것은 처음 이 순간과는
상관이 없는 판타지 세계일뿐입니다.

부분과
전체

"네가 세상의 주인이고, 우주의 중심이다."

종교지도자나 어른들이 가끔 하시는 말씀입니다. 저는 옛날부터 이 말을 들으면서 말이 안 된다고 생각했습니다. 말 자체에 모순이 있기 때문입니다. 네가 세상의 주인이라는 것은, 한창인 내가 앞으로 이루어야 할 꿈이라고 하면 그럭저럭 이해가 되는데, 내가 우주의 중심이라는 말은 도대체 앞뒤가 맞지 않는 말이었습니다. 우선 과학시간에 배운 상식으로만 보더라도 우리 태양계가 접시처럼 생긴 우주의 중심으로부터 상당히 바깥쪽으로 치우쳐있는데, 한쪽으로 치우친 곳에 있는 나를 우주의 중심이라고 하니, 이게 좀처럼 이해가 되지 않았던 것입니다. 그러다가 저 혼자 명상한답시고 앉아서, 앞서 이 글에서 얘기한 내용들을 고민할 때 머릿속에서 한 생각이 화들짝 일었습니다.

분명히 태양계는 우주의 중심으로부터 많이 비켜섰습니다. 그런데 그런 '생각'을 하는 것은 내가 태양계와 따로 떨어진 존재라고 생각했기 때문에 그런 것입니다. 내가 엄마의 몸에서 떨어져 나와서 내 삶의 첫 번째 기억을 만들기까지 5년 동안은 '나'가 없는 나라고 했습니다. 그때의 나는 곧 우주와 한 몸이었습니다. 첫 번째 기억 이후 나는 우주와 동떨어진 존재가 되었고, 그것이 지금까지 이어져온 것이죠. 우주와는 완전히 떨어진 존재인 채로 내가 우주를 생각한 것입니다.

이렇게 동떨어진 나는 우주 전체와 자신을 분리시켜 놓고서 우주를 바라봅니다. 그때 바라보는 우주는 나와는 상관이 없는 객체로서 우주입니다. 그러다보니 객체인 우주의 중심을 찾기 마련이고, 그 중심을 정해놓고 나니 그 중심으로부터 벗어난 곳에 있는 태양계는 우주의 중심이 아닌 것이 되는 것입니다. 그런데 5살 이전의 나는 사실상 우주와 동떨어지지 않았습니다. 우주와 한 몸인 존재로서 '나'입니다. 우주와 한 덩어리인데 우주의 중심이 무슨 소용이란 말입니까? 어때요? 이 말이 어려운가요?

그럼 비유를 들겠습니다. 저에게는 귀여운 새끼발가락이 있습니다. 해부학 시간에 누워있는 주검 앞에서 그 발가락을 보면 그 발가락은 틀림없이 주검의 맨 끝에 있을 것입니다. 중심이 아니라 맨 끝이거나 가장자리죠. 그러나 그것을 바라보는 나에게 나의 발가락은 어떨까요? 과연 그 발가락은 내 몸의 중심으로부터 가장자리에 있는 것일까요? 그렇지 않습니다. 비록 주검으로서 내 존재를 볼 때의 발가락은 몸의 중심으로부터 멀리 떨어진 곳에 있지만, 살아있는 나의 한 부분으로서 발가락은 그렇게 말할 수 없습니다. 그것은 내 몸을 이루는 한 덩어리의 구성요소이지 어떤 위치나 중요도에 따라서 결정될 사안이 아니라는 것입니다.

제 말을 못 믿겠거든 한 번 발가락을 바늘로 찔러보십시오. 아얏! 소리가 절로 날 것입니다. 그리고 가슴을 찔러보십시오. 오히려 발가락보다 아픔이 덜합니다. 통증의 관점에서 보자면 더 아픈 곳은 가슴이 아니라 발가락입니다. 내 몸을 해부학 교실에 누워있는 주검이 아니라 살아있는 생명체로 볼 때 가슴을 중심이라 할 수 없고 발가락을 가장자리라 할 수 없다는 얘깁니다.

몸은 수많은 세포로 구성되었습니다. 그 세포가 발가락에 붙어있든 머리카락에 붙어있든 심장의 근육 속에 있든 그것은 중요하지 않습니다. 그 모든 세포들이 몸이라는 한 생명체를 구성하여 각기 제게 맞는 일정한 노릇을 한다는 것이 중요합니다. 자신에게 맡겨진 그 일을 하는 것은 세포의 임무이고, 그럼으로써 몸이 살아 움직이는 것입니다.

그런데 한 세포가 생각이 있어 내가 몸의 중심으로부터 얼마나 멀리 떨어졌는가를 고민한다면 어떤 일이 생길까요? 발가락의 한 세포가, 나는 냄새나는 이곳이 싫어, 가슴에 붙은 세포는 얼마나 좋을까? 몸뚱이의 주인이 나보다 더 중요하게 생각하고 목욕을 할 때도 더 정성스럽고 깨끗하게 닦아주고, 하니 말이야. 이런 식으로 생각했다면 어떨까요? 정말 웃기는 일이지요. 발가락에 붙은 세포라고 해서 몸뚱이의 주인인 내가 덜 중요하다고 생각할 리가 없지요. 발가락이 없으면 병신 아닌가요? 발가락 하나가 몸 전체의 상태를 '병신'으로 만드는 것입니다.

온몸을 구성하는 헬 수도 없이 많은 세포들은 이런 생각을 하지 않습니다. 몸을 구성하는 세포의 수는 우주를 구성하는 별들의 수와 다르지 않습니다. 세포들은 그렇게 생각하지 않고 별들도 마찬가지입니다. 그런데 오직 사람만이 망상에 젖어 그런 생각을 하는 것입니다.

그러면 어떻게 살 것인가, 하는 질문에 대한 답이 저절로 나올 것입니다. 내가 우주를 구성하는 한 세포라면 그 세포의 존재이유가 무엇인가를 생각하는 것입니다. 그것을 아는 공부를 하며 사는 것입니다. 그러면 우주가 나에게 주는 임무가 무엇인지 천천히 드러날 것입니다. 그 임무에 맞도록 내 삶을 살아가면 됩니다.

그것이 인생의 의미입니다. 내가 우주와 동떨어진 존재가 아니고 우주와 한 몸이라면 우주의 중심이 어디인들 내가 아닌 곳이 있겠어요? 그렇습니다. 우주 전체가 한 몸이라면 나는 그 한 몸을 구성하는 세포일 것이고, 그런 상황에서 그 한 몸의 중심이 어디냐를 묻는다는 것은 발가락이 몸의 가장자리에 있다는 발상과 다를 것이 없다는 것입니다. 한 덩어리인 우주에는 중심이 없습니다. 뒤집어 얘기하면 우주의 모든 곳이 중심이 될 수 있다는 얘기입니다. 한 생명체로 살아있는 우주에 어디를 중심이라 할 수 있고 변두리라고 할 수 있단 말입니까? 우주는 그대로 살아있는 한 생명체입니다.

전 세계로 한국의 선불교를 전하다가 몇 해 전에 입적하신 숭산 스님이 입버릇처럼 하신 말씀이 있습니다. 세계일화(世界一花).[1] 세계

---

1)   무심, 『온 세상은 한 송이 꽃』, 현암사, 2001.

는 한 송이 꽃이라는 말입니다. 아름답지 않습니까? 세계가 한 송이 꽃이라는 것은, 바로 이런 것을 말하는 것입니다. 세계를 우주로 바꿔 놓으면 뜻이 좀 더 정확히 드러나겠지요. 한 송이 꽃인 것을, 꽃술이나 꽃잎, 꽃받침 어디에 있든 그것은 꽃인 것이니, 중심이나 가장자리가 아닌 것입니다. 그것 자체로 한 송이 꽃을 이루는 부분일 뿐입니다. 내가 우주라는 꽃송이의 어디에 있으며 그 자리에 맞는 내 노릇이 무엇인가를 찾아가는 것이 참다운 인생 공부이고, 그것을 찾아가는 길을 가르쳐주는 곳이 종교입니다.

평생을 독실한 천주교 신자로 살아온 저의 친구가 있습니다. 이분이 논산에 사는데 무상사라는 절에 주지스님의 법문을 들으러 간 모양입니다. 가르쳐주는 대로 따라하다가 궁금증이 생겨 물었답니다.

내 친구 : 스님, 참선을 한다, 본성을 본다고 하는데 그게 도대체 무엇을 하는 겁니까?

스님 : 성당에 다니셨다고 했죠?

내 친구 : 예.

스님 : 천주교에서는 기도하는 것을 무엇이라고 합니까?

내 친구 : 예. 창조주 하느님을 만나기 위해 자신의 마음을 깨끗이 정리하는 것을 말합 니다.

스님 : 참선도 같습니다. 전체를 구성하는 부분으로서 부분인 내가 전체의 뜻이 무엇인 가를 알려는 것이 참선입니다.

내가 엄마의 몸으로부터 떨어져 나오면서 엄마와는 다른 삶을 살아가야 한다는 것을 깨닫는 순간, 엄청난 외로움이 밀려듭니다. 그 외로움을 견디지 못하여 방황하죠. 그것이 사춘기의 본질입니다. 사람이 우주로부터 떨어져 나와서 우주 전체의 뜻과는 관련이 없는 동떨어진 삶을 살아갑니다. 그것이 보통 사람들의 삶입니다. 종교는 사람들이 하지 않는 그 질문을 하는 것이고, 그 질문에 대한 답을 들으려면 한없이 겸손해져야 합니다. 자신을 낮추는 것은 물론이고 자신을 완전히 지우지 않으면 전체의 뜻은 드러나지 않습니다.

그러면 사춘기를 겪거나 막 빠져나오는 여러분은 어떤 자세로 전체인 우주의 뜻을 들어야 할까요? 자신의 헛된 망상과 고민으로부터 빠져나오는 것입니다. 여러분은 공부를 하라고 하면 공부를 하지 않습니다. 중간고사 기말고사의 성적만을 생각하고 있습니다. 이 문제를 못 풀면 나중에 시험 성적이 잘 안 나올 텐데, 그러면 엄마가 실망할 텐데, 잘 해야 할 텐데……. 이런 식으로 문제풀이 대신 허송세월을 합니다. 책상 앞에 앉은 여러분이 지금 해야 할 일은 그런 망상이 아니라 수학문제를 하나라도 더 푸는 것입니다. 그렇지만 한 문제 풀고 엉뚱한 고민 하고, 또 한 문제 풀고 또 엉뚱한 생각하고……. 이러면서 여러분은 허송세월을 합니다. 그것은 지금 내가 하는 행동이 가져올 어떤 결과에 대해서 생각하는 것입니다.

그렇지만 인생은 그 결과로 사는 것이 아닙니다. 그 결과가 나타난 그 순간만이 내 인생이 아니라 지금 책상 앞에 앉은 이 순간도 엄연히 내 인생입니다. 책상 앞에 앉은 이 순간과 그 결과가 나타는 순간이 결코 다른 인생이 아니라는 것입니다. 그러면 어떻게 해야 할까요? 답은 벌써 나왔죠. 지금 이 순간에 집중하는 것입니다. 결과가 어떻게 될 것인지 묻지 말고 이 순간에 집중하는 것이고 이 순간에 할 일을 하는 것입니다.

사람이 미래에 무엇이 된다고 생각하는 것은 자유입니다. 그러나 그 사람이 그 자리에 있도록 하는 것은 그 사람이 아니라 신의 뜻입니다. 세상사람 아무나 붙잡고 물어보십시오. 지금 하는 일이 어릴 적에 계획했던 그 일이냐고요? 백이면 백 모두 똑같은 답을 할 것입니다.

"아니다! 지금 내가 하는 일은 내가 처음 꿈꾸던 것이 아니었다."

이것이 바로 그 증거입니다. 내가 나중에 무엇이 될지는 아무도 모릅니다. 오직 신만이 압니다. 사람의 삶에는 그만큼 많은 변수가 작용합니다. 우연찮은 일로 관여한 일이 자신의 평생 직업이 되는 수도 많습니다. 그런 우연을 몇 가지 거치면서 사람들의 삶은 처음 꿈꾸었던 것들로부터 벗어나서 신이 점지한 자신의 인생길로 접어듭니다. 여기서 신이란 절대자라는 뜻도 있지만, 부분이 아닌 전체, 또는 우주 전체를 말하는 것이라고 생각하면 편합니다.

저의 경우를 보겠습니다. 저는 고등학교를 졸업하고 공대에 들어갔습니다. 그런데 지금 충북예술고에서 국어를 가르치는 교사 노릇을 하고 있습니다. 이 얼마나 황당합니까? 그렇지만 지금 저는 제 직업에 만족합니다. 하늘이 내려준 제 삶의 노릇이라고 생각합니다. 그렇지만 교사가 처음부터 꿈이었던 것은 아닙니다. 지금은 교사가 인기 있는 직업이지만 옛날에는 안 그랬습니다.

저는 특히나 교사를 싫어했습니다. 제가 만난 선생님들이 전부 못마땅했거든요. 남의 감탄을 자아낼 자기 분야의 실력이 있는 것도 아니고, 어린 우리 마음을 이해하여 위안을 주는 것도 아니고, 제 어린 눈에 보기에 선생님들은 그냥 월급쟁이일 뿐이었습니다. 참, 건방진 학생이었죠? 아닌가요? 여러분도 그런가요? 하하하. 그럴 겁니다. 젊은 세대의 눈에는 기성세대가 당연히 못 마땅하겠죠. 수천 년 전의 발굴 유물에도, 요즘 애들은 싸가지가 없다는 말이 적혀있다니, 믿거나 말거나 그럴 겁니다. 하하하.

어쨌거나 그래서 저는 선생이 싫었습니다. 그래서 공대에 갔습니다. 그런데 가서 공부하다보니 이게 도대체 뭔 소린지 모르겠는 겁니다. 그래서 군대에 갔습니다. 제대 할 때 다시 공대 공부를 해야 한다고 생각하니 끔찍했습니다. 그래서 포기하고 새로 대학입시를 치렀습니다. 고등학교 졸업할 때는 예비고사였는데, 그때는 학력고사였습니다. 모의고사를 한 번 보니 성적이 340점 만점에 260점정도 나오더군요. 그래서 목표를 고려대 신문방송학과로 잡았습니다. 신문기자가 되려고 한 것입니다.

시험장에 들어갔습니다. 4교시에 선택과목을 보는데 저는 화학과 물리를 선택했습니다. 각기 15문제였습니다. 답안지까지 작성하고서 종 치기 5분전에 마지막으로 오엠알 카드 제대로 작성했는가 확인을 하다 보니 화학과 물리를 바꿔서 마킹한 것을 발견했습니다. 급히 손을 드니, 답안지 여분이 없다는 것입니다. 그래서 그냥 냈습니다. 답을 바꿔 쓸 경우에 얼마나 맞는가 확인했더니 3문제 정도가 맞더군요. 결국은 30점 가까이 결과가 안 나왔습니다. 248점 나왔습니다. 그래서 기자가 되려는 저의 꿈을 접었습니다.

26살 대학 입학에 30세 졸업. 대기업 취직은 어렵게 될 것이라는 짐작을 하고, 나이와는 상관없는 직업이 뭐 있나 살펴보니 교사가 가장 낫겠더군요. 그래서 사범대를 생각했습니다. 그 당시 집이 서울이었는데, 서울 기점으로 국립사범대가 비슷한 거리에 둘 있더군요. 충북대와 공주사범대. 그래서 충북대를 선택했습니다. 충북대가 공주사대보다 20분가량 더 가까웠습니다. 우습죠? 하하하. 더 웃기는 건 다음입니다.

지금은 어떤지 모르겠는데, 옛날에는 졸업생들 원서를 서무과에서 써주었습니다. 그래서 모교 서무과로 갔습니다. 원서를 쓰는데 지원 학과 난을 물끄러미 보던 아가씨가 묻더군요. 이 성적 갖고 왜 역사교육과를 가느냐고요. 그래서 역사에 관심이 있어서 그렇다고 대답했습니다. 그랬더니 점수가 남아서 아깝다는 겁니다. 그리고 역사교육과는 발령이 잘 안 난다는 말을 덧붙이더군요. 그때는 사범대 졸업생을 모두 교사로 발령 냈습니다. 발령을 받지 않으면 대학 때 받은 등록금 혜택을 모두 물어내야 했습니다. 그런데 적체가 되어서 몇 년 간 대기하는 사태가 벌어졌습니다. 그걸 말하는 것이었습니다.

그래서 무슨 과가 발령이 잘 나느냐고 물었더니 영어과와 국어과가 제일 잘 난다는 것이었습니다. 그래서 영어는 못하는데다가 싫기까지 해서 국어과로 바꿔 썼습니다. 그래서 제가 국어교사가 된 것입니다. 웃기죠? 하하하.

제 인생을 보면 말도 안 되는 몇 가지 사건이 끼어들었습니다. 정말 우연이라고 볼 수밖에 없는 일인에 그 우연이 저의 운명을 갈랐습니다. 그때는 우연이라고 생각했는데 인생을 어느 정도 살고 보니 우연이 아니라 하느님의 섭리가 작용한 것이라는 생각이 점차 강하게 듭니다. 세상에 우연이란 없는 듯합니다. 우연처럼 보이고 느껴질 뿐이지, 그 우연이 한 사람의 운명을 바꾼다면 그것은 우연이 아니라 반드시 무언가 큰 손의 뜻이 있는 것입니다.

그 손의 손길을 정말 실감할 때가 한두 번이 아닙니다. 살다보면 아무 일도 없는 날이 있습니다. 어떤 일이 일어날 것 같지 않은 아주 평화로운 날이 있습니다. 마치 빈칸처럼 비어있는 날. 내일 모레 아무런 약속도 잡혀있지 않고 텅 비어있습니다. 그러면 생각을 합니다. 무얼 할까? 명상이나 해볼까? 책이나 읽어볼까? 오랜만에 아무 것도 안 하는 망중한을 즐겨볼까? 이렇게 생각하고 시간을 흘러보내다보면 느닷없이 전화가 옵니다.

이때 오는 전화는 무엇일까요? 받아야 할까요? 말아야 할까요? 이때 저는 저의 선택이나 의지가 아닌 '신의 손길'을 느낍니다. 전화를 받습니다. 비어있는 그 날 감당하기 딱 좋은 일이 그 전화기를 타고 저에게 넘어옵니다. 저는 기꺼이 그 제안을 받습니다. 그리고 그 사건 속으로 제 몸을 집어넣습니다.

죽는 날도 이러할 것입니다. 사람이 죽는 것은, 그 사람이 할 수 있는 일 이상으로 무리하기 때문에 목숨이 견디지를 못해서 그런 것입니다. 사람이 사는 것은, 그 사람이 살 수 있을 그 만큼만 어려운 일을 주기 때문입니다. 하늘이 사람을 죽이려면, 그 사람이 감당할 수 없는 일을 내려줍니다. 죽어라고 그 일을 하다가 배터리가 다 돼서 죽는 겁니다. 죽은 사람들 주변의 얘기를 들어보면 그 사람은 꼭 죽을 수밖에 없는 어떤 상황에 몰렸음을 알 수 있습니다. 마치 귀신에 홀린 듯합니다. 사람의 삶은 제 스스로 만들어가는 것 같아도 전혀 다른 어떤 큰 존재의 손아귀에 있습니다. 마치 부처님 손바닥의 손오공처럼.

지금 우리는 내가 우주의 중심이라는 얘기를 하는 중입니다. 이렇게 얘기를 해줘도 못 믿는 학생들이 꼭 있습니다. 정말 골치 아픈 놈들이죠. 하하하. 사실은 이 글은 그런 놈들을 위해서 쓰는 글이기도 합니다. 그러니 잘 들으시기 바랍니다. 내가 우주의 중심이고 우주 그 자체임을 지금부터 보여드리겠습니다.

먼저 앞을 내다보십시오. 창에 앉은 사람은 창밖의 풍경이 들어올 것입니다. 방구석에 처박힌 사람은 방의 벽이나 천장이 눈에 들어올 것입니다. 자, 지금 그 상태에서 내가 없다고 가정해보십시오. 못한다고요? 하하하 왜 못합니까? 상상을 하면 되지. 그대로 내가 내 몸에서 빠져나옵니다. 아니면 몸이 사라졌다고 생각하는 겁니다. 그러면 내가 바라보고 있는 풍경이 어떨까요? 나는 조금 전에 앞을 보고 있었습니다. 저는 지금 교무실에서 밖을 내다보는 중입니다. 앞에 야트막한 산과 숲이 있습니다. 왼쪽으로는 예원동산이라는 학교의 언덕이 있습니다. 오른쪽으로는 충북공고 정문이 있습니다.

이렇습니다. 오른쪽에 충북공고 정문이 있고, 앞에 산이 있고, 왼쪽에 동산이 있고 뒤에는 교무실 벽입니다. 이 상태에서 내가 사라짐니다. 아니지! 내 몸뚱이가 사라집니다. 그러면 어찌 될까요? 내가 지금까지 앞 왼쪽 오른쪽 뒤라고 생각했던 것들이 동시에 사라집니다. 그렇죠? 나는 내 앞에 있는 것도 아니고 내 옆에 있는 것도 아니고 뒤에 있는 것도 아닙니다. 그러면 나는 어디에 있을까요? 없습니다. 충북공고 교문을 생각하면 나는 거기 있고, 앞산을 생각하면 나는 거기 있습니다. 그도 아니라면 생각을 꺼버립니다. 그러면 지금까지 내 몸뚱이가 놓여서 생겼던 왼쪽 오른쪽, 앞과 뒤가 모조리 사라집니다.

내가 사라진 곳에 있는 방금 전의 그곳은 지금 있는 것일까요? 없는 것일까요? 알 수도 없거니와 알 필요도 없습니다. 내가 알았던 그곳은 내가 그곳에 있을 때의 상황입니다. 내가 그 상황을 벗어나면 그곳에 그것들이 있든 없든 아무런 상관이 없는 일입니다. 내가 사라지고 나면 이 세상의 존재는 아무런 의미도 없습니다.

내가 존재할 때 비로소 이 세상은 나에게 의미가 있는 것입니다. 내가 생각을 끄면 이 세상이 사라지고, 내가 생각을 켜면 이 세상이 내 앞에 나타납니다. 내 생각이 켜지느냐 꺼지느냐에 따라 우주가 내 눈앞에 나타나고 사라집니다. 이래도 당신이 우주의 중심이 아닙니까? 당신은 단순히 우주의 중심이 아니라, 우주 그 자체입니다. 이 우주의 주인이 당신입니다. 당신이 하늘이고, 신이고 하느님입니다.

이삭 우리 옛말에서 신을 뜻하는 말은 '곰, 고마'입니다. 웅녀신화는 이 말을 잘못 해석해서 생긴 것이죠. 〈고맙다〉는 말은 '당신이 내게는 신입니다'라는 뜻입니다. 〈곰+다〉의 짜임이죠. 〈나〉와 〈너〉의 어원에서 살펴보았듯이, 우리 조상들은 나와 남이 같은 존재라고 인식을 했고, 그런 차원에서 만나는 사람을 하늘처럼 섬겼습니다. 그런 흔적을 '고맙다'는 말에 남겨놓았습니다. 인내천 사상이 괜히 우리나라에서 나온 것이 아닙니다. 우리 겨레는 참 거룩한 겨레입니다.

내가 죽어도 이 세상은 그대로 남아있을 것이 아니냐고 묻고 싶을 것입니다. 분명 그럴 것입니다. 그렇지만 그게 당신과 무슨 상관입니까? 그 세계는 그 세계에 남은 사람들이 인식한 각각의 세계이고 우주일 뿐입니다. 그렇지만 그들의 죽음과 동시에 그 우주는 끝납니다. 그 우주란 객관세계 그 자체가 아니라 그 사람이 인식한 우주입니다. 그 우주는 완전하지 않습니다. 지식으로 재구성한 판타지 세계일뿐입니다.

아무리 정확히 재구성해도 아마존에 원숭이가 몇 마리 사는지는 알 수 없습니다. 올해 생산된 세계의 야자나무 열매가 몇 개인지는 아무도 알 수 없습니다. 오직 신만이 압니다. 신만이 아는 그것을 알려고 하는 것은 어리석은 일입니다. 그것보다 더 중요한 것은 신이 나에게 시키려는 일이 무엇인가를 아는 것입니다. 그것을 알면 올해 야자나무 열매의 개수가 몇 개인지 몰라도 삶이 훨씬 더 가치 있습니다. 야자나무 열매 수를 아는 것이 아니라 야자열매를 따는 것이 내 일이라면 기꺼이 그것을 하면 됩니다.

그렇다면 전체가 부분에게 요구하는 것은 무엇일까요? 그것은 전체를 위해 살라는 것입니다. 부분인 너 자신만을 위해 악착같이 사는 것은 올바른 뜻이 아니라는 것입니다. 전체를 구성하는 또 다른 부분들과 협력하면서 살라는 것이 전체가 부분에게 요구하는 것입니다. 그 요구에 따라 사는 방법을 지금까지 이렇게 목청껏 떠든 것입니다. 짐승의 삶을 버리고 얼나를 찾아가는 길이라고 계속 말해왔습니다.

제가 침을 좀 하기 때문에 몸이 안 좋으면 뜸을 뜹니다. 뜸은 쑥으로 만드는데, 좁쌀만 하게 뭉쳐서 혈에 붙이고서 불을 댕깁니다. 그러면 타들어가죠. 살갗에 물집이 잡힙니다. 말하자면 데이는 것입니다. 데인다는 것은 그곳의 세포가 죽는다는 말입니다. 그러면 몸의 부분이 공격당하기 때문에 몸 전체는 비상체제로 가동됩니다. 외부 바이러스의 공격에 대비해서 백혈구들이 그 상처부위로 집중됩니다. 백혈구는 몸을 지키는 병사들입니다. 그래서 뜸을 뜨면 백혈구가 증가합니다. 시간이 지나면 물집이 잡히고 고름이 나죠. 백혈구의 전사자가 생긴 것입니다. 그러면 몸속에서 백혈구 주검을 골수로 가져갑니다. 거기서 백혈구를 재료로 하여 적혈구를 만듭니다. 적혈구가 불어나면 산소공급량이 증가합니다. 그 결과 몸이 활성화됩니다. 세포 교체가 활발히 이루어집니다. 이것이 뜸을 뜨는 이유입니다.

그런데 막상 뜸불이 지진 자리에 있는 세포들은 어떨까요? 이거야말로 아닌 밤중에 홍두깨고 날벼락 아닙니까? 가만히 있는데 어느 날 불이 내려서 죽은 겁니다. 억울해 환장할 일이지요. 그렇지만 그 결과는 어떻습니까? 몸 전체로 볼 때는 건강해진 것입니다. 만약에 어느 한 세포가 있어 생각을 합니다. 나는 억울해. 정말 억울해! 못 죽겠어. 하고는 반란을 일으킵니다. 죽어야 하는데도 죽지 않는 겁니다. 부분인 세포는 몸 전체의 건강을 위해서 죽어주는 것이 당연한데 못 죽겠다고 버티는 세포가 나타납니다. 그것이 바로 암입니다. 세포가 전체인 몸으로부터 자신의 존재를 지킨 겁니다. 첫 기억의 성격이 바로 이렇습니다. 그러면서 전체인 우주와 점차 동떨어져가는 것이죠. 한 발더 나아가 세계를 망가뜨리는 짓을 하면서도 당당히 살아갑니다.

그렇지만 우리가 살신성인이라고 찬사를 보내는 사람들의 삶을 보십시오. 자기를 버리고 남을 구한 사람들에게 보내는 찬사입니다. 개체가 죽는 것을 생각지 않고 남인 전체를 살리기 위해 제 몸을 던지는 사람들 얘기입니다. 그것을 사람들이 칭찬하고 기리는 것은, 바로 그것이 전체가 개체에게 내려준 뜻이기 때문입니다. 모르는 것 같아도 누구나 그 사실을 다 압니다. 어떻게 살아야 하느냐고 묻는 것에 대해 사람들은 그 답을 모르는 것이 아니라 똑바로 보기가 두려워서 회피하는 것입니다. 똑바로 본다는 것은 선택을 해야 하기 때문이고, 그 올바른 길로 갈 경우 자신을 버려야 하기 때문입니다. 그것이 너무나 두렵기 때문에 차마 정면으로 보지 못하는 것입니다.

제가 정말 무서운 얘기 좀 할까요? 황금돼지해라고 들어보셨죠? 2007년은 정해년이었는데, 600년 만에 돌아오는 황금돼지해라고 야단법석이었습니다. 5행상 정은 화에 속하고 해는 돼지띠를 뜻하기 때문에 붉은 돼지라는 뜻이죠. 그래서 복이 많이 들어온다고 하여 역술가들이 황금돼지라고 이름을 붙인 것입니다. 그래서 신혼부부들은 이 해에 아이를 낳기 위해서 결혼을 늦추거나 앞당겼습니다.

그 결과 어떻게 되었을까요? 아이들이 엄청 많이 태어났습니다.

이제 몇 년 후에 일이 벌어집니다. 이 아이들이 학교에 입학할 때쯤에는 어떤 일이 생겼을까요? 학원부터 시작해서 유치원까지 난리였습니다. 갑자기 불어난 숫자 때문에 모든 환경이 달라진 것입니다. 가장 심한 것은 경쟁률이 높아진 것이죠. 그래서 황금돼지해인 2007년도 아이들은 평생을 높은 경쟁률에 시달리게 된 것입니다.

정말 무서운 것은 이제부터 나올 얘기입니다. 장례식장에 한 20여 년 근무한 분의 얘기입니다. 황금돼지해에 아이들이 많이 태어났는데, 노인들이 가장 많이 죽은 해가 바로 그 해였다고 합니다. 장례식장에도 일정한 통계가 있지 않겠습니까? 그런데 유달리 그해에 많은 노인들이 죽었다는 것입니다. 과연 이것이 어찌 된 일일까요? '영혼 양불편의 법칙'이라도 있는 걸까요? 일정한 숫자의 영혼이 몸을 갈아타는 것일까요?

실제로 티베트불교는 이런 사실을 전제로 해서 자신들의 지도자인 달라이라마를 뽑습니다. 달라이라마가 죽은 해에 태어난 아이들 중에서 전생을 기억하는 아이를 찾아내어 그 다음의 달라이라마로 삼죠. 우리 겨레는 조상과 자손에 대한 집착이 유달리 강합니다. 그래서 아이가 태어나면 조상님이 환생했다고 믿습니다.

이런 사례를 보면 사람들의 선택이 신의 섭리 하에 놓인 것이 아닌가 하는 정말 실감나는 생각이 듭니다. 문제는 태어나는 시기를 조절할 수 있는 능력이 사람에게 생김으로써 사람들은 자신들의 지성이 승리했다는 식의 오만을 떨지만, 기실 내막을 알고 보면 사람들의 부리는 그 잔꾀 너머에 사람들이 어찌할 수 없는 큰 법칙의 수레바퀴가 돌아가고 있다는 사실을 깨닫게 되는 것입니다. 사람은 나름대로 자기의 지식을 불리고 자랑하며 제 꾀대로 살고 있지만, 자연의 거대한 수레바퀴로부터 벗어날 수 없는 꼴입니다. 차라리 사람들의 지식이 아주 단순했던 때가 사람에게는 오히려 더 행복한 시대가 아니었는가 하는 복고주의에 귀가 솔깃해지기도 합니다. 사람이 머리를 쓰면 쓸수록 신은 더 높은 곳에서 그들을 관리할 테니까요.?

한 발 더 나아가 생명 전체를 놓고서도 이런 생각을 해볼 수 있지 않을까요? 오늘날 문명의 발달과 무분별한 개발로 인하여 멸종당한 짐승들이 눈덩이처럼 불어납니다. 마다가스카르의 코끼리새도 그렇고, 한반도의 호랑이도 그렇습니다. 이미 찾아보기 힘든 존재들이 되었죠. 정말 엄청나게 않은 개체수가 줄고 종의 수도 줄었습니다. 그렇다면 그들도 생명일진대, 생명이니 영혼이 있을진대, 몸을 버린 그 영혼들은 지금 어디에 있을까요? 어디로 간 걸까요? 앞의 논리대로 한다면 얼마든지 추리할 수 있지 않을까요? 지구상에서 동물의 개체수가 줄어든 만큼 비례해서 늘어난 종자들은 없을까요? 이렇게 묻는다면 우리는 어렵지 않게 그에 대한 답을 찾을 수 있습니다.

지구상에서 어떤 종이 불어났나요? 바로 사람입니다. 사람의 숫자가 지구상에서 사라진 동물의 수만큼 불어났습니다. 그러면 이게 무슨 뜻일까요? 지금 사람들 중에는 전생에 짐승이었던 존재들이 많았다는 얘깁니다. 그리고 보니, 모습만 사람이지 하는 짓을 보면 도저히 사람이라고 할 수 없는 자들이 주변에 너무 많지 않은가요? 그리고 그들이 가끔 저녁 뉴스에 보도되지 않던가요? 제가 보기엔 멸종당한 짐승들이 사람으로 환생한 듯합니다.

　오늘날의 세상은 그만큼 어지럽습니다. 사람에게 살코기를 제공하기 위해 날마다 죽어가는 돼지나 소들의 영혼은 무엇으로 환생할까요? 돼지나 소로 다시 태어나기도 하겠지만, 그 중의 정말 많은 영혼은 사람의 몸으로 태어날 겁니다. 주변을 둘러보십시오. 사람이기는 하지만 돼지나 소처럼 사는 사람들로 가득하지 않습니까? 그뿐입니까? 사자, 승냥이, 하이에나, 너구리, 족제비, 오소리, 원숭이, 악어……. 이와 비슷한 이미지를 지닌 사람들이 많습니다. 그래서 관상가 중에는 그 사람이 닮은 동물의 상을 찾아서 그 특성을 설명하는 사람들도 있습니다.

　결론을 얘기하면 이렇습니다. 어떻게 살아야 하는가? 지금 이 순간만 존재한다고 믿고 사는 것이 그 답입니다. 미래에 어떻게 될지는 신에게 맡기고 지금 나에게 주어진 이 순간의 일에 집중하는 것입니다. 그러면 그것으로 인해서 생기는 나의 재능을 가져다 쓰는 존재는 따로 있습니다. 〈포레스트 검프〉라는 영화에 나오는 말이 있습니다.

　"인생은 초콜릿 상자와 같다. 다음에 무엇을 집을지 알 수 없다."

영화
〈포레스트 검프〉

이제 동양철학 강의라는 지루한 제목으로 이끌어온 이 생각 여행도 마무리할 때가 되었습니다. 제천 콩나물 학원에서 제 강의를 듣던 학생들이 하도 지루하게 여겨서 마지막에는 영화를 한편 보여주었습니다. 제목은 〈포레스트 검프〉입니다. 1994년 미국의 로버트 저메키스 감독이 만든 영화입니다. 톰 행크스가 주연을 맡았습니다. 여러분은 될수록 아래의 글을 읽기 전에 이 영화를 감상하시기 바랍니다. 물론 안 봐도 아래 글을 읽는 데는 큰 지장이 없습니다만, 보는 것이 글을 읽는 데는 더욱 실감이 나겠지요.

미국 앨라배마 주의 한 마을에 아이큐 75짜리 아이가 삽니다. 엄마는 대저택에서 혼자 살며 민박으로 생계를 이어갑니다. 이 아이는 왕따입니다. 답답하니까 아이들이 안 놀아주는 것이겠죠. 가장 친한 친구를 학교 가는 첫날 스쿨버스 안에서 만납니다. 유일하게 말을 먼저 걸어준 여자 친구 제니죠. 제니는 어릴 적 아빠의 성폭행을 겪으며 자란 까닭에 그 상처로부터 벗어나지 못한 채 평생을 삽니다. 어느 날 동네 아이들이 검프에게 돌을 던지며 쫓아옵니다. 검프는 달아납니다. 그러다가 동네 미식축구장으로 도망쳐 들어갑니다. 그 달리기 실력을 본 감독이 스카우트하여 대학에 진학합니다. 앨라배마 대학에서는 4년 내내 미식축구를 하다가 졸업합니다. 졸업식 날 미 해병대 모집장교가 건네준 모병 안내서를 보고서 입대합니다. 그리곤 베트남전에 참전하죠. 이때 제니는 여자대학교에 갔다가 퇴학당합니다. 〈플레이보이〉지에 교복을 입고 나갔기 때문입니다. 그 덕분에 밤무대 가수로 취직합니다. 제니는 고통스러운 자신의 기억으로부터 도망치려고 몸부림치지만 점점 더 수렁에 빠져듭니다. 마약을 하고 술집을 전전합니다.

검프는 베트남에서 정찰 중 기습당한 부대원 4명을 구한 공로로 훈장을 받습니다. 그때의 소대장이 다니엘 테일러입니다. 두 다리를 잃고 자신을 구해준 검프를 원망하죠. 입대할 때 만난 친구 바바도 그 전투에서 잃습니다. 총알이 스친 엉덩이를 군 병원에서 치료받던 중 우연히 탁구를 배우는데 금방 사람들의 관심을 받을 만큼 눈부신 실력을 발휘합니다. 그래서 마침내 핑퐁외교의 미국 대표로 뽑혀 미국 민간인으로는 처음으로 중국에도 다녀옵니다. 미군은 탁구 귀재인 검프에게 탁구 시범을 보이는 일을 맡겨 모든 군부대를 순회합니다.

훈장을 받은 검프가 워싱턴 거리를 돌아다니다가 화난 군중을 만납니다. 거기서 얼떨결에 연설까지 하는데, 그 연설의 끝자락에서 헤어진 제니를 만납니다. 제니는 1960~70년대를 휩쓴 히피족이 되었는데, 베트남 반전운동에 참여한 제니가 청중 속에서 검프를 알아본 것입니다. 그러니까 검프는 자신이 연설한 곳이 베트남 반전운동의 현장이라는 것도 모른 것입니다.

제대한 검프는 군대 친구였던 바바의 고향집을 찾아갑니다. 바바와 약속한 대로 그는 배를 하나 사서 새우를 잡습니다. 그렇지만 매번 허탕 칩니다. 그때 테일러 중위가 나타나 항해사 노릇을 합니다. 검프가 새우 배 선장이 되겠다고 한 말을 농담으로 알아듣고 네가 선장이 되면 내가 항해사가 되겠다고 한 약속을 지키려고 찾아온 것입니다. 그렇지만 여전히 새우는 잡히지 않습니다. 그런데 바유라바트르에 허리케인이 지나가면서 그 항구의 모든 배가 부서집니다. 검프의 배만이 남았습니다. 폭풍이 몰아치는 동안 그 배는 바다 위에 떠있었습니다. 테일러가 신과 싸웠기 때문에 항구로 돌아오지 않은 덕분이었습니다. 결국은 새우를 독점하면서 회사가 커집니다. 그때 엄마의 죽음이 닥쳐옵니다. 그래서 검프도 고향으로 돌아옵니다. 새우회사는 검프가 과일회사라고 표현한 애플에 투자하여 큰돈을 법니다.

혼자 적적하게 지내는 중에 제니가 돌아옵니다. 둘이 행복하게 지내다가 검프가 청혼을 하지만 제니는 떠납니다. 방탕한 생활을 해온 자신을 용서하지 못한 까닭입니다. 제니가 떠난 날 아침에 검프는 집에서부터 뛰기 시작합니다. 동네를 지나고 앨라배마를 지나고 일리노이 주를 지나 미국을 횡단합니다. 그는 뛰어서 4차례 미국을 횡단합니다. 3년이 넘도록 그는 달리기만 한 것입니다. 이 특이한 일을 두고 언론이 따라오며 이유를 묻자 검프는 "그냥 뛰고 싶어서 뛴다"고 답합니다.

그리고 3년 넘게 뛰다가 돌아온 그에게 제니의 편지가 한 통 날아들고, 제니를 찾아서 조지아 주로 갑니다. 제니는 4살짜리 아들과 혼자 삽니다. 아이의 아빠가 누구냐고 묻는 검프에게 그 아이의 이름이 포레스트 검프라고 알려줍니다. 청혼을 받은 날 밤에 생긴 아이였습니다. 이름을 알 수 없는 병에 걸린 제니는 그 아이를 검프에게 남기고 죽습니다.

이 영화는 언뜻 보면 주인공이 포레스트 검프인 것 같습니다. 그리고 주인공은 틀림없이 검프가 맞습니다. 그렇지만 지은이가 말하고자 하는 것은 검프의 일생이 아니라 제니와 테일러가 보는 세상입니다. 미국은 1960년대와 70년대에 큰 혼란을 겪습니다. 우리나라로 치면 1980년대 같은 혼란기입니다. 그때 청춘들은 방황하고 그들을 이끈 사상으로 히피문화가 젊은이들 사이에 퍼집니다. 기성세대가 저질러 놓은 베트남 전쟁을 반대하며 젊은 세대의 목소리가 역사의 전면으로 뛰쳐나오는 시기였습니다.

그 시대를 가장 뜨겁게 산 인물이 바로 제니와 테일러입니다. 그들은 머리가 좋은 사람이고 그런 사람들이 현실을 인식하는 모습을 아이큐 75인 검프가 인식하는 세상과 대비시킨 것입니다. 그것이 이 영화의 포인트입니다. 머리 좋은 제니와 테일러가 그들이 바라본 대로 생각한 대로 세상과 힘껏 맞서 싸우며 살지만, 아무 생각 없는 아이큐 75짜리 검프의 삶과 대비시켜 보면 검프의 삶이 더 단순명료하지만 분명했다는 얘기를 하려고 한 것입니다. 나의 생각이 없다는 것은 천성대로 산다는 얘기고 인간의 생각이 개입하지 않을 때 아무도 모르게 드러나는 신의 섭리가 있음을 보여주려고 한 것입니다. 그 섭리란 다름이 아니라 아주 단순하면서도 성실한 사랑, 거짓이 없는 정직한 삶을 말하는 것입니다.

검프는 머리가 나빠서 남들이 하는 말을 그대로 믿습니다. 베트남전에서 잘난 체하지 말고 위험이 닥치면 무조건 도망치라고 한 제니의 말을 그대로 따르고, 바바가 제안한 새우 배 사업을 말 그대로 받아들여서 실천합니다. 그렇지만 그런 정직과 우직함이 결국은 세상을 구원하는 가장 빠른 길임을 영화는 말하는 것입니다.

검프가 살아간 원리는 아주 간단합니다. 자신의 운명이 뭐냐고 묻자 죽음을 앞둔 엄마는 말합니다. 그것은 네가 찾아야 하는 것이라고. 그리고 말합니다. 인생은 초콜릿 상자와 같아서 다음에 무엇을 집을지는 아무도 모른다고. 다음에 무엇이 될지를 묻지 말고 지금 하는 일에 최선을 다하여 내가 거기에 빠지면, 세상 인연이 나를 불러다가 쓸 것이고, 그것이 하늘의 뜻이고 운명이라고 말하는 것입니다.

실제로 검프의 운명은 그렇게 되었습니다. 바보에게 달리는 능력이 있어 미식축구선수로 대학을 다녔고 대통령까지 만났습니다. 그리고 우연히 마주친 모병 장교 때문에 베트남전에 참전하고 거기서 바바와 테일러라는 운명의 인물들을 만나고, 탁구를 배워 중국을 다녀오고, 바바로 하여 새우 배 선장이 되고, 태풍을 만나서 오히려 백만장자가 됩니다. 무엇을 하려고 한 것이 아니라 자기에게 주어진 대로 그 상황에 최선을 다하고 남들이 하는 말을 곧이곧대로 듣습니다. 그 바보가 보여주는 일생의 모습은, 큰 의미에서 신의 섭리라는 것입니다.

국어시간에는 시나리오를 배웁니다. 시나리오는 영화의 대본이죠. 그 과목을 배울 때 저는 반드시 이 영화를 학생들에게 보여줍니다. 처음엔 지루해하던 학생들이 나중에는 심각해집니다. 왜 심각해질까요? 바보 이야기인 듯하지만, 바보 얘기가 아니라 잔머리 굴리며 살아가는 자신들의 운명이 거기 나타나기 때문입니다. 아무 생각 없이 지금 이 순간에 집중하는 것, 그것이 잘 사는 삶의 비결입니다. 결과가 어찌될지를 묻지 말고 불안해하지 말고 모든 과정에 최선을 다하는 것. 그것이 가장 현명한 삶을 사는 방법입니다.

지금을 즐기지 못하는 자에게는 미래도 자비를 베풀지 않습니다. 삶에는, 시간에는, 과거도 없고 미래도 없습니다. 지금 이 순간이 내 삶의 전부입니다. 한시도 머물지 않은 이 순간을 늘여서 이야기로 만들어도 그것은 지금 이 순간과는 상관이 없는 판타지 세계일뿐입니다. 지금 이 순간이? 여러분의 전부입니다. 찰나가 영원이고, 그 영원이 지금 이 순간 속에 있습니다.

고맙습니다. 여러분이 저의 하느님입니다.

우리 침뜸의 원리와 응용

사람, 그리고 해와 달, 별의 유기적 결합체
우리 침뜸 대탐구

침뜸을 공부한다는 것은 우리 몸에 경락이라는 방식으로 나타나는,
해와 달, 별들이 아우라진 우주의 기운을 이해하는 여정이다.
곧 우리 몸은 경락을 통해 우주와 조응하고 소통한다.

병이란 우리 몸 5장 6부 사이의 균형이 깨어진 상태이다.
치유는 우리 몸에 무수히 흐르는 경락의 물결 위 점점이 존재하는
혈자리에 침과 뜸으로 균형을 바로 잡아주는 과정이자 결과이다.

이 책은, 수 천 년 동안 우주의 운행 원리와 이에 조응하는 우리 몸의
유기적 구조를 탐구함으로써 질병 치료의 오묘한 경험과학을 축적하였던
우리 침뜸의 철학적 바탕과 그 응용의 세계를 알기 쉽게 설명한다.

- 정 진 명 지음
- 값 30,000원
- 크라운판 488면

- 정 진 명 지음
- 값 18,000원
- 신국판 312면

우리 침뜸 이야기

우주의 이치, 몸의 원리로 배우는
침뜸의 이론과 실제

질병이란 어떤 이유에서건 몸의 균형이 깨어진 상태를 말함이다.
그러므로 질병의 치유는 병이 발생한 이유를 세심히 성찰하여
그 원인을 제거하는, 곧 몸의 균형 상태를 바로잡는 일이다.

이 책은 우주의 이치와 몸의 원리로써 질병의 이유를 규명하고,
그 이치와 원리 안에서 온갖 질병의 치유법을 축적해 온
우리 전통 침뜸의 오묘하고도 신기한 경험과학의 세계를 소개한다.

학민사 Hakmin Publishers w w w . h a k m i n s a . c o . k r 전화 | 02-3143-3326~7 팩스 | 02-3143-3328

1929년 일제하에서 〈조선의 궁술〉이 출간 된 후, 60년대와 80년대 두 차례 대한궁도협회에서 편찬한 〈한국의 궁도〉가 나왔지만, 이는 〈조선의 궁술〉의 국한문 혼용을 한글로 바꾼 것일 따름이었다. 1996년 7월에 이르러서야 〈조선의 궁술〉 발간 이후 67년 만에 우리나라의 국궁에 관해 정리한 책이 발간되었다. 〈우리 활 이야기〉가 바로 그 책이다.

활은 우리 고유의 전통무예로 삼국시대 때부터 지금까지 2천년이라는 세월 동안 조금도 변함없이 그 원형을 고스란히 보존하고 있을 뿐 아니라, 성능 또한 세계의 다른 활에 비해 월등히 뛰어나다.

활쏘기는 전통무예이면서 전통문화이기도 하다. 서양 문물의 유입으로 고유문화에 대한 폄하 및 쇠멸이 도를 넘어서고 있다. 그러기에 우리 고유의 문물, 전통 문화예술의 보존 · 유지 · 보급이 절실한바 국궁도 당연히 크게 관심 가져야 할 분야이다.

이 책은 우리 고유문화이자 전통무예로서 우리 활의 모든 것을 알려주는 개설서이다. 1, 2부에는 우리 활의 역사, 활과 화살의 구조, 초심자부터 숙련자까지의 활쏘기 기술 등을 자세히 설명하고 있으며, 3부에서는 어느 역사책에도 나와 있지 않은 삼국시대, 고려시대, 조선시대 명궁들의 이야기를 수록하고 있다.

• 정 진 명 지음
• 값 18,000원
• 신국판 280면

이야기 활 풍속사

• 정 진 명 지음
• 값 15,000원
• 신국판 356면

우리 겨레에게 활쏘기는 단순히 활만의 이야기가 아니다. 거기에는 활을 쏜 사람들의 삶과 정신이 녹아 있으며, 그 전통은 수천년 동안 면면히 이어져 우리 사회에 다양한 풍속을 낳았다.풍속은 그 민족의 살아있는 역사이며 정신이다.

이 책에서는 지은이가 해방전에 집궁한 사람들을 만나서 그동안 변해온 활터의 모든 풍속을 문답형식으로 정리했다.

학민사 Hakmin Publishers   w w w . h a k m i n s a . c o . k r   전화 | 02-3143-3326~7 팩스 | 02-3143-3328

개정증보판

한국의 활쏘기

세계 최강 한국궁술의 뿌리

전통무예라고 하면 가장 먼저 떠오르는 것이 국궁이다.

국궁은 우리 고유의 전통무예로 삼국시대 때부터 현재까지 오랜 세월동안 변함없이 그 원형을 고스란히 보존하고 있을 뿐만이 아니라, 성능 또한 세계의 다른 활에 비해 월등히 뛰어나다.

초판이 나온지 14년만에 개정판을 냄으로써 오류를 수정하고, 내용등을 보완하여 완벽한 국궁 개설서로 다시 새롭게 태어났다.

세계 여러 활의 갈래 속에서 우리 활을 자리매김 하면서 구결이나 비법처럼 내려온 전통 활쏘기의 원리를 분석하고, 활과 화살의 제작과정, 활터의 풍속과 예법, 우리 활이 지닌 내밀한 사상 등을 알기 쉽게 설명함으로써 겨레의 슬기가 잘 녹아 있고, 기능 또한 세계 최강인 우리 활의 비밀을 밝힌다.

- 정 진 명 지음
- 값 35,000원
- 크리운판(양장) 518면

활쏘기의 나침반

우리 활쏘기의 비밀과 원리 탐구, 그리고 그 계승과 부활의 여정

우리 활쏘기의 불후의 [조선의 궁술]에 숨겨져 있는 활쏘기의 핵심원리를 파악, 올바르게 계승하고 그것을 통해 우리 활쏘기의 진정한 부활, 나아가 우리 전통문화가 미래로 나아가기 위한 가치와 기준, 방향을 제시한다.

- 정 진 명 지음
- 값 25,000원
- 신국판 424면

학민사 Hakmin Publishers w w w . h a k m i n s a . c o . k r   전화 | 02-3143-3326~7 팩스 | 02-3143-3328